国富論 ㊦

国の豊かさの本質と原因についての研究

アダム・スミス
山岡洋一＝訳

日経ビジネス人文庫

カバー図版：Horatio McCulloch / Loch Lomond (oil on canvas)
提供：Bridgeman Images / アフロ

国富論㊦　目次

第五編　主権者または国の収入

上巻目次

中巻目次

国富論

国の豊かさの本質と原因についての研究　㊦

第五編

主権者または国の収入

第一章　主権者または国の経費

第一節　防衛費

主権者の第一の義務は他国の暴力と侵略から自国を守ることであり、この義務を果たすには軍事力が不可欠である。そして、軍事力を平時に準備し、戦時に行使するための経費は、社会の状態、社会の発展段階によって大きく違っている。

狩猟民族は、北アメリカの先住民族がそうであるように、社会が未開でもっとも初期の段階にあり、青年男子の全員が猟師であると同時に兵士でもある。自分たちの部族を守るために、あるいは他の部族に報復するために戦うとき、各人は平時と同じ方法で、自分の労働によって自分の生活を維持している。この段階には主権者、国と呼べるものはないので、経費を負担するとすれば社会だが、兵士が戦いの訓練をしているときにも、戦場で戦

っているときにも、経費を負担する必要はない。

遊牧民族は、タタール人やアラブ人がそうであるように、狩猟民族より社会が発展しているが、全員が兵士であることに変わりはない。定住地をもたず、簡単に移動できるテントや覆いのある車で生活している。部族や民族の全員が季節によって、そして何らかの事情によって居住地を変える。地域のうち、ある場所で家畜が草を食べ尽くすと、別の場所に移動し、そこで食べ尽くすと、また別の場所に移動する。乾期には川の辺に下りてくるし、雨期になると高地に移る。こうした民族が戦争をするとき、家畜の群れを力の弱い老人や女性、子供に任せておくわけにはいかない。家畜をつれていけば老人や女性、子供は身を守ることができないし、食料も得られない。それに全員が平時ですら移動生活に慣れているので、戦時に全員で戦地に移動するのも容易だ。軍隊として移動する際にも、遊牧民として移動する際にも、目的は大きく違っているが、生活はほとんど変わらない。全員で戦場に行き、全員ができるかぎりのことをする。タタール人は、女性も戦うことが少なくない。戦争に勝てば、敵の部族のものはすべて戦利品になる。負ければすべてを失う。家畜はもちろん、女性、子供も戦利品になる。戦いで生き残った兵士の大部分も、征服者に服従しなければすぐに食べられなくなる。残りは原野に追い散らされる。

タタール人やアラブ人の場合、普通の生活、日ごろの運動が十分に軍事訓練になる。競

走、格闘、棒術、槍投げ、弓術などが原野に暮らす民族の普通の遊びであり、どれも戦闘を真似たものである。タタール人やアラブ人は戦争に行くときにも平時と同じように、つれていく家畜で生活を維持している。これら民族はかならず族長や主権者に率いられているので、経費を負担するとすれば族長や主権者だが、実際には兵士の軍事訓練のために平時に経費が発生することはないし、戦時にも兵士が期待し要求するのは、略奪の機会だけである。

狩猟民族の軍は、二百人から三百人を超えることはまずできない。猟でとれる食料はあてにならないので、それ以上の人数が長期にわたってまとまって行動できることはめったにない。これに対して遊牧民族の軍隊は、二十万人から三十万人になることもある。進軍を止めるものがなければ、そして、家畜が草を食べ尽くした地域からまだ食べ尽くしていない地域に移動できれば、軍隊の規模に限界がないように思える。近隣の文明国にとって、狩猟民族は手ごわい敵になりえない。遊牧民族は手ごわい敵になりうる。北アメリカのインディアンとの戦争ほど簡単に勝てる戦争はない。だが、アジアで頻繁に起こるタタール人の侵入ほど恐ろしいものはない。紀元前五世紀のギリシャの歴史家、ツキディデスは、スキタイ人が統一すればアジアもヨーロッパも対抗できないと論じたが、どの時代の事実によっても、この判断の正しさが証明されてきた。広大だが防御が難しいスキタイや

タタールの平原では、攻撃的な集団や部族の首長のもとで住民が統一されることがときおりあり、そのたびにアジアは蹂躙され、破壊されている。遊牧民族が多いもう一つの地域、アラビアの荒涼とした原野では、住民が統一されたことは一度しかない。イスラム教の予言者ムハンマドとその後継者のもとで統一されたときだけである。この統一は征服よりも熱心な宗教心によるものであり、やはりアジアが蹂躙され、破壊されている。アメリカの狩猟民族が遊牧民族になれば、その近くに作られたヨーロッパの植民地にとって、はるかに大きな脅威になるだろう。

もう一段発展した社会は、農業が中心で、貿易はほとんど行わず、製造業もたいていの家族で自家用に行っている素朴な家内工業しかない社会だが、やはり青年男子の全員が兵士であり、そうでなくてもすぐに兵士になれる。農民は一般に、一日中野外で働いており、厳しい天候につねにさらされている。日常の生活が厳しいので、戦争の苦労に耐えることができるし、戦場で必要になる作業に良く似た仕事もしている。畑を囲い込むために溝を掘る仕事は、陣地を強化するために塹壕《ざんごう》を掘る作業の訓練になる。日常の遊びも遊牧民族のものと同じであり、やはり戦闘を真似ている。だが、農民は遊牧民族より忙しいので、それほど頻繁に遊んでいるわけにはいかない。農民は兵士でもあるが、遊牧民族の兵士ほど訓練を積んでいるわけではない。とはいっても、主権者や国が軍事訓練の経費を負担す

ることはまずない。

農業はきわめて原始的なものであっても、定住を前提としている。定住地を放棄すれば大きな損失を被る。このため、農耕民族が戦争を行うとき、全員で戦場に行くことはできない。少なくとも老人と女性、子供は残って、居住地を守らなければならない。しかし、兵士になれる年齢の男子は全員が戦場に行けるし、小規模な農耕民族ではそうすることが少なくない。兵士になれる年齢の男子はどの国でも、全人口の四分の一から五分の一だとみられる。作戦が種まきの時期の後にはじまり、収穫の時期の前に終わるのであれば、農民と主な農業労働者が農業から離れても、それほどの損失はない。収穫までに必要な農作業は老人、女性、子供に任せておける。このため、短期間の作戦であれば、無報酬で参加するのを嫌がらない。主権者や国には、作戦でも軍事訓練と同じように、参加する兵士を維持する経費がほとんどかからない場合が多い。古代ギリシャの都市国家では、第二次ペルシャ戦争（紀元前四九〇年）の後まで、ペロポネソス半島の国ではペロポネソス戦争（紀元前四三一～四〇四年）の後まで、この方法をとっていたようだ。ツキディデスによれば、ペロポネソス人は通常、夏に戦場を離れて国に戻り、収穫を行った。ローマ人も王政時代と共和制時代の初期には、この方法で戦争に参加していた。紀元前四世紀のウェイー包囲戦のときにはじめて、国内にとどまった市民が戦場で戦う市民の生活を維持するために拠出す

るようになった。ローマ帝国が崩壊した後にできたヨーロッパの王国は、封建法と呼べるものが確立する前とその後しばらくの間、大領主とその直接の家来は、自分で経費を負担して国王の軍に加わっていた。戦場でも領地にいるときと同様に、自分たちの生活は自分たちの収入で支えており、戦争の際に国王からとくに俸給などの支払いを受けることはなかった。

社会がさらに発展すると、二つの要因から戦場で戦う兵士が自分で生活を支えることができなくなる。第一の要因は製造業の発達であり、第二の要因は戦争技術の発達である。

農民が戦争に行く場合には、作戦が種まきの時期の後にはじまり、収穫の時期の前に終わるのであれば、仕事を中断しても収入が大幅に減るわけではない。労働をしなくても、残った仕事の大部分は自然が行ってくれる。だが、鍛冶屋、大工、織工などの手工業者は、仕事場を離れれば、唯一の源泉からの収入がまったく入ってこなくなる。自然は何もしてくれず、仕事はすべて自分でしているからだ。国を守るために戦場に行っている間、生活を維持する収入がなくなるのだから、国に生活を維持してもらうしかない。人口の多くが手工業や製造業に従事している国では、戦場に行く兵士の多くもこの階層から引き抜くしかないので、軍務についている間は、国が生活を維持しなければならない。

戦争技術が徐々に発達し、きわめて複雑で高度になると、戦争は社会の発展の初期段階

とは違って、一回の偶然の衝突や戦闘では決まらなくなり、一般に何回もの作戦を積み重ね、それぞれが一年の大部分にわたるほどになる。この場合、戦争に従事する人の生活を、少なくとも軍務についている間、国が維持することがどこでも必要になる。戦争に行く兵士が平時にどのような職業についていても、軍務がここまで長期にわたり、費用もかかるようになると、生活を国が支えなければ、兵士の負担が重すぎる。このため、第二次ペルシャ戦争の後、アテナイの軍隊は大部分が金で雇われた部隊になり、市民もいたが、外国人の傭兵も加わるようになったようだ。全員が同じように雇われになり、国が給与を支払うようになった。古代ローマの軍隊もウェイー包囲戦のときから、戦場にいる間は給与を受け取るようになった。封建制のもとでも、ある時期が経過した後、大領主とその家来は従軍の義務を果たす代わりに金銭を支払うようになり、その金銭で代わりに軍務につく兵士の生活が維持されるようになった。

全人口のうち戦争に行けるものの比率は、文明社会では未開の社会とくらべて、かならずはるかに低くなる。文明社会では兵士の生活はすべて、兵士でない人の労働によって維持されるので、兵士の数は兵士以外の人が維持できる水準を超えることができない。そして兵士以外の人は、兵士を維持する以前に、それぞれの地位にふさわしい形で、自分たちと、行政と司法の官吏を維持しなければならない。古代ギリシャの小さな農業国では、全

人口のうち四分の一から五分の一が自分は兵士だと考え、ときには実際に戦争に行ったといわれている。近代ヨーロッパの文明国では全人口の百分の一以上が兵士になれば、その経費負担で国が破滅すると一般に考えられている。

　軍隊を訓練して戦争に備えるための経費は、戦場にいる兵士の生活をすべて主権者か国が維持するようになってからもかなりの年数がたつまで、どの国でもたいした負担にならなかったようだ。古代ギリシャではどの共和国でも、軍事訓練は国が自由人全員に義務づけていた教育の一部になっている。どの都市国家にも公共の広場があり、そこで国の保護のもと、若者がさまざまな武芸をそれぞれの教師から学んだようだ。このきわめて簡単な制度の維持費が、古代ギリシャのどの国でも、市民の軍事訓練のために支出した唯一の経費だったようだ。古代ローマでは、マルスの原野での訓練が、古代ギリシャのギムナジウムでの訓練と同じ目的を果たしていた。封建制度のもとでは、弓術などの武芸の訓練を受けるよう住民に義務づける布告が多数だされており、同じ点を目的にしていたが、それほどの効果はなかったようだ。これらの布告は実行を任された役人が関心をもたなかったためか、他の原因のためか、どの地域でも無視されたようだ。そして封建制度の変遷のなかで、住民の大部分は軍事訓練を受けなくなっていったと思われる。

　古代のギリシャ、ローマの共和制の時代には最後まで、そして封建制の時代には確立し

てからかなりの期間にわたって、軍務が独立した職業になることはなく、住民のある階層にとって唯一の職業にも主要な職業にもなることはなかった。国民は全員、どのような職業で生計をたてていても、いつでも兵士として働けると考えていたし、非常時には兵士として戦う義務があるとも考えていた。

だが、戦争の技術はすべての技術のなかで間違いなくもっとも高級なものなので、社会の発展とともに、かならずとくに複雑になっていく。製造業など、関連する分野の状況によって、それぞれの時代に戦争の技術がどこまで発展できるかが決まる。だが、この限度まで発展するには、国民のうちある階層にとって、軍務が唯一の職業か主要な職業になっていなければならず、どの分野にもいえることだが、戦争技術の発展にも分業が不可欠である。他の分野であれば、多数の仕事をするより一つの仕事に専念する方が自分の利益になることに気づいた個人の知恵によって、分業が自然に起こる。だが、軍務を他の職業から分離して独立した職業にすることができるのは、国の英知だけである。民間人が平和な時期に、国から特別な奨励を受けることなく、軍事訓練に多くの時間を使った場合、もちろん、武芸に熟達するだろうし、武芸を楽しむこともできるだろうが、それによって自分の利益が増えるわけではないのも確かだ。時間の大部分を軍務に使えば個人にとって利益になるようにすることができるのは、国の英知だけである。そして国は、軍務を独立した

職業にしなければ存続が危うくなる状況になっても、この英知をもっているとはかぎらない。

遊牧民には暇な時間が十分にある。農民には、農業が原始的な段階にあれば、そこそこ暇がある。手工業者や製造業者には暇がまったくない。遊牧民はとくに損失を被ることもなく、軍事訓練にかなりの時間を使える。農民も、農業が原始的な段階にあれば、ある程度の時間を軍事訓練に使える。だが手工業者や製造業者は、一時間すら軍事訓練に使えばかならず損失を被るので、自分の利害を考えて、自然に軍事訓練をまったく行わなくなる。製造業が発展すれば、それに伴ってかならず農業も発展し、農民も手工業者と同様に、暇がまったくなくなる。農村の住民も、都市の住民と同様に軍事訓練を無視するようになり、住民の大部分は戦争に適さなくなる。同時に、農業と製造業が発展すればかならず富が蓄積され（富とは実際には、農業や製造業の発展の成果が蓄積されたものに他ならないからだが）、近隣諸国による侵略の標的になりやすくなる。勤勉な国、そのために豊かな国ほど、攻撃を受けやすいのである。そして、国が防衛のために何らかの新しい方法を採用しないかぎり、国民は自然な習慣のために、自国を防衛する力をまったくもたなくなる。

こうした状況で、国が自国を守るために最低限の防衛体制を整える方法は、二つしかな

いように思える。

第一は、厳しい取り締まりによって、個人の利害、気質、性格のすべてに反する軍事訓練を国民に行わせ、兵士になれる年齢の国民の全員か一部に、どのような職業についていても、ある程度まで兵士を兼ねるよう義務づける方法である。

第二は、国民の一部を雇用してつねに軍事訓練を続けられるようにし、軍務をそれ以外の職業から分離して、独立した職業にする方法である。

国がこのうち第一の方法をとった場合、その国の軍は民兵部隊と呼ばれる。第二の方法をとった場合には、その国の軍隊は常備軍と呼ばれる。常備軍では将兵にとって、軍事訓練を続けることが唯一か主要な仕事であり、国が支給する生活必需品か給与が、主要で通常の生活の手段である。民兵部隊では将兵にとって、軍事訓練は臨時の仕事にすぎず、他の職業での収入が、主要で通常の生活の手段である。民兵の場合には、労働者、手工業者、商人としての性格の方が、兵士としての性格よりはるかに強く、常備軍の将兵の場合には、兵士としての性格が他の性格よりはるかに強い。そしてこの違いが、この二種類の軍隊の基本的な違いだと思われる。

民兵組織にはいくつかの種類がある。一部の国では、国を防衛する役割を担う国民は軍事訓練を受けるだけで、いわば組織化されてはいなかったようだ。つまり、いくつかの部

隊に分かれていて、部隊ごとに常勤の将校のもとで訓練を受けるという体制にはなっていなかったようだ。古代のギリシャやローマの共和国では、市民は国内にとどまっているとき、それぞれ個人で、あるいは親しい仲間と軍事訓練を行っていて、実際に戦争に動員されたとき以外は、決まった部隊に属することはなかったとみられる。他の国では、民兵は軍事訓練を受けるだけでなく、組織化されている。イングランド、スイスなど、近代ヨーロッパでこの種の不完全な軍隊をもっている国ではどの国でも、民兵は全員、平時でも決まった部隊に属しており、常勤の将校のもとで訓練を受けているはずである。

火器が発明されるまでは、個々の兵士が武器の使い方にどこまで熟達しているかで、軍隊の力が決まった。兵士の体力と敏捷さが何よりも重要であり、戦いの帰趨を決める要因になるのが普通だった。そして武器の使い方に熟達するには、いまでもフェンシングがそうであるように、大人数で訓練するのではなく、一人ずつ教師について学校で学ぶか、同じような腕前の仲間と練習するしかない。火器が発明された後、兵士の体力と敏捷さはもちろん、武器の使い方の飛び抜けた熟練すらも、まったく重要でなくなったというわけではないが、重要性が低下している。武器の性格のために、使い方が下手でも熟練した使い手と対等に戦えるようになったわけではないが、以前よりは対等に近くなった。そして火器を使うのに必要な技術はすべて、大人数の訓練で獲得できるとみられている。

近代の軍隊では、規律、秩序、命令にただちに従う姿勢の方が、武器の使い方に関する兵士の熟練度よりも、戦いの帰趨を決めるうえで重要になった。近代戦では、戦場で大砲の射程内まで敵が近づけば、往々にして実際に戦闘がはじまったといえる瞬間よりはるか前に、火器の轟音《ごうおん》、硝煙、目に見えない敵に殺される恐怖にさらされるようになるので、戦闘がはじまった当初ですら、規律、秩序、命令にただちに従う姿勢をかなりの程度まで維持するのは、きわめて難しいはずである。古代の戦闘では、騒音は兵士の叫び声しかなかったし、煙もなかったし、目に見えない敵に傷つけられたり殺されたりすることもなかった。敵の武器が実際に目の前に迫ってくるまでは、近くに危険はないことを自分の日で確認できた。こうした状況であれば、武器の使い方に熟達していると自信をもっている軍隊なら、戦闘がはじまった当初はもちろん、戦闘が続き、どちらかの敗北がはっきりするまでの間、規律と秩序を維持するのは、それほど難しくなかったはずである。しかし、近代戦で重要な規律と秩序、命令にただちに従う姿勢は、大人数の部隊で軍事訓練を行うことによってしか習得できない。

だが、民兵部隊はどのような方法で規律をもたせ訓練しても、規律があり訓練が行き届いた常備軍よりはるかに弱いはずである。

週に一度か月に一度しか訓練を受けない兵士は、毎日か一日おきに訓練を受けている兵

士ほど、武器の使い方に熟達することはできない。この点は近代では古代ほど重要でないかもしれないが、誰もが認めるほどプロイセン軍が優秀なのは、かなりの程度まで兵士が武器の使い方に熟達しているためだとされている事実から、いまでもこの点が重要であることが分かるだろう。

週に一度か月に一度だけ将校の命令に従う義務を負い、そのとき以外にはそれぞれ思う通りに自由に自分の仕事を管理していて、どのような点でも将校の命令に従う必要がない兵士は、毎日の生活と行動のすべてにわたって将校の命令に従い、毎日の起床と就寝すら、少なくとも兵営に引き揚げるときすら、命令に従っている兵士のようには、将校を恐れることはないし、命令にすぐに従う姿勢にはなりえない。民兵と常備軍の兵士との差は、いわゆる規律、つまり命令にすぐに従う姿勢の方が、いわゆる武器演習、つまり武器の管理と使い方より大きいはずである。そして近代の戦争では、命令にただちに従う習慣の方が、武器の扱いが優れていることより、はるかに重要なのである。

民兵のなかでは、タタール人やアラブ人の場合のように、平時に首長の命令に従う習慣ができている集団が同じ首長に率いられて戦争に行く民兵は、ずば抜けて優秀である。上官への敬意の点でも、ただちに命令に従う習慣ができている点でも、常備軍にもっとも近い。スコットランドの高地地方の民兵も、それぞれの氏族長に率いられている場合には、

同じような利点をもっていた。だが、高地地方の住民は遊牧民ではなく、全員が定住して牧畜を営んでいるので、平時に氏族長の命令で移動する習慣はもっていない。このため、戦時に氏族長に従って長距離を行軍することにも、長期間にわたって戦場に止まることにも消極的だった。戦利品を獲得すればすぐにも帰りたがり、氏族長の権威でも民兵を引き止めておくのは難しかった。命令への服従という点で、タタール人やアラブ人について伝えられているものよりはるかに劣っていた。また、高地地方の住民は定住しているので、野外で過ごす時間が少なく、タタール人やアラブ人について伝えられているものより、軍事訓練にそれほど慣れておらず、武器の使い方に熟達していなかった。

だが、どのような種類の民兵部隊でも、戦場で何回もの連続した作戦に参加すれば、あらゆる点で常備軍になることに留意すべきである。毎日、武器の使い方を練習し、つねに上官の命令に従っていれば、常備軍と同様に、ただちに命令に従う習慣を身につける。戦争に参加する前に何をしていたかは、あまり重要でなくなる。何回かの作戦を経れば、かならずあらゆる点で常備軍になる。アメリカでの動乱がさらに長引けば、アメリカの民兵部隊はあらゆる点で、イギリスの常備軍に対抗できるようになるだろう。イギリス軍は七年戦争のとき、フランスとスペインの歴戦の勇士と少なくとも変わらないほど勇敢であったのだが。

民兵部隊と常備軍のこの違いを十分に理解すれば、どの時代の歴史をみても、規律がしっかりした常備軍が民兵部隊よりも圧倒的に有利である事実が示されていることが分かるだろう。

ごく初期の常備軍のうち、信頼できる歴史書で明確に記述されているものの一つは、紀元前四世紀のマケドニア国王で、アレクサンドロス大王の父、フィリッポス二世の軍隊である。トラキア、イリュリア、テッサリア、そして自国に近いギリシャの都市国家と戦争を繰り返すなかで徐々に軍隊を鍛えていき、当初はおそらく民兵だったのだろうが、常備軍としての厳格な規律を確立した。平和な時期はほとんどなかったし、長期にわたることは一度もなかったが、そういう時期にも軍隊を解散しないように注意した。長期にわたる激しい戦いのすえ、古代ギリシャの主要な共和国の勇敢でよく訓練された民兵部隊を打ち破り、その後、巨大なペルシャ帝国に侵入して、訓練の行き届いていない軟弱な民兵部隊を簡単に打ち破った。ギリシャの共和国とペルシャの帝国が没落したのは、常備軍が各種の民兵より圧倒的に優れていることの結果であった。歴史書に明確で詳細な記述があるものとしては、これが人類史上はじめての大変革であった。

カルタゴの没落とそれによるローマの勃興が第二の大変革であった。有名な二つの共和国の戦いは紆余曲折をたどったが、やはり民兵部隊に対する常備軍の優位という観点から

説明できるだろう。

紀元前二四一年に第一次ポエニ戦争が終わってから、第二次ポエニ戦争がはじまった紀元前二一八年まで、カルタゴ軍はたえず戦場にあり、三代にわたる偉大な将軍、ハミルカル・バルカ、女婿のハスドルバル、息子のハンニバルの指揮のもと、まずは奴隷の反乱を鎮圧し、つぎに反乱を起こしたアフリカ諸国を抑圧し、最後にスペインを征服した。これらの戦争を経て、スペインからイタリアに遠征したハンニバルの軍隊は、常備軍の厳格な規律を徐々に確立したはずである。これに対してローマはこの時期、まったく平和だったわけではないが、重要な意味をもつ戦争は行っていない。そして軍隊の規律がかなり乱れていたといわれている。トレビア、トラシメネス、カンナエの会戦は、ハンニバルの常備軍と民兵のローマ軍との間の戦いであった。この点がおそらく、三つの会戦の結果を決める最大の要因になっている。

ハンニバルがスペインに残した常備軍も、それと戦うためにローマが送った民兵部隊より優秀であり、ハンニバルの弟の小ハスドルバルの指揮のもと、数年のうちにローマ軍をスペインからほぼ駆逐した。

ハンニバルは本国から十分な補給を受けていなかった。ローマの民兵はたえず戦場にいるようになって、戦争が長引くとともに規律と訓練が行き届いた常備軍になっていった。

このため、ハンニバルの優位は日に日に失われていった。小ハスドルバルはスペインで自分の指揮下にある常備軍のほぼすべてを率いて、イタリアで戦う兄を支援する必要があると判断した。遠征の途中で案内人にだまされたといわれている。そして、知らない地域で自分の軍隊とあらゆる面で勝るとも劣らない常備軍に不意打ち攻撃を受け、完敗した。

小ハスドルバルの軍隊が去った後のスペインでローマ軍を率いていた大スキピオは、自分の軍より劣る民兵だけを相手にすればよくなった。カルタゴの民兵部隊を打ち破るなかで、大スキピオが率いる民兵は、規律と訓練が行き届いた常備軍になっていった。この常備軍がアフリカに進出すると、敵は民兵部隊だけであった。カルタゴは本国の防衛のために、ハンニバルの軍を呼び戻すしかなかった。敗北続きで士気が落ちていたアフリカの民兵が合流し、ザマの戦いではハンニバル軍の大多数を占めていた。この戦いで、二つの共和国の運命が決まった。

紀元前二〇一年に第二次ポエニ戦争が終わった後、共和制が崩壊するまでの間、ローマの軍隊はあらゆる面で常備軍であった。マケドニアの常備軍は、ローマ軍にある程度抵抗している。ローマ軍の全盛期に、小さな王国にすぎなかったマケドニアを屈伏させるのに二回の大戦と三回の大会戦が必要になった。そして、マケドニアの最後の王が臆病でなければ、征服がもっと難しかったはずである。当時の文明国であったギリシャ、シリア、エ

ジプトの民兵は、ローマの常備軍に抵抗らしい抵抗もできていない。未開の国のいくつかでは、民兵がはるかに強く抵抗した。紀元前一世紀に小アジアのポントスの国王、ミトリダテス六世が黒海とカスピ海の北の地域から引き入れたスキタイ人とタタール人の民兵は、第二次ポエニ戦争の後、ローマがぶつかった最強の敵であった。パルティアとゲルマンの民兵も手ごわく、ローマ軍が劣勢になったことも何度かあった。だが、全体としては、とくに指揮がしっかりしているときには、ローマ軍の方がはるかに優れていたようだ。ローマがパルティアとゲルマンを完全に征服しようとしなかったのはおそらく、すでに大きくなりすぎた帝国に未開の国を二つ加える価値はないと判断したためであろう。古代のパルティアはカスピ海の南東にあり、スキタイ系かタタール系の国のようで、祖先の風習をかなりの程度維持しつづけていた。古代のゲルマンもスキタイ人やタタール人と同様の遊牧民族であり、平時に命令に従う習慣ができているのと同じ部族長のもとで戦争に行く。ゲルマン人はスキタイ人やタタール人と民兵の性格がまったく同じであり、おそらくこれらの民族の末裔なのだろう。

さまざまな要因が重なって、ローマ軍の規律はゆるんでいった。規律がきわめて厳しかった点も、その一因になったとみられる。その全盛期、敵らしい敵はいないように思えた時期には、重い甲冑は厄介なだけで不要だとされて使われなくなり、厳しい軍事訓練も苦

しいだけで不要だとされて無視されるようになった。それにローマの皇帝にとって、常備軍、とくにパルティア、ゲルマンとの国境を警備する常備軍は危険なものになった。常備軍が将軍をかついで、皇帝の地位を奪うことが少なくなかったからだ。常備軍の力を弱めるために、何人かの論者によればディオクレティアヌス帝（治世二八四～三〇四年）が、別の論者によればコンスタンティヌス大帝（治世三〇六～三三七年）が、通常二個軍団か三個軍団の規模で国境に駐屯していた常備軍を小規模な部隊に再編成し、地方都市に分散させ、侵入してきた敵を撃退する必要がないかぎり、都市から移動しないようにした。少人数の兵士が商工業都市に駐留し、宿営地からめったに動かなくなって、やがて商人や手工業者、製造業者になっていった。兵士としての性格より、民間人としての性格がはるかに強くなった。ローマの常備軍は徐々に腐敗し、怠慢で規律のない民兵に堕していき、やがて西ローマ帝国に侵入してきたゲルマン人やスキタイ人の民兵の攻撃に対抗できなくなる。西ローマ帝国の皇帝がしばらくの間、国を防衛できたのは、これら蛮族の民兵を雇って、他の民兵に対抗させたからである。西ローマ帝国の没落は、当時の歴史書に明確で詳細な記述があるものとしては、人類史上で三番目の大変革である。この大変革は、未開の国の民兵が文明国の民兵よりはるかに優れていることの結果である。遊牧民族の民兵が農民、手工業者、製造業者の国の民兵よりはるかに優れていることの結果である。民兵部隊が戦争に

勝つのは通常、敵が常備軍のときではなく、訓練と規律が劣る民兵のときだ。古代ギリシャの民兵がペルシャ帝国の民兵に勝ったのもそうだし、後にスイスの民兵がオーストリアやブルゴーニュの民兵に勝ったのもそうだ。

西ローマ帝国が崩壊した後にできたゲルマン人とスキタイ人の国では、新しい定住地を獲得した後もしばらく、軍隊がそれ以前と同じ性格を保っていた。遊牧民と農民の民兵であり、平時に命令に従う習慣ができているのと同じ部族長のもとで戦争に行く。このため、訓練と規律がかなり行き届いていた。だが、産業が発達するとともに、部族長の権威が徐々に低下し、大部分の住民が軍事訓練に使える暇をあまりもたなくなった。このため、封建的な民兵の訓練と規律が徐々に緩んでいき、民兵の代わりに常備軍が作られるようになった。そして、文明国のうち一つが常備軍を確立すると、近隣諸国はすべて同じ方法を採用しなければならなくなる。自国を防衛するには常備軍を確立するしかなく、自国の民兵では常備軍にまったく対抗できないことを思い知らされるのである。

常備軍の兵士は、一度も敵と戦っていなくても、歴戦の部隊と変わらぬ勇気をもち、戦場にはじめてたったときに歴戦の最強部隊に対抗できることが少なくないようだ。一七五六年にロシア軍がポーランドに進軍したとき、ロシア軍兵士は当時、ヨーロッパ最強の歴戦部隊だとされていたプロイセン軍兵士とくらべても、勇気で劣っていなかったようだ。

ロシア帝国はそれまで二十年近くにわたって平和を謳歌していて、実戦を体験していた兵士はごく少なかったはずである。一七三九年にスペインとの戦争がはじまったとき、イギリスは二十八年にわたる平和を謳歌していた。だが、イギリス軍兵士の勇気は長期の平和でも衰えておらず、この不幸な戦争での最初の不幸な戦果であるカルタヘナ要塞攻撃のときほど目立ったときはなかった。長期にわたる平和で、将軍が指揮の技術を忘れている可能性はある。だが、規律がしっかりした常備軍が維持されていれば、兵士が勇気をもたなくなることはないようだ。

文明国が民兵に頼って国を防衛しようとしているときにはいつでも、近隣にある未開の国に征服されかねない。アジアの文明国が頻繁にタタール人に征服されている点に、未開の国の民兵が文明国の民兵よりその性格上優れていることが十分に示されている。規律のある常備軍は、すべての種類の民兵部隊より優れている。常備軍は豊かな文明国がもっともよく維持できるものであり、豊かな文明国が貧しい未開の国の侵入から自国を守ることができる唯一の方法である。このためどの国も、常備軍を維持しなければ、文明を永続させることができないし、かなりの期間にわたって維持することすらできない。

規律のある常備軍という手段を使わなければ、文明国が自国を防衛できないように、常備軍という手段を使わなければ、未開の国が急激にかなりの程度まで社会を発展させるこ

とはできない。主権者は常備軍の圧倒的な武力を背景に、制定した法律を国内の隅々にまで適用することができ、常備軍がなければありえなかった正規の統治を、ある程度まで維持できるようになる。ピョートル大帝によるロシアの改革を注意深く検討すれば、その成果がほぼすべて、規律のある常備軍の確立によるものであることが分かるはずだ。ピョートル大帝が制定したすべての法規を適用し、維持する手段になったのが常備軍であった。ロシア帝国がその後、国内の秩序と平和を維持できているのはすべて、常備軍の力によるものである。

共和主義者は自由を抑圧する危険なものだとして、常備軍を警戒してきた。確かに、国の政治体制を支持することが将軍と主要な士官にとっての利益と一致するとはかぎらない場合には、常備軍は危険だ。カエサルの常備軍がローマの共和制を崩壊させた。クロムウェルの常備軍は長期議会を解散させた。だが、主権者が軍の総司令官であり、主な貴族と郷士が軍の士官になっていれば、つまり、政府に最大の影響力をもっているために、政府を支えることにもっとも利害と関心がある人が軍を指揮していれば、常備軍が自由を抑圧する危険はない。逆に、自由を確立するうえで有利な条件になることもある。主権者は常備軍によって安全を確保できるので、国民の動きにいつも警戒感をもつ必要がなくなる。近代のいくつかの共和国では、この警戒感から、市民の行動を細かく監視し、市民の平穏

な生活をいつでも乱せる態勢をとっているようだ。国の指導者が国内の支配層に支持されていても、民衆が不満をもつたびに身の危険にさらされ、小さな騒ぎが数時間のうちに大規模な革命にまで発展しかねない国では、政府はすべての権限を使って、政府への不満や抗議をすべておさえつけ、処罰しなければならない。これに対して、主権者が国内の貴族層によって支持されているだけでなく、規律がしっかりした常備軍によって守られているという自信をもっていれば、どれほど乱暴で、根拠がなく、自分勝手な抗議を受けても、心配する必要はない。抗議を放置するか無視しても安全であり、強い立場にあることを自覚しているので、自然にそうしようという気持ちになる。自分勝手で放埒とも言えるほどの自由を許容できるのは、規律が保たれた常備軍によって主権者の安全が確保されている国だけである。国民が自分勝手な行動をとって理不尽に振る舞っても、主権者にそれを抑圧する裁量権を与えて社会の安全を守る必要がないのは、そうした国だけである。

　以上から明らかなように、主権者が第一の義務、他国の暴力と侵略から自国を守る義務を果たすには、文明の発達とともに多額の経費がかかるようになる。国が維持する軍事力は当初、平時にも戦時にも主権者が経費を負担する必要のないものであったが、社会の発展とともに、まずは戦時に主権者が維持しなければならなくなり、後に平時にすら主権者が維持しなければならなくなる。

火器の発明によって戦争の技術が大きく変化し、平時にある人数の兵士を訓練し規律を確立するのに必要な経費と、戦時に兵士の戦いを支えるのに必要な経費がさらに大幅に上昇した。武器も弾薬もはるかに高価になった。小銃は投げ槍や弓矢より高い。大砲や迫撃砲は投石機や石弓よりも高価だ。近代の観兵式で使われる火薬は繰り返し使えるものではなく、かなりの出費になる。古代の観兵式なら、投げ槍を投げ、矢を射ても簡単に回収できるし、そもそもきわめて安価なものだ。大砲や迫撃砲は投石機や石弓より高価なうえに重量もあり、戦場での準備にも、それ以前の運搬にすらも、はるかに経費がかかる。古代の投石機や石弓にくらべて近代の大砲ははるかに強力なので、優れた大砲をもつ敵の攻撃を数週間くい止めるだけのためでも、都市を要塞化するのがはるかに難しくなり、その結果、はるかに経費がかかるようになった。近代ではさまざまな要因が重なって、国の防衛にはるかに経費がかかるようになったのである。防衛に要する経費の上昇は、社会の自然な発展がもたらす避けがたい結果だが、火薬の発明という偶然がもたらしたとみられる戦争技術の大変革によって、経費上昇の勢いが大幅に強まってきた。

近代の戦争では、火器に膨大な経費がかかることから、この経費を負担できる国が明らかに有利になり、その結果、豊かな文明国が貧しい未開の国より有利になった。古代には、豊かな文明国は、貧しい未開の国の攻撃から自国を防衛するのが難しかった。近代に

は逆に、貧しい未開の国は、豊かな文明国の攻撃から自国を防衛するのが難しくなった。火器の発明は一見、きわめて危険だと思えるが、文明の永続と拡大のためには明らかに有利な条件になっている。

第二節　司法費

主権者の第二の義務は、社会の他の構成員による不正と抑圧から、社会のすべての構成員を可能なかぎり守る義務、つまり厳正な司法制度を確立する義務であり、このための経費も、社会の発展段階によって大きく違っている。

狩猟民族では、財産はほとんどなく、少なくとも二日から三日の労働を超える価値をもった財産はない。このため、裁判官が決まっていたり、司法制度が確立していることはまずない。財産をもたない民族で他人に被害を与えるのは、身体か名誉を傷つける行為だけである。誰かが他人を殺すか、傷つけるか、殴るか、誹謗《ひぼう》中傷した場合、相手は被害を受けるが、本人は利益を得られるわけではない。財産の侵害はこれと違っている。侵害したものが得る利益が、侵害を受けたものの損失に等しいことが少なくない。他人の身体や名誉を傷つけようとするのは、妬《ねた》み、恨《うら》み、怒りの感情にかられたときだけだ。だが、大部

分の人は、これらの感情にかられて行動することがそう多いわけではないし、とくに性格が悪い人でも、こうした感情に突き動かされて行動することはたまにしかない。そして、行動をとったときの満足感は、ある種の性格の人にとってどれほど心地よいものであっても、真の利益や長続きのする利益を伴うわけではないので、大部分の人はよく考えたすえ、行動を抑えるのが普通だ。こうした感情による不正から構成員を守るための司法制度がなくても、財産のない社会なら、そこそこ安全に暮らすことができる。しかし、他人の財産を侵害しようとするのは、金持ちの場合には貪欲と野心という感情、貧乏人の場合には労働を嫌い、束の間の安楽と享楽を求める感情にかられたときである。これらの感情ははるかに執拗だし、はるかに広範囲な人がもっている。巨額の資産をもつものがいれば、かならず大きな不平等がある。大金持ちが一人いれば、少なくとも五百人の貧乏人がおり、少数の人が豊かであれば、貧困に苦しむ人がかならず多数いる。金持ちの豊かさをみて、貧乏人は憤慨し、生活苦に突き動かされると同時に妬みにかられて、金持ちの財産を奪おうとする。司法制度によって守られていなければ、高価な資産をもつ人、長年の労働によって、それどころかおそらくは何世代にもわたる労働によって獲得した資産をもつ人は、一夜でも安心して眠ることはできない。金持ちはいつも見知らぬ敵に囲まれており、自分が怒らせたわけではないが、宥《なだ》めることはできない。金持ちが守られているのは、犯罪に懲

罰を加える司法制度の強力な力で、たえず敵を威圧しているからである。このため、高価で莫大な財産が獲得されるようになると、かならず政府が必要になる。財産がないか、せいぜい二日から三日の労働の価値のある財産しかない場合には、政府はそれほど必要にならない。

政府という支配体制は、ある程度の服従がなければ成り立たない。だが、高価な財産の獲得によって政府を確立する必要が徐々に生まれてくると、高価な財産の蓄積によって、服従を自然に生み出す主要な要因が徐々に形成されていく。

服従を自然に生み出す要因や状況、言い換えれば、政府が作られる以前に、一部の人が自然に大部分の仲間の上にたつようになる要因や状況は四つあるようだ。

第一は、個人の資質が優れていることであり、これには身体面の強さ、美しさ、敏捷さと、精神面の英知、高潔、賢明、公正、不屈、温和がある。身体的な資質は、精神的な資質に支えられていなければ、社会のどの段階にも権威をもたらすものにはならない。どれほど力が強くても、体力だけでは、力の弱いもの二人に自分にしたがうよう強制できるだけである。精神的な資質があれば、それだけできわめて大きな権威を獲得できる。しかし、精神的な資質は目に見えないものであり、つねに異論の余地があるし、たいていは異論がだされる。未開の社会でも文明社会でも、目に見えない精神的な資質だけで上下関係、支

配と服従の関係を決めるのが便利だと考えた社会はなく、もっと明白で目に見える基準を使っている。

第二は、年齢が高いことである。どの社会でも、老人は耄碌《もうろく》したと疑われる年齢に達していないかぎり、地位、財産、能力が同等の若者より尊敬される。北アメリカの先住民のような狩猟民族では、年齢だけが上下関係を決める基準になっている。狩猟民族では地位が高いものを父と呼び、同等のものを兄弟と呼び、低いものを息子と呼ぶ。とくに豊かな文明国でも、他のすべての点で同等で、上下関係をつける基準が他にない場合、年齢で順位が決められている。兄弟姉妹の間では、つねに年齢がもっとも高いものが上位になる。親の遺産のうち、たとえば貴族の称号のように分割することができず、一人が相続するしかないものは、ほとんどの場合に最年長者に与えられる。年齢は明白で争う余地のない基準である。

第三は財産が多いことである。社会のどの段階でも金持ちの権威は高いが、社会の発展段階のうち、富の大きな不平等が起こりうるもののなかでもっとも未開の段階におそらく、とくに高くなっている。タタール人の首長は、一千人を養えるまでに家畜を増やしても、一千人を養う以外に増えた富を使う方法がない。社会が未開の段階にあるので、製造業の製品や、何の役にも立たない装身具などがなく、土地生産物のうち自分の消費量を超える

部分と交換して入手できるものは何もない。そこで一千人を養うわけだが、この一千人は生活を完全に首長に頼っているので、戦時には首長の命令に従い、平時には首長の支配に従わなければならない。首長はかならず自分が養う一千人にとって司令官になり、裁判官になる。首長の地位は財産が多いことの必然的な結果である。豊かな文明社会では、もっと巨額の財産をもっている金持ちでも、十人ほどに命令できるにすぎない。所有地の生産物は一千人以上を養えるほどあり、おそらく実際に養っているだろうが、対価を受け取らなければほとんど何も誰にも与えようとはしないので、これらの人は金持ちから受け取るものすべてに対価を支払っている。金持ちに完全に生活を頼っていると考えている人はほとんどおらず、少数の召使以外はその権威を認めていない。とはいえ、豊かな文明社会でも、金持ちの権威はきわめて高い。年齢よりも個人の資質よりも高く、この点が富の大きな不平等のある社会ではどの時期にも、つねに不満のタネになってきた。社会の発展の第一段階である狩猟民族の社会では、そのような不平等は生まれる余地がない。社会全体が貧しいために社会全体が平等であり、年齢や個人の資質による優位が、弱くはあるが権威と服従の唯一の基準になっている。このため、狩猟民族の社会には権威と服従の関係はほとんどない。社会の発展の第二段階である遊牧民族の社会では、きわめて大きな富の不平等が起こる余地があり、富によって得られる権威が、この段階ほど大きくなる時期はな

い。このため、遊牧民族の社会では、権威と服従の関係がどの段階よりも完全に確立している。アラブの部族長の権威はきわめて高い。タタール人の汗の場合にはまったくの専制君主である。

第四は生まれが優れていることである。名門の生まれとは、そう主張する人の一族が昔から財産が多かったことを意味している。どの人の家系も、古くから続いていることに変わりはない。国王の祖先はよく知られているのは事実としても、物乞いの祖先より古くから続いているなどということはありえない。古くからの家系とは、古くから財産をもっていたか、古くから高い地位にあったことを意味し、高い地位は富によって得られたか、富を伴う。成り上がり者はどの社会でも、古くからの名門ほどには尊敬されない。王位を奪ったものが憎まれ、昔の王家の子孫が尊敬されるのは、かなりの程度まで、人びとが自然にもつ成り上がりへの軽蔑と、名門への敬意のためである。軍の士官は長年にわたる上官の権威にはためらいなく従うが、自分の部下だったものが上官になることには我慢ができない。同じように、自分も祖先も服従してきた家系の人には簡単に従うが、それまで自分より上だと認めたことがなかった家系の人が支配するようになると、憤然として怒りだす。

生まれによる違いは、富の不平等がそれ以前の世代にあったことを前提とするので、狩猟民族では生じる余地がない。全員が富の点で平等なので、生まれの点でもほとんど違い

がないはずである。狩猟民族の間ですら、賢明で勇敢な親の子供は、愚かで臆病な親の子供として生まれた不運な人より、実力が変わらなければ、少しは敬意をもたれるかもしれない。だが、この違いはそれほど大きくならない。そして世界のどこにも、知恵と人格を受け継いだことだけで偉大な家系だとされている例はないと思われる。

生まれによる違いは、遊牧民族ではありうることだし、つねにあることでもある。遊牧民族はいつもどのような種類の贅沢も知らないので、巨額の富が後先を考えない贅沢によって浪費されることがない。このため、遊牧民族ほど、偉大で著名な人物が何代にもわたって続いていることで尊敬されている家系が多い民族はない。一族の富が長く維持される可能性がこれほど高い社会は、他にないからだ。

生まれと富が明らかに、ある人物を人の上に立たせる主な要因である。この二点が上下関係をもたらす大きな源泉であり、したがって支配と服従の関係を自然に確立する主因である。遊牧民族では、この二つの要因が最大限に作用する。大量の家畜を飼っている遊牧者は、巨額の富をもつことで、生活を依存している人の数が多いことで尊敬され、生まれが高貴であり、太古の昔から続く著名な家系を受け継いでいることで敬意を払われており、同じ部族や集団のなかで、家畜をそれほど大量に飼っていない遊牧者の全員に対して、自然に権威をもっている。同じ部族や集団のなかの誰よりも大量の人を集め指揮でき

る。誰よりも軍事力が強い。戦時には、全員が他の人ではなくその人物のもとに自然に集まるので、生まれと富によって自然にある種の指揮権をもつようになる。誰よりも大量の人を集め指揮するので、他人に被害を与えたものにその罪を償わせる役割を誰よりもよく果たせる。このため、自分で自分を守る力がない人が自然に保護を求めることになる。自分が被害を受けたと考えたときには当然、この人物に訴えることになり、この人物が介入すれば、他の誰が介入した場合よりも、訴えられた人物すらも、その決定に簡単に従う。このように、生まれと富によって自然にある種の司法権をもつようになる。

社会の発展の第二段階である遊牧の時代に、富の不平等がはじめてあらわれ、それ以前にはありえなかったほど、支配と服従の関係が作られるようになる。こうして政府という支配形態がある程度まで形作られるようになるのであり、政府は社会を維持するために必要不可欠になる。この必要性が考慮されなくても、政府は自然に形作られていくようだ。だが、政府が作られた後には、この必要性に対する考慮が疑いもなく、支配と服従を維持し確保するためにおおいに役立つようになる。とくに金持ちはかならず、この秩序を維持することに関心をもつ。この秩序があるからこそ、金持ちは自分の有利な立場を安全に維持できるからだ。ある程度の富をもつ人は団結して金持ちの財産を守る。そうすれば、金持ちが力を合わせて自分の財産を守ってくれると考えるからだ。家畜を少し飼っている人

はみな、自分の家畜が安全なのは首長の家畜が安全だからであり、自分が小さな権威を維持できるのは首長の大きな権威が維持されているからであり、目下のものが自分に服従するのは自分が首長に服従しているからだと感じている。家畜を少し飼っている遊牧者はみな、いわば小貴族なのであり、首長が自分の財産と権威を守れるようにするために、首長の財産を守り、首長の権威を守ることに関心をもっている。政府は財産の安全を守るために作られているという点でみれば、その実態は貧乏人から金持ちを守るため、富をまったくもたない人からある程度の富をもつ人を守るための制度なのである。

しかし、こうした主権者の司法権は、経費が負担になるどころか、長期にわたって主権者の収入源になっていた。主権者に訴え出るものはかならず謝礼を喜んで支払ったし、請願の際にはかならず贈り物を持参した。主権者の権威が完全に確立した後にも、有罪になったものは相手側の損害を賠償する義務を負ううえ、主権者に罰金を支払う義務を負わされた。国王に迷惑をかけ、国王をわずらわせ、平安を乱したのであり、その罪に対して罰金を支払うべきだとされたのである。アジアのタタール人の政府や、ヨーロッパでゲルマン人とスキタイ人がローマ帝国を倒して作った国の政府では、司法は主権者にとっても、主権者のもとで自分の部族や領地、地域を支配する首長や領主にとっても、収入源だと考えられていた。当初、主権者も首長や領主も、裁判権をみずから行使していた。やがてど

こでも、この裁判権を代理人、管理人、判事に委任した方が便利だと考えられるようになった。だが代理人も、裁判で得られた利益を任命者に報告し、納入する義務を負っていた。ヘンリー二世の時代（一一五四〜八九年）に巡回裁判所の判事にだされた指示を読めば、判事が一種の巡回徴税人であり、国内各地をまわって国王の収入のうちある部分を取り立てていたことが分かる。当時、司法は主権者にとって、ある程度の収入をもたらすものであっただけでなく、主権者が司法制度を運営して得ようとした主要な利益の一つが収入の確保であったようだ。

このように収入の確保を優先して、裁判をその手段にする仕組みでは、いくつもの深刻な弊害がかならず生まれる。大きな贈り物をもって裁判を願い出たものは、有利な判決を得られるだろうし、小さな贈り物をもって裁判を願い出たものは、不利な判決しか得られないだろう。何度も贈り物を受け取れるように、裁判を長引かせることも少なくなかったはずだ。さらに訴えられた側から罰金を徴収できる点が強い理由になって、実際には罪がなくても有罪にすることが少なくなかったはずだ。こうした弊害が珍しくなかったことは、ヨーロッパのどの国の古い歴史をみても明らかである。

主権者か首長がみずから司法権を行使する場合には、どれほどその権限が濫用されても、被害を受けた側が救済を得られることはまずなかったはずである。主権者や首長の責

任を問えるほど強い力をもつものは、まずいないからだ。だが、代理人が行使している場合、ときには救済が得られるかもしれない。代理人が自分の利益をはかることだけを目的に不正行為を働いたのであれば、主権者は代理人を罰するか、罪を償わせるのを望まないとはかぎらない。だが、代理人による抑圧が主権者の利益をはかるためであり、自分を任命し、おそらく自分を評価してくれている主権者を喜ばせるためであれば、主権者自身が抑圧した場合と同様に、救済はほとんどの場合、不可能だろう。このため、野蛮な政府では、とくに西ローマ帝国が崩壊した後に作られたヨーロッパ各国の政府では、司法制度は長期にわたって極端に腐敗していたようだ。最善の君主のもとですら、公平にはほど遠かったし、最悪の君主のもとでは、まったく乱脈であった。

　遊牧民族では主権者や首長は、部族や集団のなかで飼っている家畜がもっとも多い遊牧者にすぎず、家臣と同様に自分の家畜を増やすことで生活を維持している。遊牧の段階から抜け出したばかりで、それほど発展していない農業社会でも、たとえばトロイ戦争（紀元前十三世紀ごろ）の時代のギリシャ人の各種族がそうだったとみられるし、現在のヨーロッパ人の祖先であるゲルマン人やスキタイ人も、西ローマ帝国が崩壊して定住した直後にそうだったが、主権者や首長はやはり国内で最大の地主であり、他の地主と同じ方法で、自分が所有する土地、現在では直轄地と呼ばれる土地から収入を得ていた。領主は通常、

国王を支えるために拠出することはなく、例外は他の領主の圧迫から保護してもらうために、国王の権威を必要とするときだけである。こうしたときに受け取る贈り物が、特殊な緊急時を除いて、国を支配していることから得られる通常の収入のすべてである。ホメロスの『イリアス』によれば、アガメムノンがアキレウスの友情に感謝してギリシャの七都市の主権者の地位を贈ったとき、主権者になって得られる利点として、住民が主権者を讃えて贈り物をもってくることだけをあげている。こうした贈り物だけしか、裁判手数料とも呼べる役得だけしか、主権者が主権から引き出せる通常の収入がないのであれば、主権者がこの収入をすべて放棄するとは期待できないし、放棄するようまともに求めることもできない。贈り物について規則を作り、金額を決めるよう求めることならできるし、実際に何度も求められている。だが、規則を作り金額を決めても、きわめて強力な国王が決められた以上の金額を要求するのを防ぐのは、不可能だとはいえないまでも、きわめて難しかった。したがってこの状況が続くかぎり、司法の腐敗はこうした贈り物が恣意的で不確かなものであることの当然の結果であり、うまくなくすことはまずできない。

　しかし、別の要因によって、主に他国の侵略から自国を守るための経費が増加を続けたことによって、主権者の直轄地だけでは統治の経費をまったく賄えなくなった。そして住民が自分たちの安全を守るために、各種の税金によってこの経費を負担することが必要に

なると、主権者も、その代理人、管理人、判事も、裁判にあたってどのような名目でも贈り物を受け取るべきではないとする見方がごく一般的になったようだ。贈り物について、規則と金額を定めてそれが守られるようにするより、完全になくす方が簡単だとされるようになったと思われる。判事は決まった給与が支払われるようになり、それまでの裁判報酬のうち判事の取り分を失ったことへの代償だとされた。主権者も自分の取り分を失ったが、それよりもはるかに大きな収入を税金で得られるようになった。こうして、裁判は無料だといわれるようになった。

しかし実際にはどの国でも、裁判が無料で行われることはない。少なくとも法律家や弁護士の報酬はかならず訴訟の当事者が支払わなければならず、報酬を支払わなければ、弁護士の仕事ぶりは現状よりさらに悪くなるだろう。法律家や弁護士に年間に支払われる報酬はどの裁判所でも、判事に支払われる給与よりはるかに多い。判事の給与を国王が支払っても、訴訟に必要な費用は、どの裁判所でも大幅に下がることはない。だが、判事が訴訟の当事者から贈り物や手数料を受け取るのを禁止されたのは、訴訟の費用を軽減するためよりも、司法の腐敗を防ぐためだった。

判事の職は名誉あるものなので、報酬がごく少なくても、なりたがる人は多い。地位が劣る治安判事の職は、苦労が多いのにほとんどの場合に無報酬だが、それでも地方の大地

主のうちかなりの人にとって、憧れの職になっている。地位の高いものから低いものまで、すべての判事の給与に、司法制度の運営と執行に必要なすべての経費を加えた総額は、とくに倹約しなくても、すべての文明国で政府の全経費のうちごく小さな部分を占めるにすぎない。

司法の全費用を、裁判手数料で賄うことも簡単にできるだろう。そうすれば司法が腐敗する危険はまずなく、しかもおそらくごくわずかな負担にすぎないとはいえ、財政負担をすべてなくすことができよう。強い力をもつ主権者が裁判手数料の一部を収入として得ており、しかも収入全体のうちかなりの部分をこれで得ている場合には、裁判手数料に関する規則が守られるようにするのは難しい。だが、裁判手数料から収入を得られるのが主に判事であれば、規則が守られるようにするのはまったく簡単だ。主権者に規則を守るように求めるのは簡単だとかぎらないとしても、判事に規則を守るよう法律で義務づけるのはきわめて簡単である。裁判手数料が正確な規則によって決められており、裁判のある段階に裁判所の会計係か出納係に全額が支払われ、判決がでた後に決まった比率で判事に分配され、判決がでるまで支払われない仕組みになっていれば、裁判手数料をすべて禁止している場合とくらべて、腐敗の危険が大きいとは思えない。こうした手数料によって、訴訟の費用をそれほど増加させず、司法の費用をすべて賄えるようにすることもできよう。判

決がでるまで判事に支払われない仕組みによって、審理と判決を勤勉に行うよう、ある程度促すことができるだろう。判事が何人もいる裁判所では、各判事への分配額を、法廷で、あるいは法廷が命じた委員会で、それぞれの判事が審理に費やした時間数と日数に比例させるようにすれば、個々の判事に勤勉に勤務するよう、ある程度促すことができるだろう。公務員は、仕事が終わった段階で、どこまで勤勉に勤務したかに比例して報酬が支払われるようにしたときに、もっとも懸命に働くものだ。フランス各地にある高等裁判所では、裁判手数料が判事にとって報酬の大部分を占めている。トゥールーズ高等裁判所は国内で二番目に格式が高い高等裁判所だが、ここの判事に国王から支払われる給与は、さまざまな天引きの後の純額で年に百五十リーブル、つまり約六ポンド十一シリングにすぎない。七年ほど前に、この金額はトゥールーズで歩兵に支払われる年間の賃金と同じであった。裁判手数料の配分も、判事の勤務状況にしたがって決められる。勤勉な判事はそれほど多くはないが、十分な報酬が得られる。怠惰な判事は、給与以外の報酬はほとんど得られない。フランスの高等裁判所はさまざまな点でとくにうまく運営されているとはいえないだが、腐敗していると非難されたことはないし、その疑いをかけられたことすらないようだ。

裁判手数料はイングランドでも当初、各裁判所の主要な財源になっていたようだ。それ

ぞれの裁判所ができるかぎり多数の訴訟を引きつけようと努力した。そのため、当初は対象になっていなかった訴訟にまで管轄を広げようとした。王座裁判所は刑事裁判だけを扱うために作られたが、民事裁判も扱うようになった。その際に原告は、被告が自分に対して正義に反することを行っており、刑法の不法行為または軽犯罪を犯していると主張する。財務府裁判所は国王の収入に関する訴訟を扱い、国民が国王に負う債務の支払いを命じる訴訟だけを扱うために作られたが、すべての契約債務に関する訴訟を扱うようになった。その際に原告は、被告が自分に支払わないので、国王に支払えなくなっていると主張する。このような擬制が使われるようになって、多くの場合に、どの裁判所に提訴するのかを当事者が自由に選択できるようになった。そして裁判所はそれぞれ素早く公平な裁判を行って、できるかぎり多くの訴訟を引きつけようと努力した。イングランドの裁判制度が現在、称賛されるものになっているのはおそらく、当初はかなりの程度まで、判事が昔、このように競争した結果なのだろう。判事がそれぞれ、さまざまな種類の不正について、法の許す範囲で、できるかぎり速く、できるかぎり効果的な救済を与えようと努力した。当初、普通法裁判所は契約違反について、損害賠償金の支払いを命じることしかできなかった。これに対して大法官裁判所は良心の裁判所と呼ばれ、当初は契約通りの履行を命じる役割を引き受けていた。契約違反が金銭の不払いであれば、それによって被った損害は

金銭の支払いを命じることによってしか償えず、契約通りの履行を命じた場合と結果は変わらない。したがってこの場合には、普通法裁判所による救済で十分であった。だが、この救済では不十分な場合もある。地主が借地を取り上げたのは不当だと借地人が訴えた場合、損害賠償金を受け取っても、土地を取り戻すのと同じ結果にはならない。このためかなりの間、この種の訴訟はすべて大法官裁判所にもちこまれ、普通法裁判所にとって少なからぬ損失になっていた。そこでこの種の訴訟を取り戻すために、普通法裁判所は賃借不動産占有回復訴訟という擬制的な訴訟を考えだし、不当に借地から追い出されるか、土地を取り上げられたときにもっとも効果的な救済が生まれたといわれている。

それぞれの裁判所が訴訟手続きごとに印紙税を課し、裁判所に所属する判事などの人員を維持するために使う制度でも、手数料と同様に、裁判に必要な経費を十分に賄える収入を確保して、国の一般財政にまったく負担をかけないようにできるかもしれない。この場合に判事は、一つの訴訟に不必要な手続きをいくつも設けて、印紙税の収入をできるだけ増やそうという誘惑にかられる可能性がある。近代ヨーロッパではほとんどの場合、弁護士と裁判所書記の報酬を、作成した文書のページ数によって決めるようにしてきた。裁判所は、一ページの行数と一行の語数を規定している。そこで弁護士と裁判所書記は報酬を増やすために、実際に必要な語数を大きく超えるまでに法律文書の語数を増やすよう努力

し、その結果、ヨーロッパのすべての裁判所で法律の言葉が堕落したのだとみられる。同様の誘惑があれば、訴訟手続きでもおそらく腐敗が起こることになるだろう。

しかし、裁判制度が必要経費を賄えるように組み立てられていても、他の財源から判事に固定の給与が支払われる仕組みがとられていても、行政権を任された人がその財源を管理するか、判事への給与を支払う責任を負う必要はないように思える。裁判制度を支える財源として、所有地の地代を使う方法をとり、それぞれの土地の管理は、それで経費を賄うことになっている裁判所に任せることもできる。また、資金の金利を使う方法をとり、資金の貸し付けは、それで経費を賄うことになっている裁判所に任せることすらできる。スコットランドの民事上級裁判所では、判事の給与の一部が、ごく一部ではあるが、資金の金利によって支払われている。だが、こうした資金はどうしても不安定なので、恒久的な制度を維持するための財源として適切だとはいえないようだ。

司法権と行政権の分離は当初、社会が発展して業務が増えたことから起こったようだ。裁判が手間のかかる複雑な仕事になったため、それに専念する人に裁判を任せる必要が生まれた。行政権を任された人は民間人の訴訟についてみずから判断をくだす暇がないので、自分に代わって判断をくだす代理人を指名した。ローマが偉大な国家に成長していく過程で、執政官は国の政治に忙殺されるようになり、裁判に出席できなくなった。そこで法務

官が指名され、執政官に代わって裁判を取り仕切るようになった。ローマ帝国の崩壊後にできたヨーロッパの王国ではどこでも、主権者も大領主も裁判官としての仕事は苦労が多く、つまらないものなので、自分で関与するまでもないと考えるようになった。このため代理人、管理人、判事を指名して、裁判の仕事に関与しなくなった。

司法権が行政権と一体になっている場合、俗に政治と呼ばれているものが優先されて、裁判がねじまげられることが多くなるのを防ぐのは、ほとんど不可能である。国全体の利害に責任を負う役割を任されている人は、清廉潔白であっても、ときには民間人の権利を犠牲にして国の利害を優先させる必要があると考えることがある。だが、公平な裁判こそが個人の自由の基礎であり、個人が安全だと実感できる根拠である。国民すべてが自分の権利を完全に保証されていると感じられるようにするには、司法は行政から分離するだけでなく、行政から最大限に独立していることが必要である。判事は行政当局の気まぐれで解任できるようになっていてはならない。判事に定期的に支払われる給与は、行政当局の好意に左右されてはならないし、行政当局の財政手腕にすら左右されてはならない。

第三節　公共施設と公共機関の経費

主権者または国にはもう一つ、第三の義務があり、公共機関や公共施設のうち、社会全体にとってきわめて大きな利点があるが、その利益では経費を回収できず、したがって個人や少数の個人の集団が建設し維持するとは期待できないものを建設し維持する義務を負っている。この義務を果たすのに必要な経費も、社会の発展段階によって大きく違っている。

社会の防衛のため、そして裁判のために必要な公共機関や公共施設についてはすでに論じたので、それら以外ではこの種の機関や施設に主に、社会の商業活動を促進するためのものと、国民の教育を振興するためのものとがある。教育機関には、青少年教育のための機関と、生涯教育のための機関とがある。これらの違った種類の公共機関や公共施設に必要な経費を適切に賄う方法を考えていくので、第三節は三つの部分に分かれる。

第一項――社会の商業活動を促進するための公共施設と公共機関

その一――商業活動を全体的に促進するための公共施設と公共機関

国全体の商業活動を促進するために必要な施設には道路、橋、運河、港などがあるが、その建設と維持にかかる経費が社会の発展段階によって大きく違っていることは、根拠を示すまでもなく明らかだ。どの国でも、公道の建設と維持に必要な経費は、その国の土地と労働による年間生産物が増えるとともに、つまり、道路を使って運ばれる商品の数量と重量が増えるとともに、明らかに増加する。橋は、そこを通ると予想される荷物の数量と重量にふさわしい強度がなければならない。運河の水深と水量は、そこを通って荷物を運ぶと予想される船の数とトン数に見合っていなければならず、港の広さは、そこに停泊すると予想される船の数に見合っていなければならない。

これらの公共施設の経費は、いわゆる財政収入、つまりほとんど国で行政当局が徴収と支出の権限を握っている収入によって賄われる必要はないように思える。こうした公共施設の大部分は、それぞれの経費を賄える収入を得られるようにし、国の財政収入に負担をかけないように運営するのが難しくないようだ。

たとえば、幹線道路、橋、運河はほとんどの場合、それを利用する馬車や船から少額の通行料をとれば、建設費と維持費をともに賄えるだろう。港は、貨物を積み下ろしする船からトン数に比例する少額の使用料をとれば、建設費と維持費をともに賄えるだろう。やはり商業活動を促進する機関の一つ、造幣局は、多くの国で経費をみずから賄うだけでなく、主権者に通貨発行益という少額の収入をもたらしている。同じ目的の別の機関、郵便事業は、経費をみずから賄えるだけでなく、ほとんどの国で主権者にかなりの収入をもたらしている。

幹線道路や橋を通る馬車が重量に応じて、運河を通る船がトン数に応じて通行料を支払う場合、通行によって公共施設が傷む程度に正確に比例してその維持費を支払うことになる。これらの公共施設を維持する方法として、これほど公平な仕組みは考えにくいほどである。また、通行料は一種の税金であり、運送業者が支払うが、最終的には商品の価格に上乗せされて、消費者が負担することになる。だが、運送の費用はその公共施設のために大幅に低下するので、商品は通行料を支払っても、公共施設を使わない場合より安い価格で消費者に販売できる。運送費用の低下の影響の方が、通行料負担の影響より大きくなるのだ。このため、通行料を最終的に負担する消費者にとって、公共施設の利用による利益の方が、通行料の負担による損失より大きくなる。通行料の負担は、公共施設の利用によ

る利益に正確に比例する。実際には、残りの利益を確保するために、利益のうち一部だけをあきらめなければならないだけである。税金を徴収する方法として、これほど公正なものを考えるのは不可能だと思える。

四頭立ての馬車や駅馬車などの贅沢な車には、荷馬車のように生活に必要な用途に使われる車より、重量の割に高い通行料を課すようにすれば、重い商品を国内各地の間で運送する費用が安くなり、金持ちの怠惰と虚栄を貧乏人の負担軽減に役立てる実に簡単な方法になる。

幹線道路、橋、運河はこのように、それを利用する商業活動によって建設費と維持費を負担すれば、商業に必要なところだけに建設でき、したがって、適切なところだけに建設できる。施設で使われる経費、その大きさや立派さも、商業活動によって支払える範囲内におさえなければならない。したがって、適切な程度のものになるはずである。立派な幹線道路を商業活動がほとんど行われていない原野に作ることはできないし、州知事の別荘があるとか、ご機嫌をとっておくべき大地主の館があるとかの理由だけで作ることもできない。大きな川をわたる橋を誰も通行しない場所にかけることはできないし、近くの宮殿の窓からの眺めをよくするためにかけることもできない。施設自体から得られるもの以外の収入を使ってこれら施設を建設している国では、こうしたことがときに起こっている。

ヨーロッパのいくつかの地域では、運河の通行料、つまり水門通過料の徴収権が個人の資産になっていて、その個人が自分の利益を確保するために運河を維持しなければならない仕組みになっている。運河を通行できる状態に維持しておかなければ、船が通行しなくなり、通行料で得られる利益がなくなる。管理を役人に任せていれば、役人は通行料で利益を得られるわけではないので、通行料を生み出す施設の維持にそれほど熱心に取り組まない可能性がある。南フランスのラングドックのミディ運河は、国王と州が一千三百万リーブル以上の経費をかけて建設したものである（十七世紀末のフランス硬貨は銀一マークが二十八リーブルだったので、九十万ポンド以上にあたる）。この大事業が完成したとき、運河をつねに補修していく最善の方法は、建設を計画し指揮した運河技師のリケに通行料を寄贈することだと考えられた。リケの一族にとって、この通行料がいまでは大きな資産になっており、したがって運河をつねに修復していくことが大きな関心になっている。通行料の管理が役人に任されていれば、運河の維持にそのような関心をもたないので、不必要な虚飾に使われ、運河のうちとくに重要な部分は、荒廃するに任されていただろう。

幹線道路の場合には、維持に使われる通行料の徴収権を民間人の資産にして安心しているわけにはいかない。道路の場合には補修を完全に怠っていても、通行できなくなるわけではなく、この点で運河と違っている。このため、幹線道路の通行料を徴収する権利を握

る個人は、道路をまったく補修しなくても、ほぼ同じ金額の通行料を徴収しつづけることができるだろう。したがって、幹線道路の補修に使う通行料の管理は、役人か受託者に任せる方がいい。

イギリスでは、通行料を管理する受託者の乱脈ぶりが非難されてきており、非難されて当然であることが多い。有料道路の多くでは、補修を完璧に行うのに必要な額の二倍もの料金を徴収しながら、補修がいい加減で、まったく補修されていない場合すらあるといわれている。ここで考慮しておくべき点をあげるなら、この種の通行料によって幹線道路を補修していく仕組みはまだ歴史が浅い。このため、この仕組みが可能だと思える水準まで完成していないのはおどろくに値しない。不適切で浅ましい人物が受託者に任命されることが多い点も、受託者の行動を監視し、受託者が行うべき仕事の経費をぎりぎり賄える水準まで通行料を引き下げる役割を担う監督と会計の適切な機関が設立されていない点も、この仕組みができてまだ間もないことで説明できるし、弁解もできるのである。議会の英知によって、欠陥の大部分はいずれ徐々に解消されていくだろう。

イギリス各地の有料道路で徴収される通行料は、補修に必要な金額を大きく上回っており、適切に節約すれば、余った資金がいずれきわめて大きな財源になって、国の緊急時に使えるようになると、何人かの閣僚すら考えている。政府が有料道路の管理をみずから行

うようにし、兵士を補修に動員すれば、給与にごくわずかの手当てを上乗せするだけで働くので、はるかに安い経費で道路を良好な状態に維持できると主張されている。受託者の場合には、道路工事で生活費をすべて稼ぐ労働者しか雇えないからだという。この方法をとれば、国民の負担をまったく増やすことなく、おそらく五十万ポンド＊の収入を確保でき、有料道路は郵便制度のように、国の一般財政を支えるものになると主張されてきた。

＊　本書の初版と第二版が発行された後、イギリス各地の有料道路から五十万ポンドの純収入を確保することはできないと信じる十分な理由があることが分かった。純収入は政府が管理した場合に、国内の主要な道路のうち五本を補修するにも不足する額だろう。

この方法でかなりの収入が得られるのは確かだろうが、この案の提唱者が考えたほどにはおそらくならないだろう。そしてこの案にはいくつか、大きな問題があると思える。

第一に、有料道路の通行料が国の緊急時に使える財源の一つだとされるようになれば、緊急時に必要だとされる金額にしたがって、通行料が引き上げられていくことになろう。そして、イギリスの政策を考えれば、急速に値上げされていくだろう。大きな収入を簡単に確保できるのだから、政府は繰り返しこの財源に頼ろうとするはずだ。現在の通行料では経費を節約しても、五十万ポンドの純収入を確保できるとは考えにくいが、通行料を二

倍に引き上げれば、間違いなく百万ポンドの純収入を確保できるし、三倍に引き上げれば、おそらく二百万ポンドを確保できる*。この巨額の収入を、徴収のための役人を一人も新たに任命しなくても確保できるのだ。だが、このようにして有料道路の通行料が引き上げられていけば、現在では国内の商業取引を促進するものになっている有料道路がすぐに、国内の商業取引にとって大きな重荷になるだろう。すべての重い商品を国内のある地域から別の地域に運送する経費がすぐにそれだけ上昇し、その結果、それら商品の市場が狭まることになろう。それら商品の生産がかなりの程度阻害され、国内産業のうちとくに重要な部分が壊滅するだろう。

＊　いまではこれらの推計がまったく過大であると信じる十分な理由がある。

第二に、重量に比例して荷馬車にかける通行料は、道路の補修の経費を賄うことだけを目的にする場合にはきわめて平等な税だが、他の点を目的にし、国の緊急時に使える財源にすることを目的にする場合には、まったく不平等な税になる。道路の補修の経費を賄うことだけを目的にする場合には、通行による道路の傷みだけに対して、それぞれの荷馬車が料金を支払うことになる。他の点を目的とする場合には、通行による道路の傷みを補修するのに必要な額以上を支払うことになり、国の緊急時に他の用途に使う資金を拠出するよう求められる。だが、有料道路の通行料による商品価格の上昇は、価値ではなく重量に

比例するので、これを負担するのは、主に低価格で嵩《かさ》張《ば》る商品を購入する消費者であり、高価格で軽い商品を購入する消費者ではない。したがって、この税金は国のどのような緊急事態に備えることを目的にするのであっても、主に貧乏人が負担することになり、主に金持ちが負担するものにはならない。つまり、負担する能力がとくに低い階層が負担することになり、とくに高い階層が負担するものにはならない。

第三に、政府がある時期に公道の補修を怠ることがあれば、有料道路の通行料の一部を補修にあてるのが、現在よりさらに難しくなるだろう。重い税金が国民に課されて巨額の収入を確保しているのに、その一部すら、この種の税金による収入の本来の用途に使われないことになりかねない。現在、有料道路の受託者が貧しく卑しいために行動を改めさせるのが難しいことがあるというが、この案の場合、富と権力をもつ政府に行動を改めさせるのは十倍も困難だろう。

フランスでは、公道の補修にあてられる資源は行政当局が直接に管理している。資源の一部は、ヨーロッパのほとんどの国で住民に道路補修のために義務づけている一定日数の賦役である。残りは国の一般財政収入のうち、国王がこの用途に使うことを選んだ部分である。

ヨーロッパのほとんどでそうだったが、フランスでも古い法律では、住民の賦役はそれ

ぞれの地域の領主が命じるものであり、領主は国王の枢密院に直接に従属しているわけではない。しかし現在では、地方の住民の賦役も、国王がある地方の道路の補修にあてることを選んだ資金も、すべて知事が管理している。知事は枢密院に任免される役人であり、枢密院から命令を受け、枢密院とつねに連絡をとりあっている。絶対王政が確立していくとともに行政当局の権限が強まり、国内の他の勢力から権限をとりあげるようになって、公共目的に使われるすべての種類の収入をみずから管理するようになる。フランスでは、王国内の主要都市を結ぶ駅馬車街道は一般によく整備されていて、なかには、イギリスの有料道路の大部分よりはるかに優れている地域もある。だが、主要な街道以外の間道や支線、つまり国内の道路の大部分は、多くの場所で荒れるに任されており、重量のある荷馬車がまったく通行できなくなっている。なかには馬に乗って旅するのさえ危険で、安心して乗っていられるのは驢馬《ロバ》だけの場所すらある。派手な宮廷に仕える誇り高い高官は、主だった貴族が頻繁に旅行する主要な幹線道路の整備など、立派で目立つ仕事には熱心になることが多いが、これは貴族に称賛されれば虚栄心を満たせるうえ、宮廷で自分の地位を高める一助になるからだ。多数の小さな工事を行っても、立派な仕事だと思わせることは何もできないし、どんな旅行者にもまったく称賛されないし、要するにきわめて実用的であること以外に利点がないので、じつにつまらない卑賤な仕事であって、誇り高い高官が

関心をもつには値しないように思えるのである。したがって、このような政治体制のもとでは、こうした工事はほとんどつねに完全に無視されている。

中国などのアジア各国では、行政当局が道路の修復にも運河の補修にも直接の責任を負っている。各地域の知事に与える指示では、この二点をつねに求め、政府が知事の行動を評価するとき、指示のうちこの部分にどこまで注意しているとみられるかがかなり重視されるという。このためアジアの各国では、行政のうち道路と運河の管理に十分な配慮が払われているといわれている。とくに中国では、ヨーロッパよりもはるかに道路がよく整備されているし、運河はもっと見事だという。だが、これらの公共施設に関してヨーロッパに伝えられた話は一般に、優秀とは言いがたい感激屋の旅行者が書いたものであり、愚かなうえに嘘つきの宣教師が書いたものも多い。もっと優秀な人が検討し、もっと誠実な人が書いていれば、アジアの道路や運河はそこまで見事だとは思えなかっただろう。インドの道路や運河に関してフランソワ・ベルニエが伝えた話は、珍しいものをみればすぐに感激する他の旅行者が伝えた話よりもはるかに控えめである。おそらくこれらの国でもフランスと同様に、宮廷で、そして首都で話題になるような幹線道路や交通機関には注意がはらわれ、それ以外はすべて無視されているのだろう。また、中国、インドなど、いくつかのアジアの国では、主権者の収入はほぼすべて土地税か地代によるものであり、土地の年

間生産物が増減すれば、主権者の収入も増減する。このため、主権者にとって重大な関心事である収入は、これらの国ではかならず、土地の耕作、土地生産物の量と価格に直接に結びついている。そして、土地生産物の量を最大限に増やし、価格を最大限に高めるには、土地生産物に最大限の市場を確保する必要があり、したがって国内の各地域の間で自由に、容易に、安く生産物を運搬できる交通手段を整備する必要がある。それには道路と運河を最善のものにするしかない。だがヨーロッパには、主権者が収入を主に土地税と地代に依存している国はない。ヨーロッパの大国はどこでも、主権者の収入の大部分が最終的に土地生産物に依存しているかもしれない。だが、土地生産物への依存は直接的ではなく、すぐに分かるものでもない。このためヨーロッパでは主権者は、土地生産物の量を増やし価値を高めるように努力する必要があるとは実感していないし、道路や運河を良好な状態に維持して土地生産物に最大限の市場を確保する必要があるとも実感していない。アジアの一部で行政当局が道路と運河をじつに適切に管理しているとする話が事実だとしても（かなり疑わしいとは思うが）、ヨーロッパではどの地域でも、現在の状況が変わらないかぎり、行政当局が道路や運河をまずまずの程度まで管理できる可能性はまったくない。

　公共施設のうち、維持経費にあてられる収入を生み出すことがまったくできない性質のものでも、かぎられた場所か地域だけに役立つものであれば、地域で得られる収入を使っ

て地域の行政機関が管理した方が、国の一般的な収入を使い、国の行政当局が管理しなければならないようにするより、かならずうまく管理できる。ロンドンの街路の照明と舗装が国庫の負担で行われていれば、現在のように照明と舗装が行き渡り、現在ほど安い経費で済んでいる可能性があるだろうか。その経費も、ロンドンのそれぞれの街路、教会区、地区に住む住民から徴収する地方税によってではなく、国の一般財政収入で賄うことになり、したがって、国内のすべての住民が支払う税金が使われることになるが、国民の大部分は、ロンドンの街路の照明と舗装からどのような利益も得られない。

地域や地方の行政機関が地域や地方の税収を管理する際に、ときには公費が濫用されることがあるが、どれほど大がかりだと思えても、実際には、大国の収入の管理と支出でごく普通にみられる濫用にくらべれば、ほとんどの場合にごく少額にすぎない。そのうえ、是正がはるかに容易でもある。イギリスでは、公道の修復のために、農村の住民に年に六日の賦役を義務づけ、治安判事がそれぞれの地域で管理しているが、工事の選び方がいつも賢明だとはかぎらないとしても、冷酷であったり、抑圧的であったりすることはまずない。フランスでは知事が管理しており、工事の選び方がイギリスの場合より賢明だとはかぎらないうえ、冷酷に抑圧的に賦役を命じることが少なくない。賦役が圧政の主要な手段の一つになっていて、運悪く役人の機嫌を損ねた教会区や地域は、賦役でいじめられるこ

とになる。

その二――商業活動のうち一部門を促進するための公共施設と公共機関

ここまで述べてきた公共施設と公共機関は、商業活動を全体的に促進することを目的とするものである。これに対して、商業活動のうち一部門を促進するためには特別の機関が必要であり、このような機関には特別の経費が必要になる。

商業のうち野蛮で未開の民族との間で行われる部分は、特別の保護を必要とする。通常の店舗や事務所では、アフリカ西海岸で貿易を行う商人は、商品を守ることができない。未開の現地人による攻撃から商品を守るために、商品の倉庫をある程度まで要塞にする必要がある。インドも治安が悪いので、住民は穏やかで礼儀正しいのだが、同様の警戒が必要だとされてきた。イギリスとフランスの東インド会社がインドで当初に要塞の建設を許されたのは、暴力から生命と財産を守るために必要だという口実によってであった。政府の力が強く、自国内に外国人が要塞を築くようなことを許さない国には、大使、公使、領事が駐在し、自国民の間の紛争を自国の慣習にしたがって解決するとともに、自国民とその国の住民との間の紛争に公的で権威ある立場から干渉し、民間人が干渉する場合よりも強力に自国民を保護する必要があるだろう。商業上の利害によって、戦争や同盟のために

はとくに必要のない国に、外交官が駐在する必要がある場合が少なくない。トルコ会社による貿易のために、コンスタンチノープルに大使が常駐することになった。ロシアにイギリス大使館が作られたのも、商業上の利害だけのためであった。商業上の利害によって各国の住民との間につねに紛争が起こることがおそらくは要因になって、平時にすら近隣のすべての国に大使か公使が駐在する制度ができたのだと思われる。この制度は昔にはなく、十五世紀末から十六世紀初めにかけてかその後に確立されたとみられる。つまり、貿易がヨーロッパの大部分の国に拡大し、各国が商業上の利害に配慮するようになった後に確立されたとみられる。

　商業活動のうち一部門の保護に必要な特別の経費は、その部門に小幅な税金をかけて賄うべきだと主張しても、不当だとは思えない。たとえば、その部門に参入する商人に少額の税をかけるか、もっと公平な方法として、対象国との間で輸出入される商品に、ある比率で関税をかけて賄うべきだとする主張である。貿易を全般的に海賊などの略奪者から守る必要から、関税という制度が作られたといわれている。貿易を全般的に保護する経費を賄うために貿易全体に税をかけるのが適切だと考えるのであれば、一部門を保護するための特別経費を賄うために、その部門に特別の税をかけるのも、やはり適切だと思える。

　貿易全般の保護は国の防衛にとって不可欠であり、したがって、行政当局の義務にかな

らず入ると考えられている。このため、一般的な関税の徴収と関税収入の利用はつねに、行政当局に任されてきた。そして、貿易のうち一部門の保護も、貿易全般の保護の一部であり、したがって行政当局の義務の一部である。国がつねに一貫した行動をとるのであれば、貿易のうち一部分の保護のために課す特別税による財政収入の利用も、行政当局に任せるべきである。だが、国はさまざまな点でそうであるように、この点でも一貫した行動をとってきたとはかぎらない。ヨーロッパの商業国の大部分で、商人の会社が議会をたくみに説得し、主権者の義務のうちこの部分を果たす責任と、それに不可欠な権限のすべてを、会社が引き受けるようになった。

　こうした会社は、国がみずから行うのは賢明でないと考えるような実験を自社の経費で行って、商業の新部門を確立する点で、おそらく役立ったのだろうが、長期的にはどの企業も障害になるか役立たなくなり、その部門の商業をうまく運営できないか、制限するようになった。

　こうした会社は、株主から拠出された資本で営業するのではなく、適切な資格をもった人が会社の規則に同意して決められた加入金を支払えば、加入を認めるように義務づけられていて、各人がみずからの資本を使ってみずからのリスクで営業する場合には、組合会社と呼ばれる。株主から拠出された資本で営業し、株主が出資比率にしたがって全体の利

益か損失を分け合う場合には、株式会社と呼ばれる。組合会社も株式会社も、排他的特権をもっている場合ともっていない場合とがある。

組合会社は、ヨーロッパのすべての国の都市にある同業組合にすべての点で似ており、同じ種類の独占権、つまり独占者が多い点で通常のものよりは弱い独占権をもっている。都市の住民は、組合に加入しないかぎり、同業組合のある業種で営業できないように、その国の住民はほとんどの場合、その会社に加入しないかぎり、組合会社が設立された部門の貿易で合法的に取引することができない。独占がどこまで厳しいのかは、加入の条件がどこまで厳しいか、会社の取締役がどこまでの権限をもっているか、取引の大部分を取締役とその仲間だけで行うようにする力をどこまでもっているのかで違ってくる。ごく初期の組合会社には、同業組合と同じ徒弟の特権があり、会社の社員のもとで徒弟奉公を終えたものには、加入金が免除されるか、通常よりはるかに低く決められていた。法律で抑制されないかぎり、組合会社はかならず通常の同業組合の精神によって運営される。自然な考え方にしたがって行動するのを許されていれば、競争をできるかぎり少ない人数の間だけにかぎるために、多数の厄介な規則で貿易をしばりつけようとする。法律によってこのような行動を抑制すると、組合会社はまったく役に立たない無意味なものになっていった。

現在、イギリスには貿易のための組合会社として、いまではハンブルク会社と呼ばれている旧冒険商人会社、ロシア会社、イーストランド会社、トルコ会社、アフリカ会社がある。

ハンブルク会社は、いまでは加入条件がまったく緩くなっているという。取締役は貿易に厄介な制約や規則を設ける権限をもたないか、少なくとも、最近ではその権限を行使しなくなっている。以前はかならずしもそうではなかった。十七世紀半ばごろには、加入金は五十ポンドであり、百ポンドのときもあったし、会社の行動はきわめて抑圧的であったという。一六四三年、四五年、六一年にイングランド西部の織物業者と貿易商人が同社について、貿易を制限し、国内の製造業を抑圧する独占事業者だと議会に抗議した。この抗議の結果として同社を規制する法律が作られたわけではないが、同社は衝撃を受け、行動を改めたようだ。少なくともその後、同社に関する抗議はだされていない。ウィリアム三世治世の一六九八年の法律で、ロシア会社の加入金が五ポンドに引き下げられた。チャールズ二世治世の一六七二年の法律で、イーストランド会社の加入金が四十シリング（二ポンド）に引き下げられ、同時にバルト海の北側にあるスウェーデン、デンマーク、ノルウェーが排他的特権の対象から除外された。おそらくこの二つの組合会社の行動によって、これらの法律が必要になったのだろう。サー・ジョサイア・チャイルドは『新交易論』で、

それ以前の両社とハンブルク会社の行動がきわめて抑圧的であり、それぞれの特許状の対象になっている国との貿易が低調なのは、三社による管理が悪いためだと論じている。これらの組合会社はいまではそれほど抑圧的ではないが、何の役にも立っていないのは確かだ。そして、何の役にも立っていないというのは、組合会社に関する正当な評価のなかではおそらく、最高の褒め言葉だろう。三社はいずれも、現状ではこの褒め言葉を贈るに値する。

　トルコ会社の加入金は以前、二十六歳未満の場合が二十五ポンド、二十六歳以上の場合が五十ポンドであった。純粋な貿易商人以外は加入できず、商店主や小売り商人は締め出されていた。会社規則によって、イギリスの製品は同社が運航する船によってしかトルコに輸出できないと定められていた。そして、同社の船はつねにロンドン港から出航するので、トルコへの製品輸出は、経費が高いロンドン港を経由するものにかぎられ、貿易商も、ロンドンとその近郊に住む商人に限定されていた。別の会社規則によって、ロンドンから二十マイル以内に住んでいても、ロンドンで同業組合に加入していないものは、加入が認められなかった。これに前述の規則が加わって、ロンドンの同業組合員以外はすべて排除された。トルコ会社が運航する船の船積みと出航の時期は取締役の裁量に任されていたので、取締役とその仲間の貨物だけで満載にし、それ以外の商人の貨物は、申し込みが遅れ

たと主張して排除することが簡単にできた。こうした状況だったので、トルコ会社はすべての面で、厳しく抑圧的な独占企業であった。このような権限濫用の結果、ジョージ二世治世の一七五三年の法律によって、加入金が二十ポンドに引き下げられ、年齢による差別がなくなり、純粋の貿易商人やロンドンの同業組合員への加入者の限定もなくなった。そして、すべての加入者が、イギリスのすべての港からトルコのどの港にでも、輸出が禁止されている品目を除いて、すべての商品を輸出できるようになった。トルコの商品についても、輸入が禁止されているものを除くすべての商品を、一般的な関税と、会社の必要経費を賄うためにかけられる特別関税を支払い、トルコに駐在するイギリスの大使、領事の法律上の権限と適正に制定された会社規則にしたがうことを条件に輸入できるようになった。会社規則による抑圧を防ぐために、同じ法律によって、同法の制定後に作られた規則によって不当な扱いを受けたと感じた加入者が七人いれば、規則の制定から十二か月以内にかぎり、貿易植民局（現在ではその権限を引き継いだ枢密院の一委員会）に提訴できることになった。また、同法の制定前に作られた規則によって不当な扱いを受けたと感じた加入者が七人いれば、法律の施行から十二か月以内にかぎり提訴できることになった。だが、一年間の経験では大企業のすべての加入者が個々の規則の問題を見つけられるとはかぎらないし、一年たった後に何人もの加入者が問題を見つけても、貿易植民局も枢密院の

委員会も救済策をとる権限をもたない。それに、組合会社や同業組合の規則の大部分は、既存の加入者を抑圧することではなく、新規の加入を妨げることを目的にしている。このために、加入金を高く設定するだけでなく、さまざまな仕組みが考えだされている。こうした会社や組合はつねに、自分たちの利益率をできるかぎり高くすること、輸出品でも輸入品でも、市場をできるかぎり品不足にすることを考えている。それには競争を制限するしかなく、新たな投機家が参入するのを妨げるしかない。二十ポンドの加入金は、トルコ貿易を継続して行おうと考えている商人の参入を妨げるには不十分でも、投機的な商人がトルコ貿易で一発勝負をかけるのを妨げるには十分かもしれない。どの業種でも、その業種で長く安定した事業を続けている商人は、同業組合を作っていなくても、利益率を高めるために自然に団結している。この利益率をつねに適正な水準まで低下させる力になりうるものとしては、冒険的な投機家がときおり仕掛ける競争にまさるものはない。トルコ貿易はこの法律によってある程度まで開放されたが、いまでも完全に自由な状態にはほど遠いと考える人が多い。トルコ会社は大使と二名か三名の領事を駐在させる経費を負担しているが、この経費は他の外交官の場合と同様に、すべて国が負担するべきであり、トルコ貿易はすべての国民に開放すべきである。同社がこの目的などのために徴収しているさまざまな税金を国が徴収するようにすれば、外交官の経費を賄えるもの以上の収入を確保で

きるだろう。

サー・ジョサイア・チャイルドによれば、組合会社は貿易相手国に駐在する外交官を支えていることが少なくないものの、経費を負担して貿易相手国に要塞や守備隊を維持した例はないが、株式会社ではそうした例が多いという。実際にも、組合会社は株式会社にくらべて、この種の業務にははるかに向いていないと思える。第一に、組合会社の取締役は、会社が行う貿易全体の繁栄にはとくに利害関心をもっていないが、要塞や守備隊を維持するのはこの繁栄のためである。貿易が全体として減少すれば、取締役が個人として行う貿易には逆に有利になることも少なくない。競争相手が減るので、商品を安く買い、高く売れるようになることもあるからだ。これに対して株式会社の取締役は、管理を任されている会社の資本で得た利益に対する権利をもつだけで、会社全体の貿易と利害が対立しうる貿易を個人として行うことはない。取締役の個人の利害は、会社全体の貿易の繁栄に結びついており、会社全体の貿易を保護するのに必要な要塞や守備隊の維持に結びついている。このため、要塞や守備隊の維持に必要な細心の注意を払いつづける可能性が高い。第二に、株式会社の取締役はつねに巨額の資本、会社に拠出された資本の全体を管理しており、その一部を必要な要塞の建設や修理、守備隊の維持に適切に使う場合が少なくない。だが組合会社の取締役は管理する資本が会社になく、加入金や、会社の貿易で徴収する税

によって得られる一時的な収入以外に、こうした目的に使える資金をもたない。このため、要塞や守備隊の維持に同じように利害と関心をもっているとしても、それを実行する能力を同じようにもっていることはまずない。外交官の維持であれば、ほとんど何の注意も払う必要はなく、経費も少ないしかぎられているので、組合会社の性格と能力にはるかに適している。

だが、サー・ジョサイア・チャイルドの時代からかなりの年数を経た一七五〇年に、アフリカ貿易を行う商人の組合会社として、現在まで続いているアフリカ会社が設立され、当初はブラン岬から喜望峰まで、後にはルージュ岬から喜望峰までに限定して、イギリスのすべての要塞と守備隊を維持する責任を負うことが法律に明記された。この会社の設立を定めたジョージ二世治世の一七四九年の法律は、二つの点を明確な目的にしていたようだ。第一に、組合会社の取締役が自然にもつ独占の精神を完全に抑えること、第二に、取締役が自然に関心をもつわけではない点、要塞や守備隊の維持に最大限に関心をもつよう仕向けることである。

第一の目的のために、加入金が四十シリング（二ポンド）に抑えられた。また、会社として加入者が拠出した資本で取引すること、会社名義で資金を借り入れること、加入金を支払ったイギリス国民がすべての港で自由に行う貿易にいかなる形でも制限を加えることを

禁止した。会社は九人の委員で構成される委員会で経営され、委員会の会議はロンドンで開催するが、委員は毎年、ロンドン、ブリストル、リバプールで同社に加入している商人のなかから三人ずつ選出される。委員は三期三年以上の期間にわたって連続して職にとどまることはできない。貿易植民局（現在では枢密院の委員会）は本人の弁明を聞いた後、委員を解任する権限をもつ。委員会はアフリカからの奴隷輸出と、アフリカの商品のイギリスへの輸入を禁止されている。しかし、要塞と守備隊を維持する責任を負っているので、そのために各種の商品や資材をイギリスからアフリカに輸出することができる。会社から受け取る資金のうち八百ポンドを超えない額を、ロンドン、ブリストル、リバプールの事務員や代理人の給与、ロンドンの事務所の賃借料、イングランドでの管理、委託、代理店にかかるその他の経費にあてることができる。これら経費を支出した後に残る金額は、委員会が適切と考える方法で、委員の仕事に対する報酬として、委員の間で分配できる。この仕組みであれば、独占の精神が完全に抑えられ、第一の目的は十分に達成できると予想されるはずである。だが、実際にはそうならなかったようだ。ジョージ三世治世の一七六四年の法律によってセネガルの要塞とその属領がすべてアフリカ会社の管轄になったが、翌一七六五年の法律によって、セネガルとその属領だけでなく、ジブラルタル海峡の南にあるサレの港からルージュ岬までの海岸のすべてがアフリカ会社の管轄から外されて国王

直轄になり、すべての国民が自由に貿易できると宣言された。同社は貿易を制限し、ある種の不当な独占体制を確立したとされたのである。だが、ジョージ二世治世の一七四九年の法律による規制のもとで、どうして貿易の制限と独占が可能になったのかは、理解しにくい。印刷された下院議事録は、討議をそのまま記録したものだとはかぎらないが、それを読むと、アフリカ会社は貿易の制限と独占を行ったと非難されている。委員会の九人の委員は全員が商人であり、各地の要塞や居留地の司令官や代理商はみな、委員会に依存しているので、委員から委託された商品を優遇したことは十分に考えられるし、その場合にはまともな独占体制が確立される。

第二の目的である要塞や守備隊の維持のために、議会は委員会に年に約一万三千ポンドの一般経費を割り当てている。この金額を適切に支出していることを示すために、委員会は、毎年、財務府裁判所の財務裁判官に決算を報告し、この報告が後に議会に提出される。だが、議会は数百万ポンドの使い道についてすら、ほとんど関心をもたないのだから、年に一万三千ポンドの使い道に関心をもつとは考えにくい。そして、財務府裁判所の財務裁判官はその職業と受けた教育を考えれば、要塞と守備隊の経費が適切かどうかを判断できる力を十分にもっているとは考えにくい。海軍本部が艦長などの士官を指名し、要塞や守備隊の状況を調査して報告するよう命じることができる。だが、海軍本部は委員会に対

して直接の監督権をもたないようだし、調査で不正がみつかっても、その人物を処罰する権限はもたないようだ。それに、海軍の艦長は築城術に精通するよう求められているわけでもない。委員会の委員にとって、政府か会社の公金の横領か汚職に直接にかかわった場合を除くどのような問題を起こしても、最長三年しか維持できないし、その期間にすらわずかな報酬しか合法的には得られない職から解任されるだけで、それ以上に重い処罰を受けることはないようだ。この程度の処罰を受けかねないからというだけでは、本来なら何の関心もない仕事に、つねに注意を払う十分な動機にはなりえない。ギニア海岸のケープ・コースト城の修理のために、議会が何度にもわたって特別の予算をつけたが、委員はこの予算を使って、イギリスから煉瓦と石材を送ったと非難されている。しかも、はるか遠くから運ばれた煉瓦と石材は質が低く、それを使って修理した城壁は、基礎から作りなおすしかなかったという。ルージュ岬より北にある要塞や守備隊は政府の資金で維持されているだけでなく、行政当局が直接に管理している。ルージュ岬より南にある要塞や守備隊も、経費の少なくとも一部を政府が支出しているのだから、その管理を違った形にするのはなぜなのか、十分な理由を思いつくのは容易ではないと思える。地中海貿易を保護することが、ジブラタルとミノルカに守備隊をおく当初の目的であったか、少なくともそう主張されていた。そして守備隊の維持と管理はつねに、トルコ会社ではなく行政当局の責

任になっており、これはまったく適切なことである。行政当局にとって、領土の大きさはかなりの程度まで誇りと威光を支える点なので、領土の防衛に必要なことに注意を怠るとは考えにくい。このため、ジブラタルとミノルカの守備隊が無視されることはなかった。ミノルカは二度にわたって陥落し、おそらくは回復できないだろうが、それでも、行政当局が怠慢だったとされたことはない。ただし、巨額の経費をかけたジブラルタルとミノルカの領有が、スペイン王国からこれらを奪ったときの当初の目的のために、ごくわずかでも必要だったと主張するつもりはない。この領有によっておそらく、イギリスとその自然な同盟相手であるスペイン王が敵対し、ともにブルボン家の分家であるスペイン王家とフランス王家が血のつながりだけではありえないほど強く、永続的に結び付く結果になっただけであった。

株式会社は国王の特許状か議会法によって設立され、さまざまな点で、組合会社とも民間のパートナーシップとも違っている。

第一に、民間のパートナーシップでは、パートナーは他のパートナー全員の同意を得ないかぎり、他人に自分の持ち分を譲渡することができず、他人を参加させることはできない。ただし、各人は適切な通知を行えば、パートナーシップから脱退でき、その際に共同の資本のうち自分の持ち分を払い戻すよう要求できる。これに対して株式会社では、株主

は会社に自分の持ち分の払い戻しを要求できない。だが、各人は他の株主の同意を得なくても、他人に株式を譲渡して、その人を新しい株主にすることができる。共同の資本に対する持ち分を示す株式の価値は、市場での取引で決まる。そして市場で決まる価値は、会社の資本として払い込まれた金額より多い場合も少ない場合もあり、その比率は決まっていない。

第二に、民間のパートナーシップでは、それが負う債務に対して、各パートナーが自分の資産の総額まで返済義務を負う。これに対して株式会社では、各人はそれぞれの持ち分の範囲までしか義務を負わない。

株式会社による取引はつねに、取締役会によって管理される。取締役会は確かに、さまざまな点で株主総会による管理を受けることが多い。だが、株主の大部分は会社の事業について何かを知ろうとすることはめったにない。株主の間で派閥抗争が起こらないかぎり、株主は会社の事業を理解するために苦労することはなく、取締役会が適切と考える配当を半年ごとか一年ごとに受け取るだけで満足する。このように苦労がなく、リスクもかぎられた金額までしかないので、パートナーシップであれば自分の資産を危険にさらそうとは考えない人が多数、株式会社の株主になっている。このため株式会社は一般に、パートナーシップでは考えられないほどの資本を引きつけている。南海会社の営業資本は一時期、

三千三百八十万ポンド以上に達した。イングランド銀行の配当対象資本は現在、一千七十八万ポンドである。だが、これら企業の取締役は、自分の資金ではなく、他人の金《かね》を管理しているので、パートナーがパートナーシップの資金を管理する際によくみられるような熱心さで会社の資金を管理するとは期待できない。金持ちの執事に似て、細かい点にこだわるのは大企業らしくないと考えるので、細部にまで目を光らせる義務を果たさなくても平気でいられる。このため、株式会社の経営には、怠慢と浪費が多かれ少なかれかならず蔓延する。この結果、外国貿易で冒険商人との競争にまず耐えられない。したがって排他的な特権をもたない場合にはめったに成功せず、排他的特権を認められても、成功しない場合が少なくない。排他的特権がない場合、貿易に失敗するのが通常だ。排他的特権をもつ場合には、貿易に失敗するうえ、貿易を制限する。

王立アフリカ会社は、現在のアフリカ会社の前身であり、特許状によって排他的特権を認められていた。もっとも同社の特許状は議会法で確認されていなかったので、アフリカ貿易は名誉革命（一六八八年）の直後に、権利宣言によって全国民に開放された。ハドソン湾会社も法的な立場は王立アフリカ会社と同じであり、排他的特権がやはり、議会の法律による確認を受けていない。南海会社は貿易会社としての活動については排他的特権を議会法で確認されており、現在の東インド会社も同様である。

王立アフリカ会社は権利宣言の後にもしばらく、冒険商人を密貿易商人と呼び、迫害をつづけたが、すぐに冒険商人との競争に勝てないことに気づくようになった。だが一六九八年に、民間の商人はほぼすべての分野の貿易に十パーセントの関税をかけられるようになり、その収入が王立アフリカ会社による要塞と守備隊の維持経費にあてられるようになった。これだけの関税をかけても、同社は競争に勝てなかった。同社の資本は減少し、信用は低下していった。一七一二年には負債が巨額になりすぎ、同社と債権者の破綻を避けるために、特別法を制定する必要があると考えられるまでになった。こうして制定された法律で、人数と金額の両方で三分の二以上の債権者が決議すれば、返済猶予の期間など、同社の債務について同社との間で結ぶのが適切と考える契約に関して、残りの債権者に対する強制力をもつと規定された。一七三〇年には同社の経営は不振をきわめるようになり、同社にとって唯一の目的であり口実でもある要塞と守備隊の維持が不可能になった。この年から解散までの間、議会は年に一万ポンドをこの目的に支給する必要があると判断した。一七三二年には、長年にわたって損失をだしてきた西インド諸島・アメリカ向けの奴隷貿易をついに断念し、アフリカ沿岸地域で購入した奴隷をアメリカ貿易に従事する商人に売り、同社は内陸との間の砂金、象牙《ぞうげ》、染料の取引に専念するようになった。だが、事業を限定しても、それ以前の大規模な事業よりも成功したわけではない。経営状態はさら

に悪化を続け、ついにあらゆる面で破綻し、議会法によって解散されて、要塞と守備隊は現在のアフリカ会社に引き継がれることになった。王立アフリカ会社が設立される以前にも、アフリカ貿易のために三つの株式会社がつぎつぎに作られたが、いずれも失敗に終わっている。これらの株式会社はいずれも特許状で排他的特権を認められており、議会法で確認されていなかったが、当時は特許状だけで排他的特権が確立するとされていた。

　ハドソン湾会社は、最近の七年戦争（一七五六～六三年）で打撃を受けたものの、それ以前は王立アフリカ会社よりもはるかに好調だった。同社の必要経費は王立アフリカ会社よりはるかに少ない。各地の居留地や定住地に要塞という名前をつけてはいるが、そこに駐在している人数は、全体でも百二十人を超えたことがないといわれている。これだけの人数で毛皮などの商品を集めれば、自社の船に積む荷物を確保できる。ハドソン湾は氷に閉ざされるので、船が運航できるのは一年のうち六週間から八週間を上回ることはまずない。商品をあらかじめ確保できる利点は、民間の冒険商人が長年にわたって獲得できなかった点であり、これがなければハドソン湾で貿易を行うことはできないようだ。同社の資本は少なく、十一万ポンドを超えないといわれている。特許状の対象はきわめて広大だが貧しい地域であり、この少額の資本で貿易と余った生産物をすべてかほぼすべて独占するのに十分なのだろう。このため、この地域で同社と競争しようとした冒険商人は、まったくい

なかった。したがって同社は法律上はその権利がないとしても、いつも事実上、貿易を独占してきた。さらに、この少額の資本は、ごく少数の株主に保有されているという。株式会社であっても株主の数が少なく、資本が多くなければ、パートナーシップによく似た性格になり、パートナーシップと同じようにしっかりと監視され、注意が行き届く可能性がある。このようにいくつもの利点があるハドソン湾会社が、七年戦争の前に貿易でかなりの成功を収められたのは、不思議だとはいえない。だが、同社の利益率は故アーサー・ドッブズが想像したものに近かったとは思えない。はるかに賢明で冷静なアダム・アンダーソンは、『商業の起源に関する歴史的推論』で、ドッブズが示した数年分の輸出入記録を検討し、同社が負担する特別の経費とリスクを適切に考慮すると、同社の利益率はうらやむほど高いとは思えず、貿易の通常の利益率を上回っているとしても、その差はそれほど大きくないようだと論じており、はるかに適切な議論である。

南海会社は要塞や守備隊を維持したことがないので、貿易を目的とする他の株式会社と違って、そのための大きな経費をまったく負担しなかった。だが、巨額の資本をもち、株主の数が極端に多い。このため、同社の経営には愚行や怠慢、浪費が蔓延するはずだと予想するのが当然である。同社の株価操作の不正と出鱈目《でたらめ》ぶりはよく知られているし、本論から外れるのでここでは取り上げない。同社の商業活動もそれほど違っていない。はじめ

に取り組んだのはスペインの西インド植民地への奴隷供給であり、ユトレヒト条約（一七一三年）で与えられた奴隷貿易権によって排他的特権をもっていた。だが、それ以前に同じ権利をもっていたポルトガルとスペインの会社が破綻しており、この貿易で大きな利益を得られるとは予想されなかったので、その代償として、スペインの西インド植民地に毎年、決まった積載量の船を一隻、直接に送る権利を与えられた。同社は合計十回の運航を許可されたが、そのうち一回、一七三一年のロイヤル・キャロラインの航行だけは巨額の利益を確保できたが、残りのほとんどでは多かれ少なかれ損失をだしている。同社の代理商や代理人は、スペイン政府による圧迫と抑圧が不成功の原因だと主張している。だが、実際にはおそらく、これらの代理商や代理人の浪費と横領こそが主因だったのだろう。代理商のなかには、たった一年で巨額の富を築いたものもいるといわれている。一七三四年、毎年の運航と貿易は利益が少なすぎるとして、これを中止し、その権利を放棄する対価をスペイン国王から受け取ることを許可するよう、イギリス国王に請願した。

　一七二四年、南海会社は捕鯨事業をはじめた。独占権はもっていなかったが、事業を継続していた時期にイギリスで捕鯨に従事していたものは他にいなかったようだ。同社は八回にわたってグリーンランドに捕鯨船を送ったが、そのうち利益がでたのは一回だけであり、残りはすべて損失を被っている。八回目の航海の後、同社は船、備品、用具をすべて

売却したが、この部門の損失は資本と利子を含めて、二十三万七千ポンド以上にのぼった。

一七二二年、南海会社は議会に対して、全額を政府に貸している三千三百八十万ポンド強の巨額の資本を、半分ずつ二つに分ける許可を求めた。半分の一千六百九十万ポンド強は政府の他の年金型国債と同様に扱い、自社の取締役が管理する商業活動で負った債務や、被った損失の担保にならないものにし、残りの半分は従来通り、営業資本として扱い、これらの債務の返済や損失の穴埋めに使えるようにするというのだ。この請願は適切なものだったので、すぐに認められた。一七三三年、同社はふたたび議会に請願し、営業資本の四分の三を年金型国債に転換し、残りの四分の一だけを営業資本として、取締役による経営失敗から生じる損失を吸収できるようにする許可を求めた。この時点では、同社の年金型国債と営業資本はどちらも、政府の返済によって二百万ポンド以上減少しており、四分の一は三六六万二七八四ポンド八シリング六ペンスにすぎなくなっていた。一七四八年、オーストリア継承戦争を終わらせたアーヘン条約によって、南海会社はスペイン国王から認められていた奴隷貿易権を、対価とされる金額を受け取って放棄した。これによって、スペインの西インド植民地との貿易は終了した。同社は残りの営業資本を年金型国債に転換し、すべての面で貿易会社としての性格を失った。

ここで注目すべき点をあげるなら、南海会社が毎年の貿易船運航によって行っていた貿易は、同社の事業のうち大きな利益を上げられると予想されていた唯一のものだが、外国市場でも国内市場でも、競争相手がいないものではなかった。南アメリカ北部のカルタヘナ、パナマのポルトベロ、メキシコのベラクルスではスペインの商人が、同社船の往路の積み荷と同じ種類のヨーロッパ商品を同じ市場向けにカディスから輸出して競合していた。イギリスではイギリスの商人が、同社船の復路の積み荷と同じ種類のアメリカ商品をカディスから輸入して競合していた。スペインの商人もイギリスの商人もおそらく、これらの商品で高い関税を支払っていた。だが、南海会社の従業員による怠慢や浪費、不正による損失の方がおそらく、高関税よりもはるかに重い負担になっていた。冒険商人との間に自由で公正な競争があるとき、株式会社が貿易のどの部門であれ成功を収められるはずだとする見方は、過去の事実に反しているようだ。

イングランドの旧東インド会社は、一六〇〇年にエリザベス一世の特許状によって設立された。インドへの当初十二回の航海では、同社は組合会社として船を運航するだけで、貿易は個々の商人の資本で行われたようだ。一六一二年に同社は共同の資本で貿易を行うようになった。特許状で独占権が認められており、議会法で確認されていたわけではないが、当時は特許状だけで排他的特権が成立するとされていた。このため長期にわたって、

密貿易商人に悩まされることはなかった。同社の資本は一株五十ポンド、総額が七十四万四千ポンドを超えたことがなく、それほど巨額ではなかったし、事業もそれほど大規模ではなかったので、怠慢や浪費が極端になるほどではなく、大がかりな不正を隠せるほどではなかった。ときにはオランダ東インド会社との衝突によって、ときには事故や災害によって、巨額の損失を被ることもあったが、長年にわたって貿易で成功を収めてきた。やがて自由の原理がよく理解されるようになると、議会法で確認されていない特許状だけで排他的特権が成立するのかどうかが疑問とされるようになった。この疑問に関する裁判所の判断は一定ではなく、政府の権威と時代の風潮によって変化した。密貿易の形で独占に挑戦する商人が増え、チャールズ二世の時代（一六六〇〜八五年）の後半からジェームズ二世の時代（一六八五〜八八年）を経てウィリアム三世の時代（一六八九〜一七〇二年）にかけて、同社は極端な経営不振に陥った。一六九八年、株式応募者が設立する新東インド会社が排他的特権を認められれば、二百万ポンドを年八パーセントの金利で政府に貸し付けるとする提案が議会に提出された。旧東インド会社も同じ点を条件に、資本の総額にほぼ等しい七十万ポンドを年四パーセントの金利で政府に貸し付けると提案した。当時は財政が逼迫していたので、七十万ポンドを年四パーセントで借りるより、二百万ポンドを年八パーセントで借りる方が魅力的であった。そこで新会社の株式応募者の提案が受け入れられ、新

東インド会社が設立された。だが、旧東インド会社は一七〇一年まで貿易を続ける権利が認められていた。そして会計係の名義で、新会社の株式に三十一万五千ポンド応募する手も打っていた。政府への二百万ポンドの貸し付けの応募者に東インド貿易の権利を与えるために制定された法律には文言に問題があり、応募者全員が株式会社を設立して共同で事業を行う義務があるのかどうか、明確になっていなかった。何人かの商人が、応募額は合計七千二百ポンドにすぎなかったが、自分たちの資本とリスクで貿易を行う権利があると主張した。旧東インド会社も一七〇一年まで、みずからの資本で貿易を行う権利をもっている。そして一七〇一年の前にも後にも、この商人と同様に、新会社の株式に応募した三十一万五千ポンドを根拠に、独自に貿易を行う権利をもつことになった。新旧の二社は互いに競争し、商人とも競争したため、破綻寸前になったといわれている。その後の一七三〇年に、アジア貿易を組合会社の管理のもとにおき、ある程度まで競争を導入する提案が議会にだされたとき、東インド会社はこの時期に競争のためにきわめて悲惨な状況になったとして、強い表現を使った反対意見を議会に提出している。この時期、インドでは商品の価格が極端に上昇してとても購入するに値しなくなり、イギリスではインド商品が供給過剰になって価格が下がり、利益を確保できなくなったと主張しているのだ。インド商品の供給が増えてイギリス市場で価格が大幅に低下し、国民にとって大いに有利で好都合な

状況になったのは、ほとんど疑う余地がない。だが、インド市場で商品価格が大幅に上昇したという点は、信じがたい。競争によって需要が通常より増えたといっても、インドの商業という広大な大洋では、一滴の水のようなものだったはずだ。それに、需要が増えれば、当初は商品の価格が上昇することもあるが、長期的にはかならず価格が下がる。需要の増加で生産が刺激され、生産者は競争が激しくなるので、競争相手より安く売れるようにするために、需要が増加しなければ考えられなかったような新たな分業と新たな技術を取り入れる。東インド会社が訴えた悲惨な状況とは、消費財が安くなったこと、生産が刺激されたことであり、まさに経済政策で追求すべき二大目標なのである。だが、東インド会社が惨めな状況だとした競争は長くは続かなかった。一七〇二年には、新旧二つの東インド会社とアン女王が結んだ三者協定によって、両社はある程度まで提携することになった。そして一七〇八年、議会法によって完全に統合され、現在の東インド貿易商合同会社になった。この法律では、一七一一年のミカエル祭（九月二十九日）まで独立系商人による貿易を許容するが、同時に、三年間の通知期間の後に七千二百ポンドの問題の資本を償還して、同社の資本をすべて共同資本にする権限を同社の取締役に与える条項を加えるのが適切だと判断された。同じ法律によって、政府への新規貸し付けの結果、同社の資本は二百万ポンドから三百二十万ポンドに増やされた。さらに一七四三年、同社は百万ポンド

を政府に新規に貸し付けた。だがこの百万ポンドは株主に対する払い込み請求ではなく、年金型社債と普通社債の発行で調達したため、配当対象の資本は増えていない。とはいえ、この百万ポンドも三百二十万ポンドの資本と同様に、商業活動による債務や損失の担保になるので、営業資本はそれだけ増えたことになる。一七〇八年以降、少なくとも一七一一年以降、同社は競争相手が完全に排除されたため、イギリスのアジア貿易を完全に独占するようになって、貿易で成功を収めるようになり、利益から小幅な配当を株主に支払うようになった。一七四一年にはじまったオーストリア継承戦争で、インド南部ポンディシェリのフランス総督、デュプレクスが攻勢にでたため、同社はマドラス周辺での戦争とインドの王侯の間の抗争に巻き込まれた。いくつもの派手な勝利と、やはり派手な敗北の後、当時、インドで最大の居留地であったマドラスを失った。一七四八年のアーヘン条約でマドラスを回復できたが、そのころにはインドに駐在する同社の従業員に戦争と征服の精神が浸透し、それ以降、この精神が消えることはなかったようだ。一七五五年にはじまったフランスとの戦争では、イギリス軍がフランス軍に対して全体的に優勢に戦いを進め、東インド会社の軍も優勢だった。マドラスを防衛し、ポンディシェリを攻略し、カルカッタを取り戻し、年に三百万ポンド以上の収入を確保できるとされる豊かで広大な領土を獲得した。同社は何年にもわたってこの収入を確保していたが、一七六七年になって、政府

はこの領土とそこから得られる収入が国王に帰属すると主張するようになった。そこで同社は、この請求に対応して、年に四十万ポンドを政府に支払うことに同意した。それ以前に、同社は配当を六パーセントから十パーセントに徐々に引き上げていた。三百二十万ポンドの資本に対して、年間の配当総額を十二万八千ポンド増やし、十九万二千ポンドから三十二万ポンドにしていたのだ。この時点で配当をさらに増やして十二・五パーセントにし、株主に支払う配当金の総額を四十万ポンドにして、政府に対して同意した年間支払い額と同じにしようとしていた。だが、政府との契約が有効だった二年間に、二本の議会法によって、配当の一層の増額を抑制された。当時六百万〜七百万ポンド以上と推定された同社債務をなるべく早く返済できるようにすることが、配当抑制の目的であった。一七六九年、同社は政府との契約をさらに五年間延長し、その契約で五年間に配当を徐々に十二・五パーセントまで引き上げていくことが許容されたが、一年の引き上げ幅は一パーセント以下に限定された。配当が上限まで引き上げられても、株主と政府に対する年間の支払額は、インドでの領土獲得の前より、六十万八千ポンドしか増えない。領土の獲得で得られた総収入は、前述のように年に三百万ポンド以上とされている。そして一七六八年に東インド貿易船のクラッテンデン号が持ちかえった報告によれば、経費と軍事費を差し引いた純収入は二〇四万八七四七ポンドであった。同社はこれ以外の収入も確保しており、

一部は土地によるものだが、大部分は各居留地に設けた税関によるもので、総額が四十三万九千ポンドにのぼった。また、貿易による利益も大きく、下院での同社会長の証言によれば年に少なくとも四十万ポンド、同社会計係の証言によれば、少なくとも年に五十万ポンドなので、最低でも株主への配当総額の上限に等しかったことになる。これほど巨額の収入があるのだから、政府と株主への支払いが六十万八千ポンド増えても問題はなかったはずであり、債務を急速に返済するのに十分な資金が残ったはずである。ところが一七七三年、同社の債務は減るどころか増えており、国庫への四十万ポンドの支払いが遅延し、税関への関税支払いも遅れ、イングランド銀行からの借り入れが巨額にのぼり、そのうえ、同社を支払人としてインドで振り出され、うかつに引き受けた為替手形が百二十万ポンドにのぼっていた。これらの債務が重なって経営が苦しくなったため、同社は配当を一挙に六パーセントに引き下げたうえ、政府に対して、第一に年間四十万ポンドの支払いの免除、第二に倒産を回避するための百四十万ポンドの緊急融資を求めざるをえなくなった。同社は資産が大幅に増加した結果、従業員がそれ以上に大がかりに浪費できるようになり、大きな不正を隠せるようになるだけになったようだ。インドでの従業員の行動と、インドとヨーロッパでの同社の経営状態を議会が調査することになり、その結果、本国と海外で同社の経営組織にいくつかの重要な変更が加えられた。インドでは、主要な居留地で

あるマドラス、ボンベイ、カルカッタがそれまでは個々に管理されていたが、これ以降、総督とそれを補佐する四人の顧問の評議会が管理するようになり、議会が初代の総督と顧問を任命して、カルカッタに駐在させた。イギリスのインド植民地のなかで最重要な都市が、マドラスからカルカッタに変わっていたからだ。カルカッタ市長の法廷は当初、市内と近隣地域で起こる商人同士の訴訟を扱うためのものであったが、帝国の拡大とともに管轄が徐々に拡大していた。その管轄が逆に縮小され、当初の目的だけに限定された。そして新たに最高裁判所が設立され、国王が指名する長官と三人の判事で構成されるようになった。本国では、株主総会での投票権の基準が強化され、投票できるのは額面五百ポンド以上の株式所有者だったが、これが一千ポンド以上に引き上げられた。また、株式を相続したのではなく、購入した場合には、購入の時点から六か月たてば投票権を認められていたが、この期間が一年に延長された。それまでは二十四人の取締役が一年任期で毎年、選出されていたが、任期が四年に延長され、毎年、六人が任期切れになり、新たに六人が選任されて、任期が切れた取締役をその年に再任することはできなくなった。これらの変更によって、取締役会も株主総会も、それ以前より高潔に堅実に行動すると期待された。だが、どのような変更を加えても、取締役会と株主総会をどのような点でも、インドという大国の統治に適したものにするのは不可能だし、統治への参加に適したものにすることとす

ら不可能なように思える。取締役や株主の大部分は、インドの繁栄にほとんど利害関心をもっていないので、インドの繁栄を促しうる点に真剣な注意を払うはずがないからである。大金持ちが、小金持ちすらが、株主総会での投票権をもてば会社に対する影響力を得られるだろうという理由だけで、東インド会社の額面一千ポンドの株式を買うことが少なくない。株主になっても略奪の分け前にあずかれるわけではないが、インドに派遣する略奪者の指名にあたって発言権を確保できる。指名するのは取締役会だが、株主総会は取締役を選任するだけでなく、ときにはインドに駐在する従業員の人事について、取締役会の決定をくつがえすこともあるので、取締役会は多少なりともかならず株主の意向から影響を受ける。株主は何年かにわたってこの影響力を行使でき、何人かの友人の面倒をみることができれば、配当にはほとんど関心をもたないし、投票権を確保するために買った株式の価値にすら関心をもたない場合が少なくない。株主はインドという大国の統治にくわわる権利をもつのだが、そのインドが繁栄するかどうかには、わずかでも関心をもつことはまずない。国民が幸せでも悲惨でも、国内が進歩しても荒廃しても、政治が栄光に輝いていても恥辱にまみれていても、主権者がここまで完全に無関心なことはかつてなかったし、ものごとの性質上、今後もありえない。だが、貿易会社の株主の大部分は、抗しがたい社会的な要因からそうなっているし、そうならざるを得ない。議会の調査の結果作られた新し

い規則のいくつかによって、この無関心が是正されるより、さらに強まる可能性が高かった。下院の決議によって、たとえば、同社が政府から借り入れた百四十万ポンドが返済され、社債の発行残高が百五十万ポンドに減少するまで、配当を八パーセントに引き上げることはできないと規定された。同社の純収入と本国での純利益のうち四分の三は国庫に納入されて政府の財政収入になり、残りは社債の一層の償還か、同社がぶつかる可能性のある緊急事態に備えた資金として留保すると規定された。だが、純収入と純利益がすべて自社のものになって自由に使えたときに、経営者としても主権者としても問題があったのだから、純収入と純利益の四分の三が他人のものになり、残りの四分の一も自社のために使えるとはいっても、他人の検査を受け、承認を得なければならなくなって、以前より状況が良くなるとは思えない。

東インド会社にとって、この規則で提案された八パーセントの配当を支払った後に残る部分は、自社の従業員が浪費するか着服する方が、この決議によってある意味で自社と利害が対立するようになった勢力の手にわたるより、まだましだといえるかもしれない。従業員の既得権を擁護する勢力が株主総会で圧倒的な比率を占めるまでになって、株主総会自体の権威をまともに侵害する略奪行為の中心人物を、総会が支持しようとすることもありうる。株主の過半数にとって、株主総会の権威を支えることすら、その権威を無視する

人物を支持することより、重要性が低い場合もあるだろう。

このため、一七七三年の改革によっても、東インド会社によるインド支配の混乱は終わらなかった。それでも、まともに行動した一時期にはカルカッタに三百万ポンド以上をためこんだこともあった。だが、その後にインドでもとくに豊かで肥沃な地域にまで支配地を、つまり強奪の対象を拡大したにもかかわらず、これをすべて浪費し失ってしまった。一七八〇年にハイダル・アリの攻撃を受けたとき、攻撃を食い止める準備も戦う準備もできていなかった。これらの混乱の結果、東インド会社はいまでは（一七八四年には）、かつてなかったほどの経営危機に陥り、目前に迫った倒産を避けるために、またしても政府の支援を要請するしかなくなっている。同社の経営を改善するために、議会の各党派がそれぞれ計画を提案している。そしてどの計画も、すでに十分すぎるほど明らかになってきた点だが、東インド会社が領土の支配にまったく適していないとみる点で意見が一致しているようだ。同社自身もその能力が自社にないことを自覚して、政府に任せたいと考えているようだ。

はるか遠方にある未開の国に要塞と守備隊をおく権利はかならず、その国での和戦を決める権利を伴っている。要塞と守備隊をおく権利を得た株式会社はつねに、和戦を決める権利を行使しており、その権利を正式に明文化するよう求め、獲得していることも少なく

ない。そして、株式会社が一般にこの権利をいかに不正に、いかに気まぐれに、いかに冷酷に行使しているかも、最近の事実によってよく知られている。

何人かの商人が協力し、自分たちのリスクと経費で、はるか遠方にある未開の国との貿易を切り開こうとした場合、株式会社の設立を認め、成功した場合にある年数にわたって貿易の独占権を与えるのは、不当だとはいえない。危険で経費のかかる試みによって、後に社会全体が利益を得られるのであれば、国がその試みに報いる方法として、一定期間の独占権を与えるのがもっとも簡単で自然だからだ。この種の一時的な独占は、新しい機器について発明者に与えられる独占や、新しい著作について著者に与えられる独占と同じ考え方で擁護できるだろう。だが、決められた期間がたてば、独占はかならず終了させるべきである。要塞や守備隊が必要だと判断されれば、政府が引き継ぎ、対価を会社に支払い、貿易をすべての国民に開放すべきだ。独占を恒久化すれば、他の国民全員が二つの点で不合理な税を負担することになる。第一に、自由貿易が許されていればはるかに安くなる商品が、高い価格で売られる。第二に、収益性が高い適切な事業から多数の国民が排除される。しかも、とりわけ無意味な目的のために、国民が税を負担することになる。この税は、独占権をもつ会社で、従業員が怠慢や浪費、不正を続けられるようにするだけであり、乱脈経営によって、独占会社の配当率はまったく自由な貿易で得られる通常の利益率

を超えることはめったになく、それを大幅に下回ることがきわめて多い。だが、独占権がなければ、株式会社は貿易のどの部分も長くは継続できないことが事実によって示されているようだ。両方の市場に多数の競争相手がいるとき、一つの市場で商品を買い、別の市場で売って利益をあげること、需要の一時的な変動だけでなく、それ以上に大きく、頻繁に起こる競争の変化、つまり、その需要を満たすために他の商人がもたらす供給にも注意を払いつづけること、知識と判断を駆使して、扱う商品の質と量をこれらの状況に適したものにしていくことは、つねに作戦を変更しなければならない戦争を指揮するようなものだ。警戒と注意を続けなければ、めったに成功を収められず、株式会社の取締役にこうした警戒と注意を長期にわたって期待することはとてもできない。東インド会社は負債を返済し、排他的特権の期限が切れた後にも、株式会社として存続し、国民すべてに開放されたアジア貿易を続ける権利を議会法によって認められている。だが、そのような状況になれば、警戒と注意の点で優れている冒険商人に圧倒されて、すぐにアジア貿易に関心を失う可能性が高い。

フランスの著名な著者で、経済政策に詳しいアンドレ・モルレが、一六〇〇年以降、ヨーロッパ各国に設立され、貿易を事業とした株式会社五十五社の一覧を作っており、そのすべてが排他的特権をもちながら経営の失敗によって破綻したと論じている。そのうち二

社か三社については間違いがあり、株式会社ではないし、破綻もしていない。だが、モルレがあげた以外にも破綻した株式会社がいくつかある。

株式会社が排他的特権をもたなくても成功を収められると思える事業は、業務をすべて決まりきった作業、変更の余地がほとんどない一定の方法で遂行できるものだけのようだ。この種の事業には、第一に銀行がある。第二に火災保険、海上保険、戦時拿捕《だほ》保険がある。第三に、航行できる水路と運河の建設と維持の事業がある。第四に大都市への給水事業がある。

銀行業務の原理は深遠そうにみえるかもしれないが、実際の業務は厳しい規則を守るだけで遂行できる。異例の利益が得られるとの見方から何らかの機会にこの規則を曲げるのは、ほとんどの場合にきわめて危険であり、それを試みた銀行にとって命取りになることが多い。そして株式会社はその仕組み上、パートナーシップより決められた規則を変えにくい。したがって、株式会社は銀行にきわめて適している。このため、ヨーロッパの主要な銀行は株式会社であり、排他的特権がなくても、事業で大きな成功を収めている銀行が多い。イングランド銀行は、イングランドで出資者が六人を超える銀行の設立が同行以外に認められていない点を除けば、排他的特権をもっていない。エディンバラの二つの銀行は株式会社であり、排他的特権をまったくもっていない。

火災、海難、戦時拿捕のリスクはおそらく、正確に計算することはできないが、業務の規則と方法をある程度まで厳密に決められるほどには推定できる。このため、保険事業は排他的特権がなくても、株式会社で成功を収めることができる。ロンドン保険会社も、ロイヤル・エクスチェンジ保険会社も、排他的特権をまったくもっていない。

航行できる水路と運河が完成すれば、維持管理はまったく単純で簡単になり、規則と方法を厳密に決めれば運営できる。建設の段階でも、一マイル当たりの単価、水門一つ当たりの単価を決めて工事を発注すれば、そうできる。同じことが、水路や水道管などによる大都市への給水事業にもいえるだろう。このため、これらの事業は排他的特権がなくても、株式会社で成功を収めることができるし、実際に成功を収めている株式会社が多い。

だが、株式会社でうまく経営できる可能性があるという理由だけで、ある事業のために株式会社を設立するのは、つまり、国民全体に適用されている法律の例外を認めれば事業に成功を収められる可能性があるという理由だけで、商人のある集団に例外を認めるのは、どう考えても適正だとはいえない。株式会社が完全に適正だといえるには、業務の規則と方法を厳密に決められること以外に、二つの条件がなければならない。第一に、通常の事業の大部分とくらべて、社会にとって大きく役立つ事業であることが明白な事実で示されなければならない。第二に、パートナーシップで簡単に集められないほど、大きな資本を

必要とするものでなければならない。そこそこの資本で十分であれば、大きく役立つ事業であっても、株式会社を設立する十分な理由にはならない。この場合、その事業で満たそうとする需要は、パートナーシップですぐに簡単に満たせるからである。前述の四つの事業は、以上の条件を満たしている。

銀行業が堅実に経営されていれば、社会にとって大きく役立つことは、本書第二編で十分に説明した。そして、国の信用を支える役割を担い、緊急時には数百万ポンドにものぼる税収の総額にあたる金額を、税が国庫に収められる一年か二年前に政府に貸し出すには、パートナーシップでは簡単に集められないほど大きな資本が必要である。

保険事業は個人の財産の安全性を大幅に高めるものであり、個人で被れば破滅する損失を多数の人で分担するようにし、社会全体が軽く簡単に負担できるようにしている。そして、社会に安全性を保障するには、保険引受人はきわめて大きな資本をもっている必要がある。ロンドンに保険株式会社が二社設立されたとき、それまで数年に破綻した百五十の保険引受人の一覧表が検事総長に提出されたといわれている。

航行できる水路と運河や、大都市への給水事業に必要な施設が社会にとって大きく役立ち、同時に、個人では負担しきれないほど大きな資金を必要とする場合が多いことは、まったく明らかである。

前述の四つの事業以外には、株式会社の設立が適正になる三つの条件がそろっている事業は思いつかない。ロンドンのイングランド銅会社、鉛精錬会社、ガラス研磨会社はいずれも、社会にとって大きく役立つか、特別な役に立つといえるような事業を行っていないし、その事業を行うのに、個人の資産で負担しきれないほどの経費がかかるとも思えない。これらの企業の事業が株式会社による管理にふさわしいほど、業務の規則と方法を厳密に決められるものなのかどうか、自慢できるほど利益率が高いのかどうか、わたしには分からない。鉱山冒険会社ははるか以前に倒産した。エディンバラのイギリス亜麻織物会社の株式は、数年前ほどではないが、額面を大きく割り込む価格で取引されている。ある種の製造業の振興という公共の目的をかかげて設立された株式会社は、自社の経営に失敗して社会全体の資本を減少させるだけでなく、その他の点でも、社会にとって利益になるより、害になることが多いのが通常である。意図は高潔でも、ある産業の事業家に惑わされた取締役がその産業を優遇するのは避けがたいことなので、他の産業にとっては障害になり、堅実な産業と利益の間に本来なら確立する自然な関係、国全体の産業をもっとも大きく効果的に刺激する自然な関係を、多かれ少なかれかならず乱す結果になる。

第二項――青少年教育のための機関の経費

青少年教育のための機関も、経費を賄うのに十分な収入を生み出すことができる。学生が教師に支払う授業料が、この種の自然な収入になる。

教師の報酬がこの自然な収入によってすべて賄われているのではない場合にも、残りの部分は、ほとんどの国で行政当局が徴収と支出の権限を握っている財政収入で負担しなければならないとはかぎらない。ヨーロッパの大部分で大学やカレッジには寄付による財源があり、一般財政に負担をかけないか、かけてもごく少額にとどまっている。財源として使われるのは主に、地域か地方の財政収入、不動産の地代、主権者や個人が学校運営のために寄付し、受託者が管理する資金の利子である。

こうした財源は全般に、教育機関が目的を達成するのに寄与しているのだろうか。教師の努力を促し、能力の向上を促しているのだろうか。教育を自然に任せた場合より、個人と社会に役立つ目的に向かわせているのだろうか。これらの質問のそれぞれに少なくともまず確実といえる答えをだすのは、それほど難しくないだろう。

どの職業でも、大部分の人がどこまで努力するかは、努力する必要がどこまであるのかにかならず比例する。努力する必要がとくに大きいのは、その職業で得られる報酬が財産

を築く唯一の方法になっているか、ごく普通の収入と生活を確保する唯一の方法にすらなっている場合である。財産を築くには、あるいはごく普通の収入と生活を確保するには、一年の間に、ある価値の仕事をある量行わなければならない。そして競争が自由であれば、競争に加わった人はみな、互いに相手の仕事を奪おうとするので、全員がある程度までしっかりと仕事をしなければならなくなる。ある種の職業ではもちろん、成功を収めたときに大きな目標を達成できるために、並外れた闘志と野心をもつ少数の人が必死に努力する場合がある。だが、大きな目標は明らかに、必死に努力する姿勢を引き出すために不可欠なわけではない。競争があれば、ごく普通の職業でも一流になることが野心の対象になり、きわめて大きな努力を引き出せることが多い。逆に、大きな目標があっても必死になる必要がなければ、大きな努力を引き出すことはできない。イギリスでは法律家としての成功が、野心家にとって大きな目標になっている。だが、楽に暮らせるほど財産のある家に生まれつき、一流の法律家になった人がいかに少ないかをみてみればいい。

大学に寄付による財源があればかならず、教師が努力する必要が多少なりとも低下する。教師の生活資金のうち、給与として得られる部分は明らかに、それぞれの分野での成功と名声とはまったく無関係な財源から支払われている。

いくつかの大学では、教師が得る報酬のうち大学が支払う給与は一部だけで、かなり小

さな部分にすぎない場合も多く、報酬の大部分は学生が個々の授業に支払う授業料で得られる仕組みがとられている。この場合にも、教師が努力する必要は多少低下しているが、まったくなくなっているわけではない。自分の分野での名声がある程度重要であり、授業を受けた学生がもつ敬意の念、感謝の気持ち、学生が伝える評判にある程度依存することになる。そして学生に好意をもたれるようにするには、それに値するようにすること、つまり、教師としての義務を果たす際の能力と熱心さを示すこと以上の方法はないだろう。

他の大学では、教師が学生から個別に授業料を受け取ることは禁止され、大学の給与が教師としての職で得られる唯一の収入になっている。この場合、教師の利害は教師の義務とこれ以上はないほど対立する。誰にとっても、できるかぎり楽に生活することが自分の利益になる。そして、苦しい義務を果たしても果たさなくても報酬がまったく同じであれば、義務をまったく怠るのが、誰にとっても利益になる。何らかの権力の支配を受けていて義務を怠るのが許されないのであれば、許容される範囲でできるかぎりいい加減に義務を果たすのが、誰にとっても利益になる。少なくとも、利益という言葉を一般に理解されている意味で使うなら、そういえる。根っから活動的で仕事を好む人なら、努力しても何も得られない義務を果たすために働くより、何か利点を得られる方法で努力する方が利益になる。

教師を支配する権力が大学やそのカレッジにあり、教師自身もその一員だし、他の人たちも大部分が教師か、教師になるべき人であれば、全員が共通の利害を大切にし、互いにいい加減な態度を許しあい、自分が義務を怠るのが許されるのであれば、他の教師が義務を果たさなくても許容する姿勢をとるようになるようだ。オックスフォード大学では教授の大部分は長年にわたって、教える振りをすることすらまったく止めている。

　教師を支配する権力が、教師自身もその一員である団体ではなく、外部の人間、たとえば教区の主教、その州の知事、政府の閣僚であれば、教師が義務をまったく怠るのは許されない可能性が高い。だが、これらの権力者が教師に強制できるのは、ある時間、学生の世話をすること、つまり、週に何回、年に何回かの講義を行うことだけである。講義の内容はやはり教師の熱心さによって決まる。そして教師の熱心さは、教師が熱心になる動機の強さに比例する可能性が高い。また、このような外部の権力による監督は、無知で気まぐれなものになりがちである。その性格上、気まぐれで独断的なうえ、権力を行使する人物は、自分で教師の講義を聞くこともないし、おそらく教師が教える学問を理解していないので、しっかりした判断に基づいて権力を行使できることはまずない。権力者としての横柄さからも、権力をどのように行使するかに無頓着なことが多く、正当な理由がないまま、気まぐれに非難したり、解雇したりすることになりやすい。このような支配を受けて

いれば、教師はかならず堕落し、社会のなかでもとくに尊敬できる人物ではなく、とくに下劣で軽蔑すべき人物になりさがる。権力の濫用につねにさらされる状態で自分の身を守るには、強力な保護を必要とする。強力な保護を得る最善の方法は、自分の専門分野で能力や熱意を示すことではなく、権力者の意向に媚びへつらい、自分が属する大学の権利も利害も名誉もすべて、いつでも権力者の意向にしたがって犠牲にする姿勢を示すことだろう。フランスの大学の運営にかなりの期間にわたって関与したことがある人なら、この種のきまぐれな外部権力から自然に生まれる結果に気づく機会があったはずだ。

　教師の優秀さや名声にかかわらず、一定の人数の学生に、ある大学やカレッジで学ぶよう強制する仕組みがあれば、優秀さや名声の必要性が多かれ少なかれ低下する。

　決まった大学に一定年数在籍するだけで、人文科学、法学、医学、神学の学士の特権を得られる仕組みになっているとかならず、教師の優秀さや名声とは関係なく、ある数の学生にそうした大学に入るよう強制することになる。学士の特権は徒弟法のようなものであり、徒弟法が製造業の技術向上を妨げているのと同じ影響を教育に与える。

　各種の奨学金を支給する慈善財団は、各カレッジの優秀さとはまったく関係なく、決まったカレッジに決まった数の学生を縛りつけている。慈善団体から奨学金を受ける学生が自由にカレッジを選べる仕組みがとられていれば、おそらくはカレッジの間の競争を刺激

する一因になるだろう。逆に、自費学生にすら、所属するカレッジの許可を得なければ、他のカレッジに移ることを禁止する規則があれば、カレッジ間の競争を大幅に減らす要因になるだろう。

それぞれのカレッジで、個々の学生にすべての科目にわたって学習を指導する指導教官を学生が自由に選ぶのではなく、カレッジ長が指名する仕組みになっていて、指導教官が怠慢か無能か横暴だったとき、カレッジの許可を得ないかぎり別の指導教官につくことが許されていないのであれば、同じカレッジ内で指導教官の間の競争をすべてなくす要因になるうえ、指導教官が熱心に指導する必要も、割り当てられた学生に気を配る必要もほぼなくす要因になる。こうした指導教官は学生から十分な報酬を受け取っているが、学生からまったく報酬を得ていない教師や、給与以外の報酬がない教師と変わらないほど、学生を指導する義務を怠るようになりかねない。

教師が常識のある人物であれば、学生に講義しているときに、講義内容がまったく無意味か、無意味に近いものだと自覚するようなものなら、心穏やかでないはずだ。学生の大部分が講義に出席していないか、出席していても無視や軽蔑や嘲笑が顔や態度にあらわれているのをみれば、やはり心穏やかでないはずだ。このため、何回かの講義を義務づけられていれば、他の利害がなくてもこれらの動機だけで、ある程度まともな講義をするため

に努力するとも思える。だが、いくつもの便利な方法があるので、教師の熱意を刺激する要因の力が弱まっている。教師は自分が教える学問を自分で学生に説明するのではなく、それに関する本を読み上げることもできる。そしてその本が外国の昔の言葉で書かれていれば、学生が分かる言葉に翻訳していくこともできる。それも面倒なら、学生に翻訳をさせて、ときおり意見を述べれば、それで講義をしているのだと自負できる。この方法ならごくわずかな知識と努力で、学生に軽蔑されることも嘲笑されることもなく、本当に馬鹿げており、不合理で、笑うしかない発言をする恐れもなく、講義ができる。そして、規則で縛っておけば、学生全員をこの紛《まが》い物の講義にかならず出席させ、その時間に礼儀正しく教師に敬意を示す態度をとらせることもできるだろう。

大学やカレッジの規則は一般に、学生の役に立つように作られているのではなく、教師の利益のために、もっと適切な言い方をすれば、教師が楽をできるように作られている。その目的はつねに教師の権威を維持することにあり、教師が義務を怠っていても果たしていても、最大限の熱意と能力を発揮して義務を果たしているかのように教師に接するよう学生に義務づけることにある。教師はみな、完璧な知識と徳をもっており、学生はみな、とんでもなく欠陥だらけで愚かだと想定しているかのようだ。しかし、教師がほんとうに義務を果たしているときに、学生の大部分が教師を無視した例はないと思われる。どのよ

うな学問でも、出席する価値がある講義であれば、出席を強制する必要などないことは、そうした講義が行われているところではどこでも周知の事実になっている。年少の児童か、ようやく少年といえる年齢になった子供であれば、その年齢で学んでおく必要があると考えられる教育を受けるよう義務づけるために、ある程度の強制も確かに必要だろう。だが、十二歳か十三歳になれば、教師が義務を果たしているかぎり、教育のどの部分でも強制はほとんど不要になる。青少年の大部分は礼儀正しいので、教師の講義を無視したり軽蔑したりするどころか、教師が学生の役に立とうとする意思を真剣に示していれば、講義にかなりの間違いがあっても、通常は許そうとするものだし、きわめて怠慢であっても、世間に知られないように隠そうとすらするものだ。

　教育のうち公的な機関では教えられていない部分で、一般に最善の教育が行われていることに注目すべきだ。若者がフェンシングやダンスの学校に通ったとき、もちろん、飛び抜けてうまくなるとはかぎらないが、フェンシングやダンスができるようにならないことはめったにない。乗馬学校の場合、教育の成果は一般にそこまではっきりしていない。乗馬学校は経費がかかるので、ほとんどの地域で公的な機関になっている。基礎教育のうちもっとも大切な読み書きと計算は、いまでも公的な学校よりも民間の学校で学ぶのが普通である。そして、必要な程度の読み書きと計算が習得できない子供はめったにいない。

イングランドでは、公立学校は大学にくらべて、はるかに堕落していない。公立学校で教えられているのは、少なくとも教えられるはずになっているのは、ラテン語とギリシャ語であり、教師が教えると主張し、教えると期待されているのは、ラテン語とギリシャ語だけである。大学は学問を教えるために作られているが、学生は学問を教えられていないし、学問を学ぶための適切な方法を見つけ出せるとはかぎらない。公立学校では、教師が受け取る報酬はほとんどの場合、生徒が支払う授業料が中心であり、それが大部分であることもある。公立学校は排他的な特権をもたない。卒業にあたって、公立学校で一定年数学んだことを証明する書類を提出する必要はない。試験をして、そこで教えられることを理解していると判断されれば、どこで学んだのかを聞かれることはない。

大学で通常教えられている部分の教育は、あまりよくないといえるだろう。だが大学がなければ、その部分の教育を行う機関はなかったはずであり、教育の重要な部分が欠けているために、個人も社会も打撃を受けていただろう。

現在のヨーロッパの大学は大部分、当初は宗教組織であり、聖職者の教育のために設立されている。法王の権威のもとで設立され、法王が直接に完全な保護を与えていたので、大学の構成員は教師も学生もいわゆる聖職者特権をもち、大学のある国の司法権の適用を免除され、教会裁判所だけで裁かれることになっていた。大学の大部分で教えられていた

のは、設立の目的にふさわしく、神学か、神学を学ぶための準備にすぎないものであった。

キリスト教がはじめて国教になったとき、西ヨーロッパのすべての地域でラテン語の口語が共通語になっていた。そのため、教会での礼拝にも、教会で読む聖書の翻訳にも、ラテン語が使われていた。当時の共通語が使われていたわけだ。蛮族が侵入してローマ帝国が倒れた後、ラテン語はヨーロッパのどの地域でも徐々に使われなくなった。だが、宗教の形式や儀式は、それが確立したときとは状況が変わり、それが適切だといえる条件がなくなっても、宗教心によって長く維持されていくのが自然だ。このため、どの地域でも住民の大部分がラテン語を解さなくなっても、教会での礼拝にはラテン語が使われつづけた。こうして、ヨーロッパでは古代エジプトと同様に、二種類の言語が使われるようになった。聖職者の言語と民衆の言語、神聖な言語と世俗の言語、教育を受けたものが使う言語と教育を受けていないものが使う言語である。そして聖職者は、礼拝に使う神聖な言語、教育を受けたものが使う言語をある程度まで理解する必要がある。こうしてラテン語教育が当初から、大学教育の不可欠な部分になった。

ギリシャ語とヘブライ語の学習はそうならなかった。ローマ教会の無《む》謬《びゅう》の布告によって、聖書のラテン語訳、いわゆるウルガタ聖書は新約聖書のギリシャ語原著、旧約聖書のヘブライ語原著と同様に神の啓示で書かれたものであり、したがって原著と同じ権威のあ

るものだとされた。このため、ギリシャ語とヘブライ語の知識は聖職者に不可欠なものとはされず、大学教育で長い間、必須科目になっていなかった。スペインにはいまでもギリシャ語が科目になっていない大学があるという。初期の宗教改革家は、新約聖書のギリシャ語原著が、そして旧約聖書のヘブライ語原著すら、ウルガタ聖書より自分たちの主張に近く、ウルガタ聖書は当然に予想されることだが、カトリック教会の教義を支えるために少しずつ手を加えられてきていることに気づいた。このため、宗教改革家はラテン語訳の間違いを指摘するようになり、カトリック教会の聖職者はこれに反論してウルガタ聖書を擁護する必要に迫られるようになった。それにはギリシャ語とヘブライ語のある程度の知識が不可欠だ。こうしてこれら言語の学習が、宗教改革を受け入れた大学、拒否した大学を問わず、ヨーロッパの大部分の大学で徐々にはじまった。ギリシャ語は古典研究のあらゆる部分と結びついており、古典の学習は主にカトリック教徒とイタリア人がはじめたものだが、宗教改革がはじまったころにちょうど流行していた。このため、ギリシャ語は大部分の大学で哲学を学ぶ前に、ラテン語の学習がある程度進むとすぐに教えられた。ヘブライ語は古典の学習と関係がなく、旧約聖書以外に重要な本がまったくない言語なので、哲学の学習の後、神学を学びはじめた後に学習をはじめるのが一般的である。

当初、ラテン語とギリシャ語の基礎は大学ではじめて学ぶもので、いまでもそうしてい

る大学がある。他の大学では、学生が入学前に一方か両方の言語の少なくとも基礎は学んでいるよう求めているが、どの大学でもこれら言語の学習が大学教育のうちかなりの部分を占めている。

古代ギリシャの哲学は三つの部分に分かれていた。第一が物理学、つまり自然哲学、第二が倫理学、つまり道徳哲学または社会哲学、第三が論理学である。この分類はものごとの性格に完全に一致しているようだ。

自然の偉大な現象、たとえば天体の運行、月食と日食、彗星、雷鳴と稲妻などの変わった気象現象、さらには植物と動物の発生、生命、成長、死は、かならず驚きの対象になり、原因を知りたいという好奇心が自然に生まれる。当初は迷信家が、これらの驚異はすべて神の御業《みわざ》だと主張して、好奇心を満足させようとした。後に哲学者が、神の御業より馴染みがあり、理解しやすい要因によってこれらの驚異を説明しようと試みた。大きな驚きの対象になるこれらの現象は、人類が最初に好奇心の対象にしたものだったので、これらを説明すると主張する学問が当然、哲学のなかで最初に発達した部門になったはずである。このため、歴史に記録が残るもっとも初期の哲学者は、自然哲学者だったようだ。

世界のどの時代にも、どの国でも、人は他人の性格や意図、行動に注意してきたはずだし、人がとるべき正しい行動の規則や原則が総意によって作られ認められてきたはずであ

る。ものを書く人がでてくると、賢者や、自分は賢者だと自負する人が自然に、確立され尊重される規則の数を増やそうとし、適切な行動と不適切な行動に関する自分の見方を表現するようになって、たとえばイソップ物語（紀元前六世紀）などの寓話のように複雑なものや、ソロモンの格言、テオグニスやフォキュリデス（紀元前六〜五世紀）の詩、エシオドス（紀元前八世紀）の著作の一部などの単純な格言、警句が使われるようになった。この段階が長く続き、賢明な行動や正しい行動を教える格言の数が増えつづけただけで、それらを明確でしっかりした方法で順序づけようとする動きはなかった。まして、一つか少数の一般原理によって体系化し、自然現象について原因から結果を導き出すように、一般原理から他のすべての原理を導き出すようにする動きはなかったようだ。さまざまな事実を少数の原理によって結び付け、美しい体系を作り上げる考え方は、まずは自然哲学の体系化を目指した古代の初歩的な論考にあらわれている。社会哲学でも後に、同様の試みがあらわれてきた。自然現象の体系化と関連づけが試みられたのと同様に、日常生活の原則が少数の一般原理によって体系化され、関連づけられた。こうした共通原理を解明し、説明する学問こそ、社会哲学と呼ぶにふさわしいものである。

　自然哲学でも社会哲学でも、哲学者によって体系が違っている。だが、各種の体系を支えている議論は、確実な論証を積み重ねていくものには程遠く、せいぜいのところ、正し

い可能性もごくわずかにあるという程度の場合が多く、ときには日常の言葉の不正確さと曖昧さ以外には何の根拠もないこじつけにすぎない場合もあった。哲学の体系を支えていたのはどの時代にも、常識ある人なら、ごく小さくても金銭的利害がからむ問題を判断する際には使わないほど頼りない論拠であった。こうした馬鹿げたこじつけが世間の見方に何らかの影響を与えるなどということはまずなかったが、哲学の世界だけは例外であり、この世界では、きわめて大きな影響を与えることが少なくなかった。自然哲学と社会哲学のそれぞれの体系の支持者は当然ながら、自分たちのものと対立する体系を支えている論拠の弱点を明らかにしようと努力した。こうした論拠を検討していくなかで自然に、正しい可能性があるにすぎない論証と確実な論証の違い、誤った論証と確かな論証の違いを考えるようになった。論理学、つまり正しい論理と間違った論理の一般原理を考える学問が、こうした検討で生まれた見解によって必然的に形成されていった。論理学は自然哲学と社会哲学の後に生まれたものだが、古代の哲学学校のすべてではないにしろ、大部分で、自然哲学や社会哲学の前に教えられるのが普通だった。学生は正しい論理と間違った論理の違いを十分に理解した後に、自然哲学と社会哲学という重要な課題について学ぶべきだと考えられていたようだ。

このように古代には哲学は三つの部分に分かれていたが、ヨーロッパの大部分の大学で

は五部門に分ける別の方法に変更された。

古代哲学では、人間の精神でも神でも、すべてのものの本性は自然哲学の体系の一部として教えられた。人間の精神も神も、その本質をどう考えるにしろ、宇宙の全体系の一部であり、とくに重要な結果をもたらす部分だとされていた。精神と神について得られた結論または推論は、宇宙の大体系の起源と動きを説明すると主張する学問のうち、いうならば二つの章として、ただしきわめて重要な二章として扱われた。しかし、ヨーロッパの大学では、哲学が神学に従属するものとしてしか扱われていなかったので、この二章が自然哲学の他の部分より長くなるのが当然であった。この部分は徐々に長くなっていき、いくつもの小部分に分かれ、ついには、ほとんど何も知ることができない精神についての学説が、かなりの点を知ることができる物体についての学説と変わらないほどの長さになった。そして、この二つの部分がそれぞれ独立した分野だと考えられるようになった。形而上学または気学と呼ばれる部門が自然哲学とは別の部門として確立し、物理学より高尚だし、聖職者にとってもっと役立つものだとされた。こうして実験と観察に適した分野、注意深く観察すればたくさんの有益な発見が可能な分野が、ほとんど完全に無視されるようになった。ごく単純でほとんど自明だともいえる少数の真実以外には、どれほど注意深く観察しても曖昧で不確かなことしか発見できず、したがって瑣末なことやこじつけしか生み出

せない分野が、大いに研究された。

形而上学と自然哲学が対立するものと考えられるようになると、この二つの分野を比較する第三の分野が自然に生まれた。存在学と呼ばれる分野であり、形而上学と自然哲学に共通する質と属性を扱う学問である。だが、大学で教えられた形而上学か気学で瑣末なことやこじつけが大部分を占めているとするなら、存在学という古臭い学問では、瑣末なことこじつけがすべてであった。存在学は形而上学と呼ばれることもある。

人を個人としてだけでなく、家族や国や人類の一員としてみたとき、人の幸福と完成とは何かが、古代の社会哲学が対象としていた点である。社会哲学では、人生の義務は人生の幸福と完成のための手段として扱われた。だが、社会哲学が自然哲学とともに神学に従属する学問として扱われるようになると、人生の義務は主に、来世の幸福のための手段だとされるようになった。古代の哲学では、徳を完成させればかならず役に立ち、完全な徳を身につければ人生で完全な幸福を得られると主張された。ところが近代の哲学では、完全な徳は一般に、というよりほとんどつねに、人生の幸福と矛盾すると主張されることが多い。天国に行くには悔い改め、禁欲するしかなく、修道士になって苦行に耐え、神に仕えるしかないとされ、人間として自由に寛大に活発に行動しても天国には行けないとされた。決疑論と禁欲の道徳が、大学で教える社会哲学の大部分になっているのが通常であ

る。哲学のさまざまな部門のなかで飛び抜けて重要な社会哲学がこうして、もっとも堕落した部門になっている。

このため、ヨーロッパの大学の大部分では、哲学は一般に、以下の順序で教えられた。第一に、論理学が教えられる。第二に存在学が教えられる。第三が気学であり、人間の精神と神の性格に関する教義が教えられる。第四が堕落した形の社会哲学であり、ここでは気学の教義、人間の精神の不滅性、そして神の裁きによって来世に与えられる賞罰が教えられる。最後に、自然哲学の簡単で表面的な体系が教えられるのが通常であった。

ヨーロッパの大学が古代の哲学教育に加えた変更はすべて聖職者用の教育を目的とし、神学を学ぶ際の基礎として適切にするためのものであった。だが、その結果、瑣末なことやこじつけが増え、決疑論と禁欲の道徳が新たに加わって、大学は上流階級や実業家の教育に適したものではなくなり、理解力を高めるためにも、精神を磨くためにも役立つとは思えなくなった。

このような課程の哲学がいまでも、ヨーロッパの大学の大部分で教えられている。どこまで熱心に教えられているかは、大学の仕組みのために、教師が熱心に教える必要がどこまであるかで違っている。とくに豊かで豊富な財源がある大学では、教師はこの堕落した課程のごく一部をばらばらに教えることだけで満足しており、しかも普通は、きわめて怠

慢に表面的に教えているだけである。

近代になって哲学のいくつもの部門は進歩してきた。その一部は確かに大学での研究の成果だが、大部分は大学以外で研究されたものである。そして大学の大部分は、こうした進歩を後からとりいれることにすら消極的だ。学者組織としての大学の多くはもうかなり以前から、破綻した体系と古臭い偏見が世間のどこでも通用しなくなった後に、最後に逃げ込む聖域になる道を選んできた。一般的には、とくに豊かで豊富な財源がある大学は、哲学の進歩をとりいれるのがもっとも遅く、昔からの教育課程を大きく変更することをとくに嫌っている。哲学の進歩を素早くとりいれるのは、いくつかの貧しい大学であり、こうした大学では教師は収入のかなりの部分が自分の名声や評判によって決まるので、世間の見方にもっと敏感にならざるをえない。

ヨーロッパの公立学校と大学は当初、聖職者という一つの職業のための教育だけを目的にしていた。聖職者になるために必要だとされている学問すら、熱心に教えるとはかぎらなかったが、やがて、ほとんどすべての人、とくに上流階級と資産家のほとんどすべてを教育する役割を引き受けるようになった。子供の時期の後、一生の職業で本格的に働きはじめるまでの長い期間を有意義にすごす方法が、他にみつからないようだ。だが、公立学校と大学で教えられることの大部分は、職業への準備として適切なものではないように思

える。

イギリスでは学校をでた子供を大学には進学させず、すぐに外国を旅行させるのが一般的になってきた。海外を旅行すれば、子供は普通、大きく成長して帰ってくるといわれている。十七歳か十八歳で海外に行き、二十一歳で帰国すれば、海外で三つか四つ年をとってくるわけであり、この年齢の若者が三年か四年もすれば大きく成長しないはずがない。子供は旅行中に一つか二つの外国語の知識をある程度身につける。だが、しっかりと話せるか書けるほどの知識を身につけることはめったにない。それ以外の点では、国内に暮らしていればこれほど短期間にそうなるとは考えられないほど、傲慢になり、だらしなくなり、不真面目になり、真剣に学ぶことも仕事をすることもできない人間になって帰国するのが普通だ。若くして海外を旅行し、人生のなかでもとくに重要な時期をまったく浮ついた放蕩《ほうとう》に費やし、それも両親や親戚の目が届かない遠方で暮らすのだから、それまでの教育である程度までよい習慣が身についていても、それが強化され揺るがないものになるどころか、まず確実に弱まるか消える結果になる。人生の早い時期に海外を旅行させるほど馬鹿げたことがもてはやされるのは、大学が信用を失っていくのを放置してきたからにほかならない。息子を海外に旅行させれば、父親は少なくともしばらくの間、息子が仕事もなく、世間に無視され、堕落していく様をやりきれない思いで眺める苦痛から解放される

のだが。

近代の教育機関の一部がもたらした影響は以上のようなものである。

時代が違い、国が違えば、教育の方法と機関も違っていたようだ。

古代ギリシャの共和国では、すべての自由人が政府の役人の監督のもとで、武芸と音楽を教えられた。武芸は身体を鍛え、勇敢さを養い、戦争での疲労と危険に備えられるようにすることを目的としていた。ギリシャの民兵はどの歴史書をみても、世界の古今の民兵のなかでとくに強かったとされているので、古代ギリシャの教育のうちこの部分は、意図した通りに目的を達成していたはずだ。もう一つの音楽は、少なくともこの教育について論じた哲学者や歴史家によれば、精神を豊かにし、感情を和らげ、公私の両面で社会的で道徳的な義務を果たす人間にすることが目的であった。

古代ローマでは、マルスの原野での訓練が古代ギリシャのギムナジウムでの訓練と同じ目的で行われ、同じように目的を達成していたようだ。だがローマにはギリシャの音楽教育にあたるものはなかった。それでも、ローマ人はギリシャ人と比較して、公私の両面で道徳心が少なくとも同等であり、全体としてははるかに優れていたようだ。私生活での道徳が優れていたことは、ギリシャにもローマにも精通していた歴史家のポリュビオス（紀元前二世紀）とハリカルナッソスのディオニュシオス（紀元前一世紀）が書き記している。公共道

徳が優れていたことは、ギリシャとローマの歴史の全体から読み取れる。自由人の公共道徳では、党派争いで節度を保つことがもっとも重要だと思える。ギリシャでは党派対立はほとんどかならず暴力と流血を伴う争いになったが、ローマでは紀元前二世紀のグラックス兄弟の時代まで、党派争いで流血の事態になることはなかったし、グラックス兄弟の時代からは、ローマの共和制は事実上崩壊していたともいえる。したがって、プラトン、アリストテレス、ポリュビオスが権威ある主張をしているし、モンテスキューが見事な論理でその権威を支えているが、ギリシャの音楽教育は、道徳心を高めるうえで大きな効果をもたなかった可能性が高い。音楽教育を受けなかったローマ人の方が全般に、道徳心が優れていたからである。プラトンらの古代の賢人は祖先から受け継いできた制度を大切にしたので、おそらくは社会のごく初期から文明がかなり発達した当時まで、中断なく続いてきた古い習慣にすぎないものを、政治的な英知によるものだと考えようとしたのだろう。音楽と舞踊は未開の民族のほぼすべてで最大の娯楽であり、人付き合いができる人間になるには欠かせない技能である。いまでもアフリカ沿岸地域の住民でそうなっている。昔のケルト人も、昔のスカンジナビア人もそうだったし、ホメロスの作品を読むと、トロイ戦争以前のギリシャ人もそうだったことが分かる。ギリシャの各部族がそれぞれ小さな共和国を作った後、すべての自由人を対象にする公教育の一部として、この技能が長期にわた

って教えられたのは自然なことである。

ローマでも、ギリシャの共和国のなかで法律と慣習がもっともよく知られているアテナイでも、若者に音楽か武芸を教えた教師は、国から報酬を支払われていないし、国に任命されることもなかったようだ。国はすべての自由人に対して、戦争の際に国を守る任務を果たせるようにしておくよう求め、そのために武芸を学ぶよう求めた。だが、武芸を教える教師の選択は各人に任されていたし、この教育のために国が提供したのは、武芸を学び練習する場としての公共の広場だけだったようだ。

ギリシャでもローマでも共和制の初期には、これ以外の教育に読み書きと、当時の算術による計算があったようだ。金持ちはこれらを自宅で学ぶことが多かったようで、学習を助けた教師は一般に奴隷か解放奴隷だった。貧乏人はこれらの教育を職業とする教師の学校で学んだようだ。しかし教育のうちこの部分はすべて、親などの保護者の責任になっていた。国がこの部分について監督や指示を行うことはまったくなかったとみられる。アテナイの賢人、ソロンが策定した法律では、役に立つ職業か仕事を親から教えられなかった子供は、老齢になった親を養う義務を負わないと規定されている。

文明が発達して哲学と修辞学がもてはやされるようになると、上流階級は子供を哲学者や修辞学者の学校に通わせて学ばせるようになった。だが、これらの学校は国の支援を受

けていない。長い期間にわたって、黙認されているにすぎなかった。哲学と修辞学の教育への需要も、長い期間にわたってごくわずかしかなかったので、これらを職業にした教師は当初、一つの市で生徒をつねに確保することができず、各地を渡り歩くしかなかった。紀元前五～四世紀のエレアのゼノン、プロタゴラス、ゴルギアス、ヒッピアスらの時代には、哲学者や修辞学者がこのような生活を送っていた。需要が増えると、哲学や修辞学の学校がまずはアテナイに、やがていくつもの市に定着するようになった。だが、国はこれらの学校をとくに支援せず、学校の場所を提供することがあっただけのようだ。個人が場所を提供することもあった。プラトンにはアカデメイアを、アリストテレスにはリュケイオンを、ストア派の創始者、キティオンのゼノンにはポルティコスを国が提供したようだ。だがエピクロスは、自分が設立した学校に自分の庭園を遺贈している。だが、ローマ皇帝アウレリウス（治世一六一～一八〇年）の時代まで、教師は国から給与を支払われることはなく、学生が支払う授業料以外の報酬を受け取ることもなかったとみられる。二世紀の修辞家、ルキアノスによれば、ストア派の哲学者だったアウレリウスは哲学教師の一人に助成金を支給したというが、おそらくアウレリウスの死後には続かなかったとみられる。これらの学校を卒業しても特権はなく、どの職業につくときにも卒業資格を求められることはなかった。学校での教育が役立つという評判がなければ学生を集めることはできず、学校

で学ぶよう強制する法律はないし、学校を卒業したことに報奨を与える法律もなかった。教師は学生に対して何の法的権限ももたず、教師の権威も、優れた人格と能力をもち、教育の一部を任されている人に対して若者がかならず認める自然なもの以外にはなかった。

ローマでは、市民の大部分ではないが一部の家族で、教育の一つとして若者に法律を学ばせていた。だが、若者が法律の知識を獲得したいと希望するとき、正式な学校はなく、法律を理解しているはずの親戚や友人の集まりに出入りする以外に、学習の方法がなかった。おそらく注目に値する点をあげておけば、ローマ最古の成文法、十二表法はかなりの部分、古代ギリシャの共和国の法律を真似て作られたものだが、ギリシャではどの国でも、法律が学問分野といえるほど発達することはなかったようだ。ローマでは早くから一つの分野になり、法律を理解しているとの定評がある人は、かなりの名声を得るようになっている。古代ギリシャの共和国、とくにアテナイでは、裁判所は通常、多数の市民が判事になっていたので、判事の間にまとまりがなく、喧騒と党派争いのなかでたまたま多数を占めた側の主張で、一貫性がないともいえる判決がくだされることが多かった。不公正な判決をくだしても、判事が五百人、一千人、一千五百人もの数になる裁判所もあったのだから、そのなかの誰か一人がとくに汚名を着ることはない。これに対してローマでは、主要な裁判所は一人か数人の判事で構成されていたし、裁判はかならず公開されていたので、

性急な判決や不当な判決をくだせば、判事個人の評判にかならず大きな影響を与える。このため微妙な訴訟では、非難を受けないように、同じ裁判所か、別の裁判所でそれ以前に裁判を行った判事の先例である判例をあげて、自分の評判を守ろうと自然に努力するようになる。こうして慣例と判例が注目されたことから自然に、ローマ法は秩序だった体系になり、現在のイギリスの法体系にも受け継がれているのである。先例や判例が注目される場合には、どの国でも法律に同じような影響を与えてきた。前述のように、ポリュビオスとハリカルナッソスのディオニュシオスはローマ人の方がギリシャ人より人格が優れていると指摘したが、その原因はこの二人が指摘したどの点よりもおそらく、裁判の仕組みが優れている点にあったとみられる。ローマ人は宣誓を尊重する点でとくに優れていたといわれている。だが、十分に事情に精通している熱心な判事の前で宣誓するのに慣れているローマ人が、暴徒のような無秩序な集団の前で宣誓するのが普通だったギリシャ人より、宣誓証言の内容にはるかに注意するのは当然である。

　ギリシャ人とローマ人が文武の両面で、近代のどの民族と比較しても少なくとも同等の能力をもっていたことは、誰でもすぐに認めるはずだ。たぶん先入観によって、ギリシャ人とローマ人の能力を過大評価しかねないほどだろう。だが、ギリシャとローマでは軍事訓練を除けば、国民が偉大な能力を獲得できるように国が努力することはなかったようだ

（ギリシャでは音楽教育にも努力したとする意見もあろうが、偉大な能力の獲得にあたって、音楽教育が大きな要因になったとは思えない）。ところがギリシャとローマでは、社会の状況から必要になるか有益になった学問や技術を上流階級に教える教師を、いつも見つけられたようだ。教育を受けたいという需要があれば、教育を行う人材がかならずでてくるものであり、当時もそうだった。競争が制約されていなければかならず激しい競争が起こり、教師の能力が最高度にまで高まるようだ。古代の哲学者は世間の注目を集めた点でも、弟子の意見と考え方にきわめて強い影響を与えた点でも、弟子の行動と話し方をある種の特徴をもったものにする点でも、近代の教育者の誰よりもはるかに優れていたとみられる。近代には、大学の教師は、それぞれの専門分野での成功と評判には多少なりとも影響を受けない状況にあるため、多少なりとも堕落している。大学の教師が給与を受け取っているため、大学に属さない教師が競争しようとしても、奨励金を受け取れない商人が、かなりの奨励金を受け取っている商人と競争するような状況になる。商品をほぼ同じ価格で売っても、同じ利益率は獲得できないので、破産して破滅しないまでも、少なくとも貧乏に耐えるしかない。商品をはるかに高く売ろうとしても、買ってくれる顧客はあまりいないだろうから、状況は改善しない。また、大学卒業の資格が、知的な職業につく人の大部分にとって、つまり高等教育を必要とする人の大部分にとって、必要不可欠か、少なく

ともきわめて有益である国が多い。そしてこの資格は、大学の教師の授業を受けなければ得られない。大学に属さない教師が行うとりわけ優れた授業を熱心に受講しても、学位を得られるわけではない。近代にはこれらのさまざまな要因から、大学で通常教えられている分野では、大学に属さない教師は知識階級の中で地位がもっとも低いとされるのが通常である。ほんとうに能力がある人にとって、これほど屈辱的で実入りの少ない職業はまずないほどである。こうして大学にしっかりした財源があるために、大学の教師が熱心に教えなくなっているだけでなく、大学以外で優れた教師が活躍する余地も、ほとんどなくなっているのである。

公的な教育機関がなければ、ある程度の需要がないかぎり、つまり、その時代の状況によってそれを学ぶことが必要か、有益か、少なくとも人気にならないかぎり、どのような体系も学問も教えられないだろう。有益とされている分野でも、破綻し時代後れになった体系や、こじつけと戯言《たわごと》を寄せ集めた無益な空論にすぎないという定評がある学問を教えようとする教師がいても、まともな収入が得られるはずがない。そうした体系や学問は、学生の数も収入も名声や評判にはほとんど左右されず、教師の勤勉さにまったく左右されない教育機関のなかでしか生き残ることができない。公的な教育機関がなければ、上流階級の有能な若者がその時代の状況で最高とされる教育を熱心に受けた後に社会にでたと

き、上流階級や実業界でごく普通に話題になっていることをまったく理解できないといった事態にはならないだろう。

女子教育のための公的な機関はなく、このため、女性には通常、無益な教育、馬鹿げた教育、突飛な教育は行われていない。必要だし役立つと親などの保護者が判断した教育だけを受け、それ以外の教育は受けない。女性が受ける教育は明らかに、すべて有益な目的のためのものであり、女性としての自然な魅力を高めることか、控えめで、質素で、貞節で、倹約を重んじる人間に育てることを目的としている。どちらも幸せに結婚できるようにし、結婚した後に主婦として適切に行動できるようにするものである。女性は人生のどの時期にも、受けた教育がどれも役立っていると感じることができる。男性の場合には人生のどの時期にも、受けた教育のうちとくに厄介で苦労した部分を役立たせることがまずできない。

では、国は国民の教育に関与しないようにすべきなのだろうか。関与するとすれば、さまざまな階層の国民の教育のうち、どの部分に関与すべきなのだろうか。また、どのような方法で関与すべきなのだろうか。

社会の状態によっては、その社会で必要な能力と人格のほぼすべてを、あるいはその社会で可能な範囲の能力と人格のほぼすべてを、政府が何の注意を払わなくても、大部分の

住民が自然に獲得できる場合もある。逆に、大部分の住民がそうした能力と人格を自然に獲得できる状況にはなく、住民の大部分が堕落するのを防ぐために、政府がある程度関与すべき場合もある。

分業が進むとともに、労働で生活している人、つまり大部分の人の仕事は、ごく少数の単純作業に限定されるようになり、一つか二つの単純作業を繰り返すだけになることも多い。そして、大部分の人はかならず、通常の仕事から知識を獲得している。ごく少数の単純作業だけで一生をすごし、しかも、作業の結果はおそらく、いつも同じかほとんど変わらないのだから、難しい問題にぶつかることもなく、問題を解決するために理解力を活かしたり、工夫をこらしたりする機会はない。このような仕事をしていると、考え工夫する習慣を自然に失い、人間としてそれ以下になりえないほど、愚かになり無知になる。頭を使っていないので、知的な会話を楽しむことも、そうした会話に加わることもできなくなるだけでなく、寛大な感情、気高い感情、優しい感情をもてなくなり、私生活でぶつかるごく普通の義務についてすら、多くの場合に適切な判断をくだせなくなる。まして、自国がぶつかっている大きく複雑な問題については、まったく判断できない。かなりの努力をして鍛えないかぎり、戦争の際に自分の国を守るために戦うこともできない。単調で変化に乏しい生活をしているので、自然に勇気がなくなり、不規則で不確かで危険が多い兵士

の生活を嫌うようになる。運動能力も衰え、子供のころから続けているもの以外の仕事では、活発に根気強く力を発揮することができなくなっている。自分の職業で技能を獲得してきたなかで、知的な能力、社会的な能力、兵士として戦う能力を犠牲にしてきたのだろう。そして、文明が発達した社会では、政府が何らかの対策をとらないかぎり、住民の大部分を占める下層労働者はかならず、このような状態になるのである。

一般に未開の社会と呼ばれている狩猟社会、遊牧社会ではこうはならないし、農業社会でも、製造業が発達し、貿易が広範囲に行われるようになる前の初期の段階にはこうはならない。こうした社会では全員がさまざまな仕事を行うので、たえずぶつかる難しい問題を解決するために、自分の能力を最大限に発揮し、工夫をこらす必要に迫られている。創意工夫の才をいつも発揮し、頭を使っているので、愚かになることはない。文明社会で下層階級の大部分が頭を使わないまま理解力が衰えていくように思えるのとは違っている。いわゆる未開の社会では前述のように、男は全員が兵士である。また、全員がある意味で政治家でもあり、社会の利害について、社会を支配する人物の行動について、相当程度の判断をくだす能力をもっている。平時に裁判官として、戦時に司令官として支配者がどこまで優秀なのかは、ほぼ誰の目にもはっきりと分かる。未開の社会では確かに、文明社会で少数の人がもつことがある洗練された高度な知識は、誰も獲得できない。未開の社会で

は各人がさまざまな仕事をこなすが、社会全体でみれば、仕事の種類はそう多くない。社会のなかで誰かがしている仕事、誰かができる仕事はほとんどすべて、全員がしているか、できるものである。全員がかなりの程度の知識と能力と創意工夫の才をもっているが、特別に優れた知識や能力や創意工夫の才をもつ人はまずいない。だが、誰でももっている程度の能力でも、その社会の仕事はすべて単純なので、十分にこなせるのが通常である。これに対して文明社会では、大部分の人は単純で変化のない仕事しかしていないが、社会全体でみれば、仕事の種類が無限といえるほど多い。多種多様な仕事があるので、自分は決まった仕事についておらず、他人の仕事を調べるのが好きで、その暇が十分にある少数の人にとって、考える対象になる点がほとんど無限といえるほど多様にある。それほど多種多様な対象について考えていけば、比較し関連づける作業を無限に続けていくことになり、めったにないほど広く深い理解力を身につけることができる。しかし、この少数の人がたまたま特別な地位についていないかぎり、特別な能力は本人にとって名誉ではあっても、社会にとって、優れた政治や幸福をもたらすものにはならない。少数の人が偉大な能力をもつとしても、大部分の人は、人間がもつ性質のうち優れた部分をかなりの程度まで失っているかもしれない。

産業が発達した文明社会では、庶民の教育にはおそらく、地位と資産のある人の教育以

上に政府が関与する必要があるだろう。ある程度の地位と資産がある人は普通、十八歳か十九歳で事業主や専門家などの仕事をはじめて、世間に認められようとする。その年齢に達するまでの間、世間が敬意を払う能力や、世間が敬意を払うに値する能力を獲得するために、少なくとも後に獲得できるようにするために、十分に時間を使うことができる。親などの保護者は通常、子供がそのような能力を獲得するように望んでいるし、ほとんどの場合、そのために必要な経費を喜んで支出する。子供が適切な教育を受けるとはかぎらないが、教育に十分な費用をかけなかったからであることはめったになく、教育費の使い方が適切でなかったからであるのが普通だ。教師がいなかったからであることはめったになく、怠慢で無能な教師しかおらず、現在の状況ではもっと優れた教師をみつけるのが難しく、不可能だといえるほどだからであるのが普通だ。また、地位と資産のある人が人生の大部分の期間につく仕事は、庶民の仕事と違って、単純でも一定でもない。ほとんどの仕事がきわめて複雑で、手よりも頭を使うものである。こうした仕事にたずさわっていれば、頭を使わないために愚かになることはまずない。さらに、地位と資産のある人の仕事は、朝から晩まで働きづめになることはまずない。十分に余暇があるのが通常であり、暇な時間を使えば、若いときに基礎を学んだか、好きになった分野で、役立つ知識や装飾的な知識を磨くことができる。

庶民の場合はそうはいかない。教育を受けるために使える時間はほとんどない。幼児のときにすら、親には養う余裕がほとんどない。仕事ができる年齢になればすぐに仕事をして、自分の生活費を稼がなければならない。その仕事も通常は単純で一定のものなので、理解力を鍛えることにはほとんどならない。そして、厳しい労働を休みなく続けるので、余暇はほとんどなく、他のことをしようという気持ちにはなれないし、考えようという気持ちにすらなれない。

文明社会では、庶民は、地位と資産のある人と変わらないほどの教育を受けることはできないが、読み書きと計算という基礎教育なら小さいときに受けられるので、最下層の仕事につくように育てられる子供でも、仕事につく前にこれらの能力を身につけることは可能だ。国はごくわずかな資金を使えば、国民のほぼ全員が基礎教育を受けてこれらの能力を獲得するのを支援し、奨励することができるし、義務づけることすらできる。

国による支援では、基礎教育の普及のために、教会区や地域ごとに小さな学校を作り、下層労働者の親でも負担できるほど少額の授業料で子供たちが学べるようにし、教師の報酬の全額ではなく、一部を国が支給する方法がある。報酬の一部だけを国が支払うのは、報酬の全額を国が支払う場合、大部分を国が支払う場合ですら、教師はすぐに仕事を怠けるようになるはずだからだ。スコットランドでは、教会区の学校で庶民のほぼ全員に読み

を教え、大部分に書きと計算を教えている。イングランドでは慈善学校が同じ役割を果たしているが、学校がすべての地域にあるわけではないので、基礎教育はそれほど普及していない。こうした学校で読みを教えるのに使われている本がもう少し役立つものであれば、そして、庶民の子供に教えられることがあるが、まず役立つはずがないラテン語の初歩ではなく、幾何と力学の初歩を教育すれば、庶民の基礎教育はおそらく、完璧になるだろう。普通の職業ではほとんどの仕事に、幾何と力学の原理を応用できる機会がかならずあるので、とくに高級な学問とくに役立つ学問を学ぶときの入門として不可欠なこれらの原理を使い、理解を深めていくことができるだろう。

国による奨励では、基礎教育について、庶民の子供たちのうち成績優秀者に少額の賞金を与え、表彰して、学習を促す方法がある。

国による義務づけでは、国民のほぼ全員に基礎教育を受けるよう義務づけるために、これらの分野の試験に合格した後でなければ、同業組合の組合員になることも、農村や都市で営業許可を得ることもできないと規定する方法がある。

ギリシャとローマの共和国はまさにこれらの方法を使っており、武芸の習得を支援し、奨励し、国民のほぼ全員に武芸を習得するよう義務づけることで、市民の尚武の精神を維持した。国による支援では、武芸を学び訓練を受ける場所を指定し、その場所で教える特

権を何人かの教師に与えた。こうした教師は給与も排他的な特権も与えられていなかったようだ。報酬はすべて、生徒から受け取っていた。公的な場であるギムナジウムで訓練を受けても、私的に訓練を受けた人（ただし、武芸を同じ程度に習得した人）に対して法律上、有利になることはなかった。国による奨励では、成績優秀者に少額の賞金を与え、表彰した。オリュンピア、イストミア、ネメアの競技大会で受賞すれば、受賞者だけでなく、家族や一族まで称賛を受けた。国による義務づけでは、市民には、招集を受ければ一定の年数にわたって兵役に服する義務があり、兵役に耐えられるようにするには、武芸を習得していなければならなかった。

文明が進歩するとともに、政府が適切な支援策をとらないかぎり、武芸の訓練が行われなくなっていき、それとともに住民の大部分が尚武の精神を失っていくことは、近代ヨーロッパの現実に十分に示されている。そしてどの国でも、国防力はかならず、多かれ少なかれ住民の大多数の尚武の精神に左右されるはずである。現在では訓練の行き届いた常備軍がなければ、尚武の精神だけではおそらく、国を防衛し安全を保障することはできないだろう。だが、国民がみな兵士の精神をもっていれば、常備軍に必要な規模が小さくなるのは確かだ。それに、根拠があるにしろないにしろ、常備軍は自由を抑圧しかねないと一般に懸念されているが、国民に兵士の精神があれば、この危険がかならず大幅に低くなる

だろう。国民に尚武の精神があれば、外国からの侵略と戦う際に軍の作戦を大いに助ける要因になるが、常備軍が国の体制をくつがえそうとする不幸な事態になった場合、軍の行動を妨げる大きな要因になる。

古代のギリシャとローマの制度は、国民の大部分で尚武の精神を維持する点で、現在のいわゆる民兵組織よりはるかに有効だったようだ。はるかに単純でもあった。制度が確立した後は独立して活動し、政府がほとんど関与しなくても完全な活力を維持した。現在の民兵組織の場合、複雑な制度がそこそこ守られるようにするだけでも、政府がつねに懸命に努力する必要があり、そうしなければ、完全に無視され守られなくなる状態にすぐに陥っている。それに、古代の制度の方が、はるかに広範囲に影響を及ぼしていた。すべての市民が武器の使い方を完全に教えられていたのだ。現在の民兵組織では国民のごく一部に武器の使い方を教えられるだけであり、たぶん、例外はスイスの民兵組織だけだろう。だが、自分で自分の身を守ることができないか、報復することができない臆病者は明らかに、人間として基本的な部分の一つが欠けている。精神の重要な部分が失われ変形しているのであり、その点で身体の障害と変わらない。そして明らかに、身体の障害よりも不幸である。幸せなのか不幸せなのかはすべて心の問題であり、身体が健康か不健康かよりも、心が健康か不健康か、満足か不満足かに大きく左右されるはずだからだ。国民の尚武の精神

が国の防衛のために必要なわけではない場合でも、臆病であれば避けられない精神の歪みや惨めさが国民に広がるのを防ぐことは、政府が真剣に関与するに値する点である。不快な病気が発生したとき、命にかかわるほど危険な病気ではなくても、国民の間に広がらないように政府が真剣な対策をとるべきであるのと同じである。社会にとっては大きな不幸を防ぐこと以外にとくに利益になるわけではないとしても、政府が真剣に関与するべきである。

　文明社会で下層階級の理解力を低下させることが多い無知と愚かさについても、同じことがいえるだろう。人間に本来そなわっている知的な能力を適切に使っていない人は、臆病者とくらべてすら気の毒であり、人間としてさらに基本的な部分が欠けているのだと思える。国が下層階級の教育から何の利益を得られない場合でも、まったく教育を受けない状態にならないようにすることは、政府が真剣に関与するに値する点である。そして、下層階級の教育によって、国は少なからぬ利益を得られる。無知な民族では、狂信や迷信によって社会が大混乱に陥ることがあるが、教育が進めば、これらに惑わされにくくなる。それに、教育を受けた知的な人は、無知で愚かな人より、かならず礼儀ただしく、秩序を守る。自分はまともな人間だし、目上の人がまともな人間として対応してくれるはずだと考えており、そのため、目上の人間に敬意を示す傾向が強い。反対派や煽動者が政府の政

策に反対したとき、その裏にどのような利害が絡んでいるのかを考えようとするし、それを見抜く能力も高いので、理不尽な反対や、ためにする反対に踊らされにくい。自由な国では、政府の行動について国民がどこまで好意的な判断をくだすのかで政府の安定性がかなり左右されるので、国民が早まった判断や気まぐれな判断をくだす傾向をもたないことは、政府にとってきわめて重要なはずである。

第三項——生涯教育のための機関の経費

生涯教育のための機関とは主に、宗教教育のための機関である。宗教教育は現世で良き市民になるようにすることよりも、来世というもっと素晴らしい世界のために準備することを目的としている。宗教の教義を教える教師も、他の教師と同じように、信者の自発的な寄付だけに頼って生活している場合もあるし、所有地、十分の一税や土地税、決まった聖職給など、それぞれの国の法律で認められた財源から収入を得ている場合もある。他に収入源がある場合より、信者の寄付に頼っている場合の方が、教師ははるかに努力し、熱心で、勤勉である可能性が高い。この点から、新しい教団の聖職者はつねに、国教になっている古くからの教団を攻撃する際に有利な立場にあった。国教の教団では、聖職者が聖職給に安住して、大衆の熱心な信仰心を維持する努力を怠ってきたし、すっかり怠惰にな

って、教団を守るためにすら、熱心に働くことがまったくできなくなっているからだ。国教になり、しっかりした財源をもつ教団の聖職者は、高等教育を受けて上流階級の一員になり、紳士としての徳や、上流階級に尊敬される徳を備えていることが多い。教団が成功を収め、国教になったのはおそらく、大衆に権威と影響力を認められる性格を当初もっていたからだろうが、こうした性格は、良い意味でも悪い意味でも、徐々に失っていくことになりがちだ。こうした聖職者は、大衆の人気を集める大胆な教団、おそらくは無知で愚かな狂信者にすぎない集団から攻撃を受けると、呆然と立ちすくむだけになり、怠惰で軟弱で飽食にふけっているアジアの国が、活発で屈強で腹をすかせた北方の遊牧民の攻撃を受けたときのようになる。こうした聖職者は新興の教団から攻撃を受けると、官憲に働きかけ、治安を乱すものとして反対派を摘発するか、破壊するか、追放するよう求める以外に方法がないのが一般的である。このため、カトリック教会の聖職者はプロテスタントを摘発するよう官憲に求めたし、英国教会は非国教徒を摘発するよう官憲に求めている。どの教団も一世紀から二世紀にわたって国教の地位を維持していると、新興の教団に教義や戒律を攻撃されたとき、活発に応戦できなくなっていることに気づかされるのもこのためだ。こうした場合、教養や文章力の点では、国教の方が勝っていることもある。だが、人気を獲得する方法、改宗者を獲得する方法ではかならず、新興教団の方が優れている。イ

ングランドでは、豊富な財源をもつ国教会の聖職者はこれらの方法を長く無視してきており、いまではこれらを考えているのは、主に非国教徒とメソディストである。しかし、自発的な寄付、信託権など、法律の網をくぐる形で非国教徒の教師に生活費を提供するようになった地域が多いので、これら教師の熱心さと活動がかなり衰えたようだ。教師の多くは教養があり、賢明で、尊敬すべき人物になったが、一般に、大衆の人気を集める説教師ではなくなった。メソディストは教養の点では非国教徒に遠く及ばないが、はるかに人気を集めている。

　ローマ教会では、自己利益という強力な動機によって、末端の聖職者の熱意と勤勉さが、おそらく国教になったプロテスタント教団のどれとくらべても維持されている。末端の教会の神父は、収入のうちかなりの部分を信者の寄付で得ていることが多く、信者の告白を聞けば、この収入を増やす機会が多くなる。托鉢修道会は、収入のすべてを寄付で得ている。ある種の軍隊の雇い兵のようなもので、略奪しなければ給料はないのだ。末端の教会の神父は、収入の一部を給与で、残りを学生が支払う授業料で得ている教師に似た立場にあり、収入が多少なりとも勤勉さと名声に左右される。托鉢修道会は、収入がすべて勤勉さに左右される教師に似ている。そこで、托鉢修道会は庶民の宗教心を刺激するために、あらゆる方法を使うしかない。マキャベリが指摘しているように、ドミニコ修道会と

フランシスコ修道会という二大托鉢修道会が作られて、十三世紀と十四世紀にそれまで沈滞していたカトリック教会の信仰心が復活した。カトリックの国では、修道士と貧しい末端の神父が宗教心を支えている。地位の高い聖職者は、上流階級や社会人にふさわしい教養を身につけ、ときには学者にふさわしい教養をすべて身につけており、地位の低い聖職者に戒律を守らせることには十分に注意しているが、信者を教える努力をすることはめったにない。

飛び抜けて傑出した現代の哲学者、歴史家のデービッド・ヒュームは『イギリス史』でこう論じている。「一つの国にある職業のほとんどは、社会全体にとって利益になると同時に、一部の人にとって役立つし快適でもあるという性格をもっている。この場合に政府は、その職業を当初に導入する際はおそらく例外だろうが、その後は干渉を避け、その職業の振興を、それによって利益を得る人に任せる政策をとりつづけるべきである。手工業者は、顧客に喜ばれれば自分の利益が増えることに気づいて、できるかぎり腕を磨き、勤勉に働こうと努める。馬鹿げた干渉を受けなければ、商品はかならず需要にほぼ見合ったものになる。

だが、一部の職業は国にとって役立つものだし、必要ですらあるが、誰にとっても有利ではないし、快適でもないので、支配者はこうした職業については政策を変えるしかない。

こうした職業で生活できるように、政府が奨励策をとらなければならない。その場合、その職業を特別な名誉を伴うものにするか、いくつもの階層と厳しい上下関係を確立するなどの方法をとって、自然に仕事を怠けるようになるのを防がなければならない。たとえば、財政、海軍、行政の組織で働く人がここに入る。

一見、聖職者は第一の職業に分類されると思える。法律家や医者もそうだが、聖職者の場合にも、その教義を信じ、心の支えとすることで利益や慰めを得ている信者の寄付に任せておけば、政府が奨励策をとる必要はないと思えるはずだ。聖職者は疑いもなく、信者による寄付も動機になって、勤勉に注意深く任務を果たそうとするだろう。聖職者としての能力も、信者の心をつかむ方法も、経験、研究、観察の積み重ねによって、日に日に向上していくはずである。

だが、この点をもっと詳しく検討していくと、利害を背景とする聖職者の努力は、賢明な政治家なら防止策を検討すべき点であることが分かるはずだ。正しい宗教を除くどの宗教でも、聖職者のこうした努力はきわめて有害であり、正しい宗教の場合にも、強烈な迷信や狂信や妄想を持ち込んで歪みをもたらす要因にかならずなるからだ。宗教家はみな、神聖で特別な指導者だと信者にみられるようにするために、他の教団に対する激しい憎悪を煽り、信者の宗教心を呼び覚ますために、たえず新しい工夫をこらして努力するだろう。

教義を説くときに、真実や道徳や良識は考慮されなくなる。人の気まぐれな感情にとくに適した教義が、見境なくとりいれられる。大衆の激情と信じやすさにつけこむ新しい手法が開発され、秘密の会合に人びとが引きつけられる。そして政府はいずれ、聖職者向けの固定給を節約した付けが高くついたことに気づかされる。そして現実には、聖職者との妥協をはかり、一定の給与を支給して聖職者を買収し、信者という名の子羊が他の牧草地にさまよいでるのを防いでさえいれば、それ以上に熱心に活動する必要はない状態にして怠け心を刺激するのが、もっとも好ましく有利であることに気づかされる。こうして、国教を決めて支援する方法は、当初は一般に宗教上の見方から採用されるものだが、結局は、その国の政治的な利益という観点からも有利であることが証明されるのである」

ヒュームは以上のように論じたが、聖職者に定収入を与えた場合にどのような好影響や悪影響があるにしても、当初そのような政策がとられたときに、好影響や悪影響が考慮されたことはまずない。宗教対立が激しい時期は一般に、政治的な対立が激しい時期でもある。そのようなとき、各政党は対立しあっている教団のどれかと提携して有利な立場になっていることに気づくか、そうなりたいと考えるようになった。だがそのためには、提携する教団の教義を受け入れるか、少なくとも優遇する必要がある。幸運にも勝利をおさめた政党と提携していた教団は当然ながら、提携先の勝利の分け前にあずかり、優遇と保護

を受けて、敵対する教団のすべてをある程度まで沈黙させ、抑え込むことがすぐにできるようになった。敵対する教団は通常、勝利をおさめた政党の敵と提携していたので、その政党にとっても敵であった。こうして勝者と提携していた教団の聖職者は、宗教の戦場を完全に支配し、国民の大多数の間で影響力と権威がきわめて強くなったので、味方の政党の指導者すら威圧できるほど強力になり、政府に教団の意見と意向を尊重させるまでになった。通常、聖職者がまず求めるのは、敵対する教団を沈黙させ、抑え込むことである。つぎに求めるのは、教団に定収入を与えることである。教団は勝利に大きく貢献しているのが普通なので、戦利品の分け前を得るのは不当ではないと思えた。それに、聖職者は信者の機嫌をとるのに飽き飽きしていて、信者の気まぐれに収入が左右されるのを嫌っていた。定収入を要求するとき、聖職者は楽に生活できるようになりたいと考えていたのであり、教団の影響力と権威に将来、どのような影響が及ぶのかは考えていなかった。政府の側は、この要求を満たすには政府が獲得するか確保しておきたいものを教団に与えるしかないのだから、すぐに要求に応じることはまずない。そこで先送りと責任回避と言い逃れを続けることが多いが、それでも最後には必要に迫られて、要求を受け入れるしかなくなるのが通常であった。

しかし、政党が教団の支援を求めておらず、勝利をおさめた後にも一つの教団の教義を

他の教団の教義よりも優先させることがなければ、おそらくさまざまな教団をすべて平等に公平に扱い、国民がそれぞれ、適切と思う教団と聖職者を選べるようにしただろう。この場合には間違いなく、教団の数がきわめて多くなったはずだ。ほとんどすべての教会が小さな教団になり、それぞれ独自の教義をかかげるようになっただろう。聖職者は間違いなく、信者の数を維持し増やすために、最大限に努力する必要があると感じるはずだ。しかし他の聖職者もみな、同じ必要を感じているのだから、一人の聖職者や一つの教団が飛び抜けて成功することはありえない。利害を背景とする宗教指導者の積極的な熱意が危険になり、問題になるのは、その社会で一つの教団だけが活動を許されているか、社会全体が二、三の大教団に分かれていて、それぞれの教団の聖職者が共同行動をとり、教団の正式な規律と支配に服している場合である。社会に二百から三百、ことによれば二千から三千もの小さな教団があり、どの教団も社会の平安を脅かすほどの力をもちえない場合には、聖職者の熱意はまったく無害なはずだ。各教団の聖職者は、味方が少なく、多数の敵に囲まれていることを知っているので、率直で穏健な姿勢を学ばざるをえない。ところが大教団の場合には、その教義が政府に支持されていて、国内のほぼすべての居住者に敬意を払われており、周囲には信者と弟子と謙虚な崇拝者しかいないと思っているので、率直で穏健な姿勢をとる聖職者はほとんどいない。小さな教団の聖職者は、ほとんど孤立している

ことを知っている。このため、ほとんどの他教団の聖職者を尊重するしかなく、譲れる部分は譲り合うほうがよいと考えて妥協するようになり、いずれ大部分の教団の教義は、非合理や欺瞞や狂信の性格をもたなくなり、純粋で合理的な宗教の教義に近づいていくだろう。純粋で合理的な宗教は、どの時代にも賢者が国教にするよう望んできたものだが、どの国でもそういう宗教を国教とする法律が制定されたことはないし、今後もおそらくないだろう。宗教に関する法律の制定には、民衆の迷信と熱狂が多かれ少なかれ影響を与えてきたし、今後も影響を与え続けるとみられるからである。以上に述べた教会管理の方法、もっと適切に表現するなら教会無管理の方法は、独立教会派と呼ばれる教団、疑いもなく極端に狂信的な教団が、イングランドの政策として採用するよう、清教徒革命の末期に提案したものである。起源はきわめて非合理的であったが、この提案が採用されていれば、百年以上たったいまでは、宗教上のどのような種類の考え方についても、合理的な寛容と穏健の姿勢がとられるようになっていたはずだ。ペンシルベニアはこの政策を採用しており、クエーカー教徒がもっとも多いのだが、法律上、どの教団も優遇されておらず、寛容と穏健の合理的な姿勢が生まれてきたという。

　どの教団も平等に扱う政策によって、国内の教団のすべてで、教団の大部分ですら、寛容と穏健の姿勢が生まれてくることにならなかった場合でも、教団の数が十分に多く、そ

れぞれの教団が社会の平安を脅かすほどの規模でないのであれば、各教団が教義について熱意をもちすぎていても、極端な悪影響を社会に及ぼすことはなく、逆にいくつかの好影響を及ぼしうる。政府が宗教に一切干渉せず、各教団に対しても他の教団への干渉を禁じる政策を断固としてとっていれば、教団はまず間違いなく自然に分裂していき、すぐに十分な数になるだろう。

文明社会では、つまり階級の違いがはっきりするようになった後の社会では、道徳についての考え方や体系がいつも二種類ある。一方は厳格で禁欲的な考え方、他方は自由な考え方、だらしのないともいえる考え方である。厳格な考え方は通常、庶民が大切にし、尊敬する道徳観だ。自由な考え方は一般に、上流階級が大切にし、とりいれる道徳観である。浮かれ騒ぎという悪徳、景気が良いときや陽気なお祭騒ぎが行き過ぎたときに生まれがちな悪徳をどこまで非難するべきなのかが、二つの考え方の主な違いのようだ。自由な考え方では、贅沢、放縦、乱痴気騒ぎ、暴飲に近い快楽の追求、少なくとも男性の浮気などは、完全に羽目を外さないかぎり、そして嘘や不正につながらないかぎり、一般にかなりの程度まで大目にみられ、簡単に許容される。これに対して厳格な考え方では、こうした行き過ぎは極端に嫌われる。浮かれ騒ぎの悪徳は庶民にとって、つねに身の破滅をもたらすものであり、わずか一週間、軽率に浪費しただけで、下層労働者が破滅し、自暴自棄

になって極悪の犯罪を犯すまでになることもある。庶民のうち賢明で善良な人は、あっという間に破滅した貧乏人の例をいくつも知っているので、こうした行き過ぎをいつも極端に嫌っている。これに対して上流階級は、何年にもわたって浮かれ騒いでも破滅するとはかぎらないので、ある程度まで行き過ぎることができるのは資産家の利点の一つだし、非難も叱責も受けることなく贅沢ができるのは自分たちの特権の一つだと考えがちである。このため、同じ上流階級の人が浮かれ騒いでいてもほとんど非難せず、軽い叱責だけにとどめるか、まったく何もいわない。

教団はほぼすべて庶民のなかではじまり、初期の信者は庶民だし、その後も信者の大部分は庶民であるのが通常だ。このため、新しい教団のほとんどは厳格な道徳観を採用しており、例外も確かにあるが、きわめて少ない。新興の教団が既成宗教を改革する提案をはじめて庶民に訴えるとき、売り込みの最大の武器になるのがこの厳格な道徳観であった。新興教団の多くは、おそらく大部分は、この厳格な道徳観を純化し、愚かで無茶だともいえるほどにして信頼されようと努力してきた。そして行き過ぎた厳格さが他のどの点よりも、庶民の敬意を集めるのに役立ったことが少なくない。

地位と資産のある人はその立場上、社会のなかで目立つ存在なので、一挙一動が注目されていて、一挙一動に注意しなければならない。どれほどの権威と重要性のある人物とさ

れるのかは、社会のなかでどれほど敬意をもたれるかに大きく左右される。このため、社会で恥になり信用を落とすような行動は控えるし、厳格なものでも自由なものでも、社会通念上、自分の地位と資産にふさわしいとされている道徳観から外れる行動は、決してとらないように注意していなければならない。これに対して、下層の人は社会のなかで目立つようなことはまったくない。農村で生活していれば、行動がいつも注目されていて、行動に注意しなければならないかもしれない。このような状況では、このような状況にある場合だけは、体面や面目を保つ必要があるかもしれない。だが、大都市にでてくれば、名もない庶民の一人にすぎなくなる。自分の行動が観察され注目されることはないので、行動に注意しなくなり、あらゆる種類の浪費と悪徳にふけるようになる可能性が高い。名もない状態からうまく抜け出し、まともな集団のなかで自分の行動が注目されるようにするには、小さな教団の一員になるのが最善の方法である。入信した瞬間から、それ以前になかったほどの重要性を認められる。同じ教団に属する信徒は教団の名誉を守るために、その人の行動を見守り、何か問題を起こすか、ほぼかならず信徒に要求する厳格な道徳から大きく外れる行動をとった場合、きわめて厳しい処罰を与え、市民としての生活に影響することはないにしても、除名か破門にする。このため、小さな教団ではほとんどの場合、庶民の信者の道徳は驚くほど一定で秩序だっており、国教会の信者よりもはるかにそうな

っている。不快なほど厳格で非社交的な道徳を守っている場合すらある。

だが、きわめて簡単で効果的な方法が二つあり、国がこの二つを組み合わせれば、国内が多数の小さな教団に分かれていても、不快なほど厳格で非社交的な道徳を、暴力を使うことなくうまく矯正できる。

第一は、中流以上の地位と資産をもつ人のほぼ全員が、科学と哲学を学ぶようにする方法である。そのためには、教師に給与を支払って怠慢になるようにする方法ではなく、専門職につく許可を得るために、また信用と収入を伴う名誉ある地位の候補者になる資格を得るために、これらの試験で合格するよう義務づけ、さらに高度で難しい科目にも試験範囲を広げる方法をとる。国が中流以上の階級に学習を義務づければ、適切な教師を世話することまで考える必要はない。国が世話できる教師より優れた教師をみずからすぐに探し出すだろう。科学の学習は、狂信と迷信の害毒をおさえる偉大な解毒剤であり、中流以上の階級が狂信と迷信の害毒を受けなければ、下層の階級がこれらに触れる機会も大幅に少なくなる。

第二は、大衆がもっと頻繁に、もっと面白い娯楽を楽しめるようにする方法である。国が大衆娯楽を奨励するには、中傷や猥褻《わいせつ》にならないかぎり、自分の利益のために娯楽と気晴らしを提供しようとする人に完全な自由を認めるだけでいい。そうすれば、絵画、詩、

音楽、舞踊、各種の演劇や興行がさかんになって、ほぼいつでも大衆の迷信や狂信の温床になる陰鬱《いんうつ》な気分が大部分、簡単に吹き飛ぶだろう。大衆の娯楽はいつも、大衆の熱狂を引き出そうとする狂信的な煽動者にとって、恐れと憎しみの対象になってきた。娯楽や気晴らしによる陽気なお祭騒ぎは、煽動者の目的に適した精神状態、成功を収めやすい精神状態とは正反対である。それに、演劇は煽動者の手口を笑い飛ばすことが多く、ときには痛烈に非難するので、狂信的な煽動者がどの娯楽よりも激しく憎んでいる。

法律によってすべての教団の聖職者を平等に扱っている国では、どの聖職者も、主権者や政府に特別にか直接に依存する必要はない。主権者や政府は、聖職者の任命や解任にはまったく関与しない。こうした状況では、主権者や政府は聖職者について特別に関心をもつ必要はなく、どの国民についても行っていることだが、聖職者の間で平穏な関係が維持されるように、つまり迫害や攻撃や抑圧が起こらないように配慮するだけでいい。しかし、国教が決まっている国では事情がまったく違う。この場合、国教の聖職者の大部分に大きな影響を与える手段をもっていないかぎり、主権者の地位は安定しない。

国教になっている教団の聖職者は、大きな組織体になっている。一人の指導者の指揮にしたがっているかのように、一体になって行動でき、一つの計画にしたがって一致協力して教団の利益を追求できる。そして実際に一人の指導者が指揮していることも多い。組織

体としての教団の利害は、主権者の利害と一致していることはなく、直接に対立する場合もある。教団にとって最大の利害は、国民の間で教団の権威を維持することである。そして教団の権威は、教団が説く教義がすべて正しく重要なものだとみられているかどうか、教義のすべての部分を絶対のものとして信じなければ永遠の苦しみは避けられないとみられているかどうかに左右される。主権者が教義のごく些細な部分ですら馬鹿にしているか疑いをもっていると思わせるような迂《う》闊《かつ》なことをするか、そうしたことをした人を人道の観点から保護しようとすると、主権者に依存していない聖職者が細部へのこだわりをただちに発揮し、神を冒瀆する人物だと主権者を非難し、宗教上のあらゆる脅しを使って、もっと信仰心のあつい忠実な君主に忠誠を誓うよう、国民に強制しようとする。主権者が聖職者の主張や越権に反対すれば、危険は同じように大きい。このような方法で教会にあえて逆らった君主は、みずからの信仰と、教会が君主に示すのが適切だと考えたすべての教義への服従とを厳粛に表明しても、反逆の罪に加えて、異端の罪まで負わされるのが通常である。宗教の権威は他のどの権威よりも高い。宗教が呼び起こす恐怖は、他の恐怖をすべて消し去るほど強い。権威ある宗教指導者が主権者の権力をくつがえすよう求める教義を国民に宣伝したとき、主権者が権力を維持するには暴力、つまり常備軍を使うしかない。だが、常備軍すら主権者の安全を長く保障するものにはならない。兵士が外国人であ

ることはめったになく、ほとんどの場合に自国民で構成されているので、すぐにそうした教義を信じるようになる可能性が高い。東ローマ帝国では滅亡までの間、ギリシャ正教の聖職者が起こした騒動でコンスタンチノープルがたえず混乱していたし、ヨーロッパの各地が何世紀にもわたって、ローマ教会の聖職者が起こした騒動で混乱した事実をみれば、強い力をもつ国教の聖職者に影響を与える適切な手段をもたない主権者が、いかに危うく不安定な状況におかれるかがよく分かる。

信仰などの心の問題が世俗の主権者が扱うべき範囲に入らないことは明白である。主権者は国民を保護する点では十分な力をもっているかもしれないが、国民を教化する資格があるとされることはまずない。したがって、宗教に関する問題では、国教の聖職者が全体としてもつ権威に対抗できるほど、主権者が権威をもっていることはめったにない。だが、社会の平穏と主権者自身の安全は、聖職者がこれらの点について広めるべきだと考える教義に左右されることが多い。主権者は、聖職者の決定に真正面から反対するだけの力と権威をもっていることはまずないので、聖職者の決定に影響を与える力が必要である。そのためには、聖職者の大部分に恐れか期待を抱かせる方法をとるしかない。罷免などの処罰を受ける恐れと、さらに昇進できるという期待である。

キリスト教のどの教団でも、聖職給は無条件の権利である。いつでも取り上げられるも

のではなく、一生の間、不祥事を起こさないかぎり続く権利である。聖職給がもっと不安定で、主権者か閣僚を少しでも怒らせればすぐに取り上げられるのであれば、聖職者はおそらく信徒に対する権威を維持できないだろう。聖職者は政府に頭のあがらない雇われの身だとされて、その教えが誠実なものだとは誰も考えないだろう。だが、たとえば党派的か煽動的な教義を普通以上に熱心に教えたことを理由に、主権者が、慣例に反して何人かの聖職者から聖職給を暴力的に奪おうとすれば、その聖職者と教義が迫害を受けたとされ、十倍も人気を集めるだけになり、したがって、それ以前より十倍も厄介で危険になるだけになる。恐れを抱かせようとするのはほとんどの場合、支配の方法として最悪であり、ごくわずかでも自主独立の気概をもつ階級の人物に対してはとくに、決して使ってはならない。こうした人物を威嚇しようとすると、悪感情が強まって政府に反対する意思が固まるだけになる。もっと穏やかな方法を使えば、じつに簡単に反対の意思を和らげるか、捨てる可能性があるのだが。フランス政府は、国内各地の高等裁判所に不人気な勅令を登録させようとするとき、暴力を使うのをつねとしてきたが、成功することはめったになかった。頑強な反対派の全員を投獄する方法を通常とっているのだから、十分な効果があるはずだと思えるだろうが、それでも成功していない。イングランドでもスチュアート朝の王が何度か、同じ方法で議員の何人かを押さえつけようとしたが、やはり成功していない。

イギリス議会はいまでは、別の方法で操縦されている。ショワズール公爵が十年少し前に、パリ高等裁判所を操縦するために小さな実験を行い、同じ方法を使えばフランス各地の高等裁判所をもっと簡単に操縦できることを示した。だが、この実験は打ち切られた。政府にとってつねに、操縦と説得はもっとも簡単で安全な方法であり、威嚇と暴力はもっとも悪く危険な方法なのだが、人は傲慢なので、最悪の方法を使えないか使う勇気がない場合以外には、最善の方法を使うのをほぼいつも嫌うのだと思える。フランス政府は力を威嚇と暴力を使う能力も勇気ももっていたので、操縦と説得の方法を使うのを嫌った。しかし、どの時代の事実をみても、尊敬されている国教の聖職者ほど、威嚇と暴力で押さえつけるのが政府にとって危険だし、破滅すらもたらしかねない階級はないように思える。教団内での評判が良い聖職者に対しては、とりわけ専制的な政府でも、地位と資産がほぼ同じ階級の誰に対してよりも、権利や特権、自由を認めている。寛大なフランス政府から狂暴な東ローマ帝国政府まで、専制政治の厳しさにかかわらずそうしている。聖職者は暴力で押さえつけることはまずできないが、他の階級と同じように、うまく操縦することはできるだろう。主権者の安全と社会の平穏は、主権者が聖職者を操縦する手段に大きく左右されるようだ。そして、主権者が使える手段は、聖職者を昇進させる権限以外にないと思える。

キリスト教会の古い制度では、各司教区の司教は、その都市の聖職者と信徒の投票で決められていた。信徒が投票権をもっていた時期はそう長くはなかった。投票権をもっていた時期にもほとんどの場合に、宗教上の問題で自然な指導者だと思える聖職者の意向にしたがって投票していた。だが、聖職者はすぐに信徒に投票を求める手間を嫌がるようになり、自分たちだけで司教を選ぶほうが簡単だと考えるようになった。修道院長も、少なくとも大部分の修道院区で、修道院の修道士によって選ばれていた。司教区内にある下級の聖職は、司教が適切と考える聖職者に授けていた。このようにして、教会内の昇進はすべて、教会が決めていた。主権者は、ある程度まで間接的に影響を与えられる場合もあるだろうし、選挙の実施と結果について同意を求められるのが慣例になっている場合もあったが、聖職者を管理し操縦する直接の手段や十分な手段はもっていなかった。昇進を望む聖職者は当然ながら、主権者よりも、自分を昇進させてくれると期待できる教団に気をつかうことになった。

ヨーロッパの大部分で、ローマ法王はまず司教と修道院長という上級聖職の任命権を徐々に手中に収め、つぎにさまざまな術策と口実を使って、各司教区内にある下級の聖職の任命権もほとんど手中に収めた。司教には、司教区内の聖職者に対してそれなりの権威を維持するのに必要な権限以外は、ほとんど残さなくなった。この仕組みによって、主権

者の立場はそれ以前よりさらに悪くなった。ヨーロッパ各国の聖職者は一種の宗教軍に組織され、各地に分散してはいるが、移動も作戦も一人の指揮にしたがい、共通の計画のもとで行われるようになった。それぞれの国の聖職者は、この軍隊から派遣された部隊だともいえるものになり、作戦の遂行にあたっては、周囲の国に駐留する各部隊から簡単に支援を得られるようになった。各部隊は、駐留し、収入を得ている国の主権者から独立しているうえ、外国の主権者であるローマ法王に従属している。そしてローマ法王は、この部隊をいつでも国の主権者との戦いに動員できるし、その際には、周囲の国に駐留する部隊に支援するよう指示できるのだ。

こうした軍隊は想像もできないほど強力であった。製造業が確立する以前のヨーロッパの旧秩序では、大領主が富を背景に家来、借地人、従者に対して大きな影響力をもっていたのと同様に、聖職者も富を背景に信徒に対して大きな影響力をもっていた。教会は信仰をはきちがえた国王や大地主から大量の土地を寄付され、所有地内では、大領主が領地内でもつのと同様の統治権を、大領主の場合と同じ理由でもっていた。所有地内では聖職者かその管理人が、国王からも他の誰からも支援や助力を受けることなく秩序を維持でき、そこでは国王も他の誰も、聖職者から支援や助力を受けなければ秩序を維持できなかった。大領主が領地内で国王から独立した統治権を排他的にもっていたように、教会の所有

地内では、聖職者が排他的で独立した統治権をもっていたのである。教会所有地の借地人は、大領主の借地人と同様に、ほぼ全員がいつでも契約を打ち切られる任意終了借地人であり、地主である聖職者に完全に依存していた。地主である聖職者が戦いに動員すべきだと考えれば、借地人はいつでも動員される立場にあった。聖職者は所有地で得られる地代以外に、ヨーロッパのすべての王国で、所有地以外の土地の地代のうちかなりの部分を十分の一税によって得ていた。地代と十分の一税の大部分は穀物、ワイン、家畜、家禽などの現物で支払われた。その量は聖職者が消費できる量を大幅に上回っていたし、余った部分と交換できる製品を作る製造業は発達していなかった。こうして大量に余る土地生産物を活用するには、大領主が収入のうち余った部分を利用する際と同様に、気前よく食事などをふるまうか、大規模な慈善事業を行うしか方法がなかった。このため、聖職者は昔、きわめて大規模にもてなしと慈善を行っていたといわれている。どの国でも、貧困層のほぼ全員を養っていたし、かなりの数の騎士や従者が信仰のためという建前のもと、実際には聖職者からもてなしを受けるために、各地の修道院をわたり歩く以外に生計の道をもっていなかった。地位の高い聖職者のなかには、最大級の領主よりも大量の従者に囲まれている人もいたし、聖職者が抱えている従者を合計すると、おそらくは領主が抱えている従者の合計より数が多かった。そして、聖職者は領主よりはるかに団結心が強かった。聖職

者は法王の権威にしたがい、正式な規律にしたがっていた。領主の場合にはしたがうべき権威や規律はなく、ほとんどいつも対立しあい、国王とも対立していた。このため、聖職者は大領主とくらべて、配下の従者と借地人を合計した数が少なかっただろうし、とくに借地人の数はおそらくかなり少なかっただろうが、団結していたので、領主より強力だったはずだ。もてなしと慈善によって、大量の信徒を動員し指揮できただけでなく、宗教的な武器の力も大幅に強まっていた。もてなしと慈善という気高い行いによって、下層階級の全員に尊敬されていた。下層階級には聖職者の慈善活動でいつも養われている人が多く、ほとんど全員が少なくとも何度かは養われたことがあったのだ。それほど尊敬されている聖職者に属するか関連するものはすべて、所有物も特権も教義も、庶民の目にはかならず神聖なものだと思えたし、それらの神聖なものを侵害するとされた行為は、事実であってもなくても、神を冒瀆する極悪の行いだと思えた。こうした状況で、主権者は何人かの大領主の同盟に対抗することすら難しいほど力が弱かったのだから、周囲の国の聖職者に支援を受けた国内の聖職者が団結した力に対抗するのが一層難しかったのは、驚くに値しないはずである。そうした状況で驚くべきは、主権者が聖職者にときとして屈伏したことではなく、対抗できる場合があったことである。

　こうした古い時代に聖職者がもっていた特権（いまの時代に生きる人間には、まったく

馬鹿げていると思えるが）、たとえばいわゆる聖職者特権によって裁判所での刑事手続きの対象外とされていた点は、こうした状況の自然な結果であり、必然の結果であったとすらいえる。犯罪を犯した聖職者を罰するのは、他の聖職者が被告を守ろうとし、神聖な人物を罰するには証拠が不十分だとか、宗教によって神聖化されている人物に対して処罰が厳しすぎるとか主張しようとする場合には、主権者にとってきわめて危険だったはずである。この場合、教会裁判所に裁判と処罰を任せるのが、主権者にとって最善の方法であった。教会裁判所は教会の名誉を守るために、聖職者のなかから極悪な犯罪を犯すものがでないように、信徒に嫌われかねない大きな醜聞を起こすものすらでないように、最大限に注意するからである。

ヨーロッパの大部分で十世紀から、十一世紀、十二世紀、十三世紀にかけて、そしてその前後のかなりの期間にわたって続いた状況では、ローマ教会は、政府の権威と安全に対して、さらには政府が保護する力をもたないかぎり開花できない人類の自由と理性と幸福に対して、かつてなかったほどの脅威を与える組織になっていた。この組織では、最悪の迷信すらきわめて多数の人の利害によって支えられていたので、人類の理性によって暴かれる危険がまったくない状態になっていた。人には理性があるので、迷信のいくつかを暴いて、庶民の目にも惑わしにすぎないと理解できるようにすることはできるかもしれない

が、利害関係による結びつきを解体することはできなかったからだ。この組織は、人類の理性による弱々しい努力以外に何の攻撃も受けなかったとするなら、永遠に続いていただろう。だが、人間が知恵と徳をつくしても揺るがすことができず、ましてくつがえすことなどできなかった巨大で頑強な組織が、ものごとの自然の動きによって、まずは弱まり、後に一部が破壊され、おそらく今後何世紀かのうちに、まったく崩壊すると思える状況になっている。

商工業が徐々に発達して、大領主の権力が破壊されたのと同じ要因で、ヨーロッパの大部分で、聖職者がもっていた世俗の権力がすべて破壊されていった。商工業の製品は大領主にとってそうであったように、聖職者にとっても土地生産物と交換できるものであり、したがって、収入のかなりの部分を他人に分け与えるのではなく、自分で使い切る方法になった。その結果、大規模だった慈善事業が徐々に縮小し、もてなしが寛大でも気前のよいものでもなくなっていった。従者の数は減り、徐々にいなくなっていった。聖職者も大領主と同様に、所有地からの地代収入を増やして、愚かな虚栄心を満足させたいと望むようになった。だが、地代を増やすには借地人に長期の借地権を認めるしかなく、その結果、借地人は聖職者からかなりの程度まで独立するようになった。庶民を聖職者に縛りつけていた利害関係による結びつきはこうして、徐々に解体し、消滅していった。庶民を大領主

に縛りつけていた結びつきより、解体と消滅が早かったとすらいえる。教会の聖職給はほとんどの場合、大領主の領地よりもはるかに小さいので、聖職給の保有者は収入のすべてを自分で簡単に使い切ることができたからである。十四世紀から十五世紀にかけて、ヨーロッパの大部分で大領主の力は全盛期をむかえていたが、聖職者がもっていた世俗の権力、つまり庶民に対する絶対的な支配力はかなりの程度衰えていた。教会の力はヨーロッパの大部分ですでに、宗教的な権威によるものだけにほぼ限られるようになっていたのだ。そして宗教的な権威すら、聖職者のもてなしと慈善活動という支えがなくなって、かなり低くなった。下層階級は以前とは違って、聖職者が苦労を慰め、苦境を救ってくれるとは考えなくなった。それどころか、裕福な聖職者の虚栄心、贅沢、浪費に怒りと嫌悪を向けるようになった。以前には貧困層のための財産だとされてきたものを、自分の楽しみのために使っていると思えたからだ。

　こうした状況になると、ヨーロッパ各国の主権者は、各司教区で司祭会とその代表が司教を選び、修道院の修道士が修道院長を選ぶ昔の権利を回復できるようにとりはからって、教会内での昇進に対して昔もっていた影響力を回復しようとつとめた。この昔の制度の回復が、十四世紀にイングランドで制定されたさまざまな法律、とくに聖職後任者法の目的になり、フランスでも十五世紀の法王権制限詔勅の目的になっている。聖職者の選任

にあたって、主権者が事前に同意し、事後に承認を与えることが必要になった。それでも選挙は自由だとされていたが、主権者は主権者という立場でもつさまざまな間接的手段を使って、国内の聖職者に影響を与えることができた。同じ目的をもった法規が、ヨーロッパの他国でも制定されている。しかし、上級聖職者の選任に関するローマ法王の権力を十分に、そして広範囲に抑制できていたのは、宗教改革前にはフランスとイングランドだけだったようだ。その後、十六世紀の政教条約によって、フランス国王はフランス国教会での上級聖職を推薦する絶対的な権利を獲得した。

　法王権制限詔勅が制定され、政教条約が結ばれた後、フランスでは他のカトリック国とくらべて、聖職者が全般に法王庁の布告を尊重しなくなった。国王とローマ法王が対立すると、ほぼかならず国王の側につくようになった。このようにフランスの聖職者が法王庁から独立したのは主に、法王権制限詔勅と政教条約のためのようだ。それ以前には、フランスでも他国と同じように、聖職者が法王にはるかに忠実であった。カペー王朝のロベール二世（治世九九六～一〇三一年）がまったく不当な理由でローマ法王庁に破門されたとき、召使が国王の食卓から下げた料理を犬に食べさせ、破門された人が触った料理など汚らわしいといって、自分では食べようとしなかったという。国内の聖職者にそうするよう教えられたからだと考えて、まず間違いない。

教会の主要な聖職の任命権は、法王庁が主要なキリスト教国の主権者を揺さぶり、ときには退位させてまで守ろうとしてきた点だが、宗教改革以前にすらこのように、ヨーロッパの各国で制限され、変更され、完全に放棄すらされていた。信徒に対する聖職者の影響力が弱まったことで、聖職者に対する国の影響力が強まった。このため、聖職者は国の平穏を乱す力をあまりもたなくなり、乱そうとすることも少なくなった。

ローマ教会の力がこのように衰えてきたときに、宗教改革のきっかけとなった論争がドイツではじまり、すぐにヨーロッパ全体に広がった。新しい教義はどの地域でも、民衆に熱狂的に歓迎された。新しい教団が既成の権威を攻撃するときに特有の狂信的な熱意で、宣伝されていった。こうした教義を広めた聖職者はおそらく、既成の教会を守ろうとした神学者とくらべて優れた知識をもっていたわけではないのだろうが、教会の歴史や、教会の権威を裏付けていた考え方の起源と発達については一般にはるかに豊富な知識をもっており、このためにほとんどどの論争でも、ある程度優勢になっている。生活が質素だった点で、庶民に信頼された。カトリック教会の聖職者の大部分で生活が乱れていたので、戒律を厳しく守る姿勢は対照的だった。それに、人気を獲得する方法、改宗者を獲得する方法をはるかに磨いていた。これらの方法は、カトリック教会の高慢尊大な聖職者にとって、ほとんど必要がなくなっていたので、長年にわたって無視されていたのである。新し

い教義を受け入れた人のなかには、理論にひかれた人もいた。新しさにひかれた人はもっと多かった。権威ある聖職者に対する憎しみと侮蔑にひかれた人はさらに多かった。だが、ほとんどどこでも、素朴で粗削りな場合も少なくなかったにせよ、情熱的に説かれた点にひかれた人の方がはるかに多かった。

新しい教義はほとんどどこでも大成功を収めたので、そのときにたまたまローマ法王庁との関係が悪かった国王は新しい教義を受け入れる方法を使って、自国内で簡単に教会の支配をくつがえすことができ、教会は下層階級に尊敬されなくなっていたので、抵抗らしい抵抗もできなかった。法王庁はドイツ北部にある小王国のいくつかと対立していた。おそらくこんな小さな国の機嫌をとる必要はないと考えたのだろう。このためこれらの小国はみな、国内で宗教改革を実施した。デンマーク国王でスウェーデン国王でもあったクリスティアン二世（治世一五一三～二三年）とウプサラ大司教のトロールは圧政で有名だったので、グスタフ・バーサが二人をスウェーデンから追い出すことができた。ローマ法王は二人を支援していたので、スウェーデン国王になったグスタフ一世は宗教改革を簡単に実施できた。クリスティアン二世はデンマークでも嫌われていたので、デンマーク国王の地位もすぐに失った。ローマ法王はそれでもクリスティアン二世を擁護しようとしたので、国王になったフレデリク一世は、グスタフ一世の例にならって宗教改革を実施して報復して

いる。ベルンとチューリヒでは政府はとくにローマ法王と対立していたわけではなかったが、聖職者の一部の目に余る不正行為があった直後で、カトリック教会が嫌われ軽蔑されていたため、簡単に宗教改革を実施できた。

このような危機的状況にあって、法王庁はフランスとスペインの強力な国王を味方につけるために努力した。当時、スペイン国王は神聖ローマ帝国の皇帝でもあった。この二人の支援を受けて、法王庁はそれぞれの領土内で宗教改革の動きを制圧するか、押し止めることができたが、簡単ではなかったし、かなりの流血を伴うことにもなった。法王庁はイングランド王の機嫌もとりたいと考えていたはずだが、当時の状況では、もっと強大なスペイン国王カルロス一世（神聖ローマ帝国皇帝としてはカール五世）を怒らせることになる。このため、イングランド国王のヘンリー八世（治世一五〇九～四七年）は宗教改革の教義をほとんど信じていなかったが、当時の流行に乗じて、国内の修道院をすべて廃止し、ローマ教会の権威を失墜させることができた。ヘンリー八世はそれ以上のことはしなかったが、宗教改革の指導者はそれである程度満足し、跡を継いだ息子のエドワード六世の時代（治世一五四七～五三年）に政権を握って、宗教改革を簡単に完成した。

スコットランドなど、政府が弱く、人気がなく、基礎が強固でなかった国では、宗教改革の動きはきわめて強力で、カトリック教会だけでなく、教会を擁護しようとした政府ま

で転覆しかねないほどであった。

宗教改革の信奉者はヨーロッパの各地に分散していて、内部の論争に決着をつけ、疑う余地のない権威ある立場から教義の限界を指し示す最高機関、カトリック教会のローマ法王庁や公会議のような機関はない。このため、ある国の宗教改革信奉者が他国の信奉者と意見が違っていた場合、どちらが正しいのかの判断をくだす機関はないので、意見の違いは解消されない。そして、意見の対立は多かった。教会の管理と聖職給の授与権に関する対立がおそらく、社会の平和と福祉という観点からとくに関心を集める点であった。この点に関する対立から、宗教改革派に主要な二つの宗派が生まれた。ルター主義とカルバン主義である。宗教改革で生まれた宗派のうち、ヨーロッパで法律によって教義と戒律が認められたのは、この二つの宗派だけである。

ルター派といわゆるイングランド国教会は、監督制を多かれ少なかれ維持し、聖職者の間に上下関係を確立し、主権者に国内の監督や主教などの上級聖職の任命権を認めて、主権者を教会の真の首長とした。監督や主教は管区内の聖職を選任する権利を維持したが、主権者にも聖職任命権をもつ信徒にも、これらの下級聖職についてさえ、候補者の推薦を認めるだけでなく、奨励した。この監督制の仕組みは当初から国内の平和と秩序を維持し、主権者への服従を維持する要因になった。したがって、この仕組みが確立した国で

は、騒乱や内戦は起こっていない。とくにイングランド国教会は当初から、この仕組みをきわめて忠実に守ってきたことを誇っており、そう誇る理由は十分にある。こうした監督制のもとで、聖職者は当然、国王、宮廷、地方の貴族などの上流階級に自分を売り込み、推薦を受けて昇進しようと考える。ときにはきわめて下劣な追従や迎合で有力者に取り入ろうとすることももちろんあるが、地位と資産のある人に評価される教養、したがってこれらの人に尊敬される可能性が高い教養を身につける方法をとることも少なくない。たとえば、実用的な知識や優雅な知識を幅広く身につけ、上品で寛大な態度をとり、社交の場で気持ちのよい会話ができるといった点であり、また、偽善的で馬鹿げた禁欲主義を軽蔑する姿勢をはっきりさせることも重要である。狂信派は禁欲主義を民衆に説き、自分は禁欲をつらぬいていると主張するが、それは自分が民衆に尊敬されるようにし、禁欲を行わないと公言している地位と資産のある人の大部分に対する民衆の憎悪をあおるためなのだ。だが、禁欲主義を軽蔑する聖職者は、上流階級に取り入ろうとするが、下層階級に対する影響力と権威を維持する手段を無視することになりやすい。目上の人には高く評価され、意見も聞いてもらえるが、下層の人に対するときには、とんでもなく無知な狂信者から攻撃を受けたときですら、冷静で穏健な教義をうまく擁護して、聞き手を説得することができない場合が少なくない。

これに対して、フルドライヒ・ツビングリの教え、正確にはジャン・カルバンの教えの信奉者は、各教会区の信徒に、空席になった牧師を選出する権利を与えた。そして、牧師の間に完全に平等な関係を確立した。この仕組みのうち、信徒が牧師を選出する制度は、それが維持されていた間、無秩序と混乱を生み出すばかりで、牧師の道徳心と信徒の道徳心をどちらも同じように腐敗させたようだ。牧師の間の平等は、好ましい影響だけを与えたようだ。

信徒は教会区の牧師を選出する権利をもっていた間、ほぼいつも聖職者の影響を受け、そして通常はとくに狂信的で党派心の強い聖職者の影響を受けて行動した。聖職者の多くは牧師選挙での影響力を維持するために、狂信的になるか狂信者を装うようになり、信徒に狂信的な信仰を奨励し、ほとんどいつも、もっとも狂信的な候補者を支持した。このため、教会区の牧師の選挙という小さな問題によってほとんどいつも、その教会区で激しい抗争が起こるだけでなく、かならずといえるほど抗争に加わってくる周囲の教会区まで巻き込んで、大規模な抗争が起こることになった。その教会区が大都市にあれば、全住民が二つの派に分かれて争うことになる。その市が小さな都市国家になっているか、スイスやオランダの大都市のように、小共和国の首都であれば、この種の小さな抗争は、党派間の敵意を激化させるうえ、教会の分裂と政治的な対立をもたらしかねなかった。そこで小さ

な共和国の政府はすぐに、社会の平穏を維持するために、牧師の推薦権を握る必要があると判断するようになった。スコットランドはこうして確立した長老制の教会制度を採用した国のなかで、国土がもっとも広い国だが、ウィリアム三世の時代（一六八九～一七〇一年）の初めに長老制を確立した法律で、聖職推薦権が事実上廃止された。そして、各教会区のある階層の人が少額を支払えば、教会区の牧師を選出する権利を得られるようにした。この法律で作られた制度は二十二年続いたが、アン女王治世の一七一一年の法律によって、幅広い国民が参加する選挙で各地に混乱と無秩序が生まれたとの理由で廃止された。しかしスコットランドほど広大な国では、地方の教会区で混乱が起こっても、小国の場合とは違って、政治が混乱するほどの騒ぎになるとは考えにくい。アン女王治世の法律で、聖職推薦権が復活した。だがスコットランドでは、推薦権保有者が推薦した人物に例外なくその聖職が与えられると法律で定められているが、教会はときに（教会の姿勢は一貫していないが）、推薦された人物を牧師にする前に、教会区の信徒の同意を求めることがあった。そして場合によっては、教会区の平穏を懸念するとの建前から、信徒の同意が得られるまで決定を先送りすることがあった。近隣の牧師がときにはこの同意を得られるように、たいていはこの同意を妨げるために、個人としてこの過程に介入する場合がある。そうした場合に介入の効果を高められるように、信徒を説得する方法を牧師が磨いたことがおそら

くは主な原因になって、スコットランドでは聖職者にも信徒にも、昔の熱狂的な信仰心がある程度残っているのだろう。

長老制の教会制度で確立されている牧師の間の平等とは、第一に宗教的な権威の平等、第二に聖職給の平等を意味する。長老制の教団ではどこでも、宗教的権威は完全に平等である。聖職給は完全に平等になっているわけではない。だが、聖職給が少ない牧師が下劣な追従や迎合で長老に取り入って、もっと俸給の多い聖職を得ようとするほどの差があることはめったにない。聖職推薦権が確立している長老制の教団ではどこでも、聖職についている牧師が目上の人に認められようと努力するときに使うのは、高尚で立派な手段、つまり学識を深め、非の打ち所のない態度で生活し、牧師としての義務を誠実に熱心にはたすことである。教会の長老が牧師の独立心を嘆くことが少なくないし、そうした場合には、牧師に推薦したのに恩知らずだとされることが多いが、最悪でもおそらく、同じような好意を期待する機会はもうないという認識から自然に生まれる無関心にすぎない場合がほとんどだろう。オランダ、ジュネーブ、スイス、スコットランドの長老派教会牧師ほど、学識があり、親切で、独立精神があり、尊敬に値する人が多数集まっているところは、ヨーロッパにはまずめったにない。

教団内で聖職給がすべてほぼ同じになっていれば、誰かの聖職給が特別に高くなるはず

はないし、この俸給の低さは、低すぎになる可能性がもちろんあるにしても、好ましい影響を与える。資産をそれほどもたない人の場合、模範的な道徳心ほど名声を高めるものはない。軽薄さや虚栄心といった悪徳があれば、かならず笑い物にされるし、俸給の少ない牧師にとっては、庶民の場合と変わらないほど、破滅への道になる。このため、庶民が尊敬する道徳体系にしたがって行動するしかない。牧師は自分の利害と状況を考えれば当然の生活態度をとることで、庶民に尊敬され、愛情をもたれるようになる。庶民は牧師について、本当ならもっと豊かな生活をおくれるはずなのに、自分たちとそれほど変わらない質素な生活をしていると考え、そういう人に自然にもつ好意を牧師に対してもつことになる。庶民が好意をもてば、牧師も自然に親切になる。庶民に注意深く教義を教えるし、庶民を助け、苦しみを和らげることにも熱心になる。自分に好意をもつ庶民の偏見を見下すことはなく、十分に寄付を集める豊かな教会の誇り高い聖職者によくみられるような傲慢で人を小馬鹿にした態度で庶民に接することはない。このため、長老派教会の牧師は、おそらくどの国教会の聖職者と比較しても、庶民の心をうまくつかんでいる。庶民が迫害を受けなくてもほとんど全員、国教に改宗した国は、長老派が国教になっている国だけである。

聖職給がほとんどの場合に低い国では、大学の教授職の方が一般に聖職よりも収入が多

い。このような国の大学は、聖職者のなかから教授を選んでいる。どの国でも、もっとも多くの学者をかかえているのは教会だからだ。逆に、聖職給がきわめて高い場合が多い国では、教会は当然ながら、大学から有名な学者を引き抜いている。そうした学者は一般に有力な後援者をみつけるし、後援者は学者に教会の高い地位を用意するのが自分の名誉になると考えるからである。聖職給が低い国では、その国を代表する優れた学者が、大学に集まっている可能性が高い。聖職給が高い場合が多い国では、大学には優れた学者がほとんどいない可能性が高いし、ごく少数いても若い学者であり、大学にとって役立つほどの経験と知識を獲得する前に教会に引き抜かれることになるだろう。フランスの思想家、ボルテールによれば、イエズス会のシャルル・ポレー神父は学界ではそれほど著名ではないが、フランスの大学教授のなかで読むに値する本を書いた唯一の人物だという。フランスは優れた学者を輩出しているので、そのなかに大学教授が一人しかいないのは奇妙だと思えるはずである。著名な哲学者のピエール・ガッサンディは当初、エクス大学の教授であった。才能を発揮するようになると、教会にいけばはるかに静かで快適な生活をおくれるし、研究を進めるうえでも環境がいいと助言され、すぐにこの助言に従っている。ボルテールの見方はフランスだけでなく、カトリックの国すべてにいえることだと思われる。カトリックのどの国でも、優れた学者が大学教授である例はほとんどない。例外は法学と医

学だけであり、これらの分野では教会が優れた教授を引く抜く可能性は低い。ローマ教会以外では、おそらくイングランド国教会がキリスト教の教団のなかで飛び抜けて豊かであり、寄付も多い。このためイングランドでは、教会が大学からとくに優秀な教授をたえず引き抜いている。ヨーロッパ全体に名を知られた優れた学者が大学の指導教官になっている例は、イングランドではカトリックの国と変わらないほど少ない。これに対して、スイスのプロテスタントの州であるジュネーブや、プロテスタントの国であるドイツ、オランダ、スコットランド、スウェーデン、デンマークでは、国を代表する優れた学者は、全員ではなくても大部分、大学の教授である。大学が教会からたえず、優れた学者を引き抜いているからだ。

おそらく注目に値する点だろうが、詩人、少数の雄弁家、少数の歴史家を除けば、ギリシャとローマの優れた著者の大部分は、学校の教師か個人教師として、哲学か修辞学を教えていたようだ。リュシアスとイソクラテスの時代から、プラトンとアリストテレスの時代を経て、プルタルコスとエピクテトゥス、スエトニウスとクインティリアヌスの時代まで、そうだったといえる。学問のある部門を毎年教える義務を課すのは、実際のところ、その部門を完全に習得するよう促す方法として、もっとも効果的なのだと思える。毎年同じ道を歩むよう義務づけられているのだから、見どころのある人物であれば、数年もすれ

ばすべての部分を熟知するようになるはずだ。ある年に十分に考え抜いていなかった部分があっても、翌年に同じ講義で同じ箇所にさしかかったときに再考する機会があるので、間違いを訂正するだろう。学者にとって学問を教えるのが自然な職業だが、おそらく、学問を教えることがしっかりした学識をもつ人間になる最善の方法でもある。聖職給が低い国では、学者の大部分が自然に、社会にもっとも貢献できる職業、そして同時に自分たちが最高の教育を受けられる職業に集まることになる。学問がしっかりしたものになると同時に、社会に役立つようにもなる。

　国教の教団の収入は、教団の所有地から得る部分を除けば、国の一般財政収入の一部門なのであり、したがって国の防衛とはまったく違う目的に財政収入が振り向けられている点を認識しておくべきである。たとえば十分の一税は実際には土地税であり、これが教会に支払われているために、土地所有者が国の防衛のために負担できる税金が少なくなっている。そして土地の地代はどの大国でも、国の緊急事態に対応する資金を最終的に負担する唯一の源泉だとする意見もあるし、唯一ではないにしても主要な源泉とする意見もある。この源泉のうち教会の取り分が多いほど、国が得られる部分が少なくなるのは明らかである。確かな原則として、他の条件が変わらなければ、教会が豊かになるほど、主権者か国民かがかならず貧しくなり、どちらが貧しくなっても国の防衛力がかならず弱くなるとい

えるはずである。プロテスタントの地域、とくにスイスのプロテスタントの州では、宗教改革の前にカトリック教会が得ていた十分の一税と教会所有地の収入だけで、国教の聖職者に十分な俸給を支払ったうえ、その他の財政支出をすべてか大部分賄えることが明らかになっている。とくに強力なベルン州の政府は、この財源で財政支出を賄って余った部分を貯蓄し、何百万ポンドもの資金を保有しているとみられている。その一部は国庫に蓄えており、一部はフランス、イギリスを中心とするヨーロッパ各国の国債に投資されている。ベルン州などのプロテスタントの州や国で、教会が財政にどれぐらいの負担になっているのかは分からない。だが、正確な金額が分かる例をあげれば、一七五五年にスコットランド教会の牧師が得た総収入は、教会所有地からの収入と牧師の住宅の賃借料とを適正に見積もった金額を合計して、六万八五一四ポンド一シリング五・〇八三ペンスにすぎなかった。この少ない収入で、九百四十四人の牧師がまずまずの生活を確保できている。教会と牧師用住宅の建設や修理のための臨時経費を加えても、教会の全経費は年に八万ポンドから八万五千ポンドを超えるとは考えられない。とくに豊かな教団でも、このように少ない収入で運営されているスコットランド教会と比較して、信仰の統一、信仰心の高さ、秩序を守る精神、規律のとれた生活態度、倹約の精神を国民の間で維持できてはいない。国教の教団が社会と宗教に与えると考えられる好影響のすべてを、スコットランド教会はほぼ

どの国の教団にも劣らないほど完全に生み出している。スイスのプロテスタント教会のほとんどは、スコットランド教会より収入が多いわけではないが、これらの好影響をさらに完全に生み出している。プロテスタントの州の大部分では、州教会の信徒でない住民は一人もいない。州教会以外の教団の信徒は、州から離れるよう法律で義務づけられている。だが、州教会の牧師の熱心な布教によって、おそらくごく少数の個人を例外として、州の住民のほぼすべてが州教会の信徒になっていなければ、スイスのように自由な国でここまで厳しい法律、ある意味できわめて抑圧的な法律を施行できたとは考えられない。スイスの一部の州では、カトリックの州とプロテスタントの州とがたまたま合併して作られたために改宗がそこまで完全に進んでいないので、両方の宗教が許容されているだけでなく、法定の教会になっている。

　どのような職務でも、それが適正に遂行されるには、給与や報酬が職務の性格にできるかぎり釣り合っていなければならないと思える。報酬が少なすぎれば、その職務にたずさわる人の大部分が人格と能力の点で劣ることになる可能性が高い。逆に報酬が多すぎれば、その職務にたずさわる人の大部分が怠慢になり怠惰になる可能性が高い。どのような職業についている人でも、収入が多ければ収入にふさわしい生活をすべきだと考え、遊興と社交と享楽に時間を費やすようになる。聖職者の場合、このような生活をしていると、

聖職者としての義務を果たすのに使うべき時間を浪費するだけでなく、聖職者にふさわしい人格ではないと庶民にみられるようになり、義務を果たすのに不可欠な権威や重みがなくなることにもなる。

第四節　主権者の権威を支えるための経費

主権者はいくつもの義務を果たすために必要な経費以外に、自分の権威を支えるためにも経費を必要としている。この経費は社会の発展段階と政府の形態の二点によって違っている。

発達した豊かな社会では、さまざまな階級が住宅や家具や食事や衣服や馬車に金《かね》をかけるようになっていくので、主権者だけが流行にさからって質素な生活をするとは予想できない。主権者は自然に、というより必要に迫られて、これらの点にもっと金をかけるようになる。権威を保つにはそうする必要があると思える。

権威の点では、国王はどの共和国の元首よりも国民との差が大きいので、権威の高さを支えるための経費が余分にかかる。国王の宮殿は、共和国の元首や市長の公邸よりも豪華なものだと考えられている。

本章の結論

国を防衛するための経費と元首の権威を支えるための経費はともに、社会全体の利益のために支出されている。したがって、これらの経費は社会全体の負担によって、すべての国民ができるかぎり各人の能力に比例して負担する形で賄われるのが適切である。

司法の経費も疑いもなく、社会全体の利益のために支出されていると考えることができる。このため、社会全体の負担によって賄っても、不適切ではない。しかし、司法費が必要になるのは、何らかの点で不正を働く人がいて、被害を受けた人が裁判所に救済か保護を求めるからである。司法費によって直接に利益を得るのは、裁判所に権利を回復されるか権利の維持を認められた人である。したがって、司法の経費は個々の裁判の状況に応じて、当事者の一方か両方が裁判手数料によって負担するのが適切だといえよう。裁判手数料を支払うだけの資産も資金もない犯罪者を裁くとき以外には、社会全体が経費を負担すべきだとはいえない。

ある地域で支出され、その地域の住民だけに役立つものに使われる経費（たとえば、ある町や地区の治安を維持するために使われる経費）は、その地域の収入で賄われるべきで

あり、社会全体が負担すべきではない。社会の一部だけの利益になる経費を社会全体が拠出するのは適切ではない。

優れた道路などの交通機関を維持する経費は疑いもなく、社会全体の利益になるものなので、社会全体の負担で賄っても不適切ではない。しかしこの経費は、ある場所から別の場所に旅行するか商品を運ぶ人と、その商品を消費する人にとって直接の利益になるものである。イングランドの有料道路通行料や、他国で通行税と呼ばれている税は、この一種類の人が負担しており、それによって社会全体の収入へのかなりの負担を取り除いている。

教育機関と宗教団体の経費も疑いもなく、社会全体の利益になるものなので、社会全体の負担で賄っても不適切ではない。しかしこの経費も、教育や教化を受ける人が負担するか、教育や教化が必要だと考える人の寄付によって賄うのが適切だといえるし、その方が利点があるとすらいえる。

社会全体の利益になる公共機関や公共施設が、それによって直接に利益を得る人の負担では維持しきれないか、維持されていない場合には、不足分はほとんどの場合、社会全体が負担しなければならない。社会全体の一般財政収入のうち、社会の防衛に必要な経費と、元首の権威を支えるために必要な経費を支出して残る部分は、多数の個別部門の収入

で不足する部分を埋めるのに使わなければならない。社会全体の財政収入の源泉については、つぎの章で論じていく。

第二章　社会の一般財政収入の源泉

社会を防衛し元首の権威を支えるのに使う経費だけでなく、政府が必要とするすべての経費は、国の制度によって個別に収入が確保されている部分を除いて、第一に、国民の収入とは無関係に主権者か国が保有する財源から、第二に、国民の収入から引き出された財政収入によって賄いうる。

第一節　主権者または国が保有する財源

主権者または国が保有する財源は、資本か土地のどちらかである。

主権者は資本の所有者なら誰でもそうするように、資本をみずから使うか、資本を貸すことによって、収入が得られる。主権者が得る収入は、資本をみずから使った場合には利益であり、貸した場合には利子である。

タタールやアラブの遊牧民族の首長は、利益の形で収入を得ている。主に家畜の乳と繁殖によって収入を得ており、みずから家畜の世話の指揮をとっていて、集団か部族のなかでもっとも多くの家畜を飼っている。だが、資本の利益が君主国の財政収入の主要な部分を占めるのは、政府がごく初期の未開の段階にある遊牧民族だけである。

小規模な共和国では、政府の商業活動による利益が財政収入のうちかなりの部分を占める場合がある。ハンブルクは、ワインと薬の販売の利益でかなりの財政収入を確保しているという*。小国でなければ、ワインや薬の商売を行うような時間が主権者にあるはずがない。国営銀行の利益は、もっと規模が大きい国でも財政収入の源泉になっている。ハンブルクでもそうだが、ベネツィアやアムステルダムでもそうだ。国営銀行で得られる収入は、イギリスほど大きな帝国でも、政府が関心をもつほどではないとはいえないと主張する人もいる。イングランド銀行の通常の配当率は五・五パーセント、資本は一千七十八万ポンドなので、管理費を支出した後の純利益が五十九万二千九百ポンドを上回っているはずだ。政府は三パーセントで資金を借りられるので、同行を国営にすれば、年に二十六万九千五百ポンドの追加利益を確保できると主張されている。ベネツィアやアムステルダムのように、几帳面で用心深く堅実な貴族制の政治体制であれば、この種の営利事業を適切に管理できることが事実によって示されていると思える。だが、イギリスのように、良い

面は多いにしても、倹約ぶりで評判になったことはなく、平時には通常、君主制のもとでおそらく自然ともいえる不注意な浪費を続け、戦時になると民主制のもとで陥りがちな軽率な浪費を繰り返している国で、こうした営利事業の管理を政府に任せて安全かどうか、少なくともかなり疑わしいといえるはずである。

＊『ヨーロッパにおける課税に関する覚書』を参照。この本は、何年か前にフランスで財政改革の適切な方法を検討する目的で作られた委員会のために、政府の命令で編集された。うち三巻はフランスの税制を扱っており、完全に権威あるものとみることができよう。ヨーロッパの他国に関する部分は、各国に駐在するフランスの外交官が入手できた情報をまとめたものであり、フランスの税制の部分よりはるかに短く、おそらくそれほど正確ではないと思われる。

郵便事業は実際には営利事業である。政府は各地に郵便局を設ける経費や、事業に必要な馬や馬車を買うか雇う経費を負担し、郵便料金によって経費を回収したうえ、かなりの利益をあげる。どのような種類の政府でもうまく管理できる営利事業は、おそらく郵便事業だけだと思われる。事業に使う資本はそれほど巨額ではない。事業に難しい部分はない。そして資本を確実に、しかもただちに回収できる。

だが、各国の国王は他のさまざまな営利事業にも頻繁に関与しており、民間人と同様

ない。国王の業務の管理には浪費がつきものなので、成功を収めることがほとんど不可能になっているからだ。国王の代理人は雇い主に無限の富があると考え、買い値に注意せず、売り値に注意しないし、商品の輸送費にも注意を払わない。国王のような贅沢な生活をしていることが多く、それほど浪費しても、自分の勘定をうまく操作して国王のような富を獲得することがある。マキャベリによれば、ロレンツォ・デ・メディチは並みの君主ではなかったが、その代理人はまさにそのように振る舞っていたという。代理人が浪費して君主が負った負債を、フィレンツェが何度も支払わなければならなくなった。このためロレンツォは、メディチ家が資産を築いてきた家業である商業を諦め、後半生には、残った資産と国の収入のうち君主として管理を任された部分を、君主の立場にふさわしい事業と支出に使う方が得策だと考えた。

貿易商人と主権者ほど、性格が違う立場はないようだ。イングランド東インド会社は、貿易商人の精神があるために最悪の主権者になっていると同時に、主権者の精神があるために貿易商人としても失敗を重ねているようだ。商人という立場だけのとき、貿易で成功を収め、利益のなかから株主にそこそこの配当を支払うことができた。主権者になったとき、当初は年三百万ポンドを超える収入を得ていたといわれるが、やがて倒産の危機に見

舞われ、政府に緊急支援を要請せざるをえなくなった。貿易だけを行っていたとき、インドに駐在する同社の従業員は商業を行っていると考えていた。現在では、インド支配を任されたと考えている。

国は、資本の利益に加えて、利子によって財政収入の一部を得る場合がある。金銀を蓄積していれば、その一部を外国政府か自国民に貸し付けることがある。

スイスのベルン州は金銀の一部を外国政府に貸し付けて、かなりの財政収入を得ている。フランスとイギリスを中心に、ヨーロッパの債務国の国債に投資しているのだ。この部分の財政収入の安全性は、第一に投資した国債の安全性、つまりそれを管理する政府の信頼性に左右され、第二に債務国との平和が続く確実性または可能性に左右される。戦争になれば、債務国は真っ先に債権国の資産を接収するだろう。外国政府に資金を貸し付ける政策をとっているのは、知りえたかぎり、ベルン州だけのようだ。

ハンブルクは一種の国営質屋を経営し、担保を差し入れた国民に六パーセントの金利で資金を貸している。この質屋はロンバルトと呼ばれ、年に十五万クラウン、一クラウンを四シリング六ペンスとして、三万三千七百五十ポンドの財政収入をもたらしているという。

ペンシルベニア植民地政府は、金銀を蓄積することなく資金を貸し付ける方法を編み出した。金貨や銀貨を貸し出すわけではないが、同等のものを居住者に貸し付けている。土

地を担保に、担保価値の半分を限度として紙幣を貸し付けて利子を得ているのである。この紙幣は発行から十五年後に償還され、その間、銀行券と同様に流通し、植民地議会の法律によって居住者間のすべての支払いで法貨として通用すると規定されている。これによって植民地政府はそこそこの収入を得ており、質素で堅実な政府の経常経費、年に約四千五百ポンドのうちかなりの部分を賄っている。この方法で成功するかどうかは、三つの点に左右されるはずである。第一に、金貨と銀貨以外の商業の手段に対する需要があることである。言い換えれば、輸入消費財に対する需要が十分にあり、金貨や銀貨のかなりの部分を国外に送らなければ購入できない状況になっていることである。第二に、この方法を使う政府の信用度が高いことである。第三に、この方法を使うにあたって節度が保たれていることである。つまり、紙幣がなかった場合に国内の流通に必要な金貨と銀貨の総額を紙幣の総額が超えないことである。アメリカの他の植民地でも、さまざまな時期に同じ方法が使われている。だが、大部分の場合、この節度が欠けていたことから、利便性よりも混乱がはるかに大きくなった。

しかし、資本と信用は不安定で失われやすいものなので、財政収入の主要な源泉として依存するのは適切だといえない。社会を防衛し元首の権威を保つには、安定し確実で恒久的な財政収入がなければならないからだ。遊牧の段階を超えて社会が発展した大国では、

政府が財政収入の主要な部分を資本と信用という源泉から得ていた例はないようだ。

土地は財政収入の源泉として、もっと安定し、恒久的な性格をもっている。このため、国有地の地代が、遊牧の段階を超えて社会が発展した大国の多くで財政収入の主要な源泉になってきた。古代のギリシャとイタリアの共和国では長期にわたって、国有地の生産物か地代が財政収入のかなりの部分を占め、これで国の経費を賄ってきた。ヨーロッパの昔の王国でも長期にわたって、国王直轄地の地代が財政収入の大部分を占めていた。

戦争とその準備が、近代のすべての大国で必要経費のかなりの部分を占めている。だが古代のギリシャとイタリアの共和国では、市民は全員が兵士であり、戦争に行く際にも戦争の準備をする際にも、各自が経費を負担していた。このためどちらの際にも、国に巨額の経費がかかることはありえなかった。規模が大きくない国有地の地代だけで、政府が必要とするその他の経費をすべて賄うことが十分にできたと思える。

ヨーロッパの昔の王国では、当時の習慣から、住民の大部分が戦争の準備を十分に整えていた。戦争に行くときにも、封建的土地保有の条件によって各人が経費を負担するか、直接の領主が経費を負担することになっており、国王が特別に経費を負担することはなかった。政府のその他の経費も、大部分がきわめて少額であった。前述のように、司法制度は経費が負担になるどころか、収入源になっていた。住民には収穫前に三日間、収穫後に

三日間の賦役を義務づけており、これだけで国内の商業に必要な橋、幹線道路などの公共施設をすべて建設し、維持するのに十分だと考えられていた。当時、主権者の主要な経費は、王家と王室の維持経費だったようだ。このため、王室の役職者が当時は国の高官であった。大蔵卿が直轄地の地代を扱った。宮内卿と侍従長が王家の経費を扱った。王家の厩《うまや》は主馬の頭と儀典長が管理した。国王の住居はすべて城郭として作られており、国王がもつ主要な城砦でもあったようだ。国王の城を預かる人は、一種の軍司令官だと考えられるだろう。平時に国王が維持しなければならない将兵は、自分の城を守る将兵だけであったようだ。こうした状況では、大規模な直轄地の地代だけで、通常の場合、政府の必要経費をすべて十分に賄えたとみられる。

　文明が発達したヨーロッパの王国の大部分では現在、国内の土地全体の地代でも、土地をすべて一人が所有していた場合に管理される方法で得られる金額では、おそらく平時の経常財政収入にすら遠く及ばないだろう。たとえばイギリスの経常収入は、毎年の経常経費を賄うために必要な金額に、国債の利払いと分割償還に必要な金額を加えて、年に一千万ポンドを上回る。だが土地税は、二十パーセントの税率で年に二百万ポンドにも達しない。この税は土地税と呼ばれているが、実際にはすべての土地の地代だけでなく、すべての住宅の家賃と、資本のうち、国に貸し出されているか農業資本として土地の耕作に使わ

れているものを除く部分の利子も対象としており、これらの五分の一を徴収することになっている。税収のうちかなりの部分は住宅の家賃と資本の利子によっている。たとえば、ロンドンのシティの土地税は、二十パーセントの税率で合計一二万三三九九ポンド六シリング七ペンスにのぼる。ウエストミンスターの土地税は合計六万三〇九二ポンド一シリング五ペンスである。ホワイトホール宮殿とセントジェームズ宮殿の土地税は合計三万七五四ポンド六シリング三ペンスである。同様に、国内のすべての都市と自治都市に土地税の一部が課されており、そのほとんどが住宅の家賃か、営業資本と貸付資本の利子相当分によるものである。つまり、土地税の基準になる評価額によれば、すべての土地の地代、すべての住宅の家賃と、資本のうち国に貸し出されているか土地の耕作に使われているものを除く部分の利子を合計しても、平時に政府が国民から得られる経常収入の一千万ポンドにすら達していない。土地税の基準になる評価額が全国平均でみて、実勢を大きく下回っていることは疑問の余地がない（ただし、実勢にほぼ等しい郡や地区もいくつかあるといわれている）。住宅の家賃と資本の利子を除いて、土地の地代だけでも、総額が二千万ポンドにのぼると推定する人が多いが、この推定はごく大雑把なものであって、実際にはこれより多い可能性も少ない可能性も同じ程度にあるとみられる。だが、農業の現状でイギリス全土の土地から得られる地代が年に二千万ポンドを超えないとするなら、国内の土地

をすべて一人が所有していて、代理人による怠慢で放漫で抑圧的な管理に任されていた場合には、その半分の地代も得られないだろうし、四分の一すら得られない可能性が高い。イギリスの直轄地で得られる地代は現在、民間人が所有していた場合におそらく得られる地代の四分の一にも達していない。直轄地がもっと広ければ、さらに管理が悪くなっていただろう。

　国民が土地で得られる収入は、地代に比例するのではなく、土地生産物の量に比例する。ある国の土地で年間に得られる生産物の総量が、種子として取りおかれる部分を除いて、年間に国民に消費されるか、国民が消費する他の商品と交換される。土地生産物の総量を本来の水準より減らす要因があれば、地主の収入が減る以上に、国民全体の収入が減ることになる。土地の地代は、生産物のうち地主の収入になる部分の比率でみて、イギリスのどこでも三分の一以上になるとみられるところはまずない。本来なら年間の地代が二千万ポンドになるはずのときに、農業の発展を抑える要因があって一千万ポンドになっており、どちらの場合にも地代が年間生産物の三分の一だと想定すると、地主の収入は本来より年に一千万ポンド減っているだけだが、国民全体の収入は年三千万ポンドから種子として必要な部分を差し引いただけ減っている。国の人口も、年三千万ポンドから種子を差し引いた部分で維持できる人数だけ本来より少なくなる。実際にどれだけ人数が減るか

は、種子を差し引いた部分の分配を受ける階層の生活水準と支出とによって決まってくる。

現在のヨーロッパの文明国には、財政収入のうちかなりの部分を国有地の地代によって得ている国はない。それでもヨーロッパの大君主国のすべてに、広大な直轄地が多数ある。たいていは森林だが、なかには何マイルにもわたって木が一本もない原野もあり、生産物と人口の両面で、国にとって無駄であり損失である。ヨーロッパの大君主国ではどこでも、直轄地を売れば売却代金が巨額になる。それを借入の返済にあてれば、財政収入のうち国債の担保として債務返済にあてるよう義務づけられている部分が、直轄地でそれまで得られていた収入より大幅に減少するだろう。ある国で高度に改良され、耕作されていて、その時点で無理のない水準の地代を生み出している土地が通常、年間地代の三十倍で売買されているとすると、改良も耕作もされておらず、地代が低い直轄地なら、年間地代の四十倍、五十倍、六十倍で売却できると期待できよう。国王は巨額の売却代金で借入を返済すれば、担保から外された財政収入をただちに自由に使えるようになる。何年かの後には別の財政収入を確保できるようになるだろう。直轄地が売却されて民有地になれば、何年かの後には十分に改良され耕作されるようになるだろう。土地の生産物が増え、国民の収入と消費が増え、人口が増加する。そして国民の収入と消費が増えるとともに、関税と物

品税として得られる財政収入が、かならず増加していく。

文明が発達した王国で国王が直轄地から得ている収入は、国民に何の負担もかけないと思えるが、実際にはおそらく国王のどの収入とくらべても、金額の割に社会に大きな負担になっている。どの場合にも、この収入を同じ金額の他の収入に置き換え、直轄地を民間人に分配した方が、社会にとって利益になるだろう。それには直轄地の公売が最善の方法だろう。

文明が発達した王国で国王の所有地として残すべき土地は、娯楽と美観のために公園、庭園、遊歩道などに使われていて、どの国でも収入を生み出すのではなく、経費がかかるものだとみられている土地だけだと思える。

したがって、主権者か国が保有する二つの財源である国有の資本と土地は、文明が発達した王国が必要とする支出を賄うには不適切だし不十分である。支出の大部分は各種の税金で賄われなければならない。主権者か国の財政収入を確保できるように、国民が各自の収入の一部を拠出するのである。

第二節　税

民間人の収入は、第一編第六章に示したように、最終的に三つの源泉に由来している。土地の地代、資本の利益、労働の賃金である。税金はすべて、最終的にはこの三つの源泉のうち一つから支払われるか、源泉とは無関係に三種類の収入のすべてから支払われる。以下では第一に地代から支払われることを意図した税金について、第二に利益から支払われることを意図した税金について、第三に賃金から支払われることを意図した税金について、第四に民間人の三種類の収入のすべてから支払われることを意図した税金について、最善をつくして説明していく。この四種類の税金について個々に説明していくため、第二節は四つの部分に分かれ、そのうち三つの部分はさらにいくつかに分かれる。以下で明らかにするように、税金の多くは最終的に、意図されたものとは違った原資、収入の源泉から支払われるようだ。

個々の税金を検討する前に、税金全般に関して、以下の原則を確認しておく必要がある。

第一に、すべての国の国民は、政府を支えるために、各人の能力にできるかぎり比例し

て、つまり各人が国の保護のもとで得ている収入にできるかぎり比例して、税金を負担するべきである。大国の国民にとって政府の支出は、不動産の共同所有者が各人の持ち分比率にしたがって支払わなければならない管理費に似ている。この原則が守られていれば課税は公平であり、守られていなければ不公平だとされる。ここで指摘しておくが、上述の収入の三つの源泉のうち、最終的に一種類の収入だけから支払われる税金は、他の二種類の収入からは支払われない点で、かならず不公平である。以下で各種の税金について検討していくなかで、この種の不公平についてさらに論じることはめったになく、ほとんどの場合、その税金で影響を受ける種類の収入のなかですらみられる不公平だけを論じていく。

第二に、各人が支払う義務を負う税金は、恣意的であってはならず、確定したものにするべきである。支払いの時期、支払い方法、支払い額のすべてが納税者に、そしてすべての国民に明確で分かりやすくなっていなければならない。そうなっていない場合、納税義務を負うものはみな、多かれ少なかれ徴税人に支配されることになる。徴税人は気に入らない納税者には税を重くできるし、あるいは税を重くすると脅して、賄賂《わいろ》を強要できる。税金が不確かであれば、傲慢でなく腐敗もしていない場合ですら当然に不人気な徴税人が、傲慢になり腐敗する要因になる。各人が納税義務を負う金額が税制で確定していることはきわめて重要なので、どの国の例をみても、ごくわずかな程度の不確かさですら、か

なりの程度の不公平性よりも大きな害悪になることが示されているとみられる。

　第三に、どの種類の税金も、支払いの時期と方法がともに、納税者にとって便利である可能性が高いものにするべきである。土地の地代か住宅の家賃に課す税金は、地代や家賃が通常支払われる時期に徴収すれば、納税者にとって便利である可能性がとくに高い時期、支払いができる可能性がとくに高い時期に納付されることになる。贅沢品などの消費財に課される税金はすべて、最終的に消費者によって負担され、一般に消費者にとってとくに便利な方法で支払われる。商品を買うたびに、少しずつ支払っていく。消費者には買う自由も買わない自由もあるのだから、そうした税金で大きな不都合を被るとすれば、それは本人の責任だといえる。

　第四に、どの種類の税金も、国民から支払われるか国民の受け取りを減らして徴収する金額と、国庫に入る金額との差ができるかぎり小さくなるように設計するべきである。国民から支払われるか国民の受け取りを減らして徴収する金額と、国庫に入る金額との差が大きくなるのは、四つの場合である。第一に、課税のために大量の役人が必要になり、役人の給与に納税額のかなりの部分が使われるうえ、役人が要求する賄賂が国民にとって追加の税金になるときである。第二に、産業の障害になり、多数の人を維持し、雇用する可能性のある業種で事業を行うのをためらう要因になるときである。こうした税金は国民に

支払い義務を課しているが、もっと楽に納税するのに使える原資のある部分を減らすか、おそらくは破壊する場合がある。第三に、脱税をはかって失敗した不運な人に財産没収などの刑罰を科して往々にして没落させ、そうした人が資本を使うことで社会が得られたはずの利益をなくすときである。税金や関税をむやみにかけると、脱税や密輸の誘惑が大きくなる。そして、脱税と密輸に対する刑罰は誘惑が大きいほど重くしなければならない。このような法律は、正義の通常の原則とはまったく逆に、まず罪を犯すよう誘惑し、誘惑に負けたものを処罰する。そして、まさに情状を酌量すべき点、つまり犯罪への誘惑の強さに比例して、逆に刑罰を重くするのが通常である。第四に、徴税人が頻繁に訪問して不愉快な検査を行うために、国民が不必要な手間、苛立ち、抑圧を被るときである。苛立ちは厳密にいえば経費ではないが、誰にとっても、それから逃れるためなら支払おうとする金額に等しい経費だといえる。以上の四点のどれかがあれば、国民が負担する税金は、主権者が受け取るものよりも重くなる。

　以上の原則は明らかに公正で有益なことから、どの国も多かれ少なかれこれらの原則に注意を払ってきた。どの国も税をできるかぎり公平にし、確定し、支払いの時期と方法を納税者に便利なものにし、主権者が受け取る財政収入に対する比率でみて、納税者の負担ができるかぎり軽くなるよう工夫してきた。以下に、さまざまな時代にさまざまな国で使

われた主要な税金のうち、いくつかを簡略に論じていく。以上の原則について、各国の努力が同じように成果をあげているわけではないことが明らかになるだろう。

第一項――地代と家賃に対する税金

その一――地代に対する税金

土地の地代に対する課税の方法は二つある。第一は、ある基準にしたがって各地区の地代の評価額を定め、その後は評価額を変更しない方法である。第二は、土地の実際の地代が変わるたびに課税額が変わり、農業が発達すれば高くなり、衰退すれば低くなるようにする方法である。

イギリスの土地税のように、地区ごとに一定の基準による評価額を固定して課税する場合、当初の評価額は公平だったとしても、国内の地域によってその後の農業の発達か衰退の程度が違うことから、年数がたてばかならず不公平になる。イングランドでは、ウィリアム三世とメアリ二世の時代の一六九二年の法律で規定された当初から、各郡と各教会区の土地税評価額はきわめて不公平であった。このため、土地税は上述の四原則のうち第一の原則に違反している。他の三つの原則では、まったく問題がない。税額は完全に確定し

ている。支払い時期は地代が支払われる時期と同じであり、納税者にとってこれ以上ないほど便利である。土地税を最終的に負担するのはつねに地主だが、普通は借地人が納付し、地主はその分を地代から差し引くことになっている。土地税の徴収にあたる役人の数は、同じ規模の税収があるどの税とくらべてもはるかに少ない。各地区に課される税額は地代が上昇しても変わらないので、地主が土地改良で利益をあげても、主権者の税収が増えるわけではない。ある土地が改良された場合に、同じ地区の他の地主の納税額が減る場合もある。だが、これによってある土地の税額が増えても、ごくわずかに増えるにすぎないので、土地改良が妨げられることはなく、土地生産物の増加が妨げられることもない。生産物の量が減少する要因にはならないので、生産物の価格が上昇する要因にもならない。国民の労働を妨げることはない。地主にとって、税金の支払いという避けられない不都合を除けば、何の不都合にもならない。

しかし、イギリスの土地税で、土地全体の評価額が一定不変であることから地主が利点を得ているのは主に、土地税の性格とはまったく関係のない外的要因のためである。

一つの要因は、評価額が決まった後に、国内のほぼすべての地域が大いに繁栄し、ほぼすべての土地で地代が上昇を続けていて、地代が下がった土地がほとんどないことである。このために地主のほぼ全員にとって、現在の地代で評価した場合の税額と昔の評価額にし

たがって実際に支払う税額との差が有利になってきた。イギリスの状況が違っていて、農業の衰退に伴って地代が徐々に下がってきていれば、地主のほぼ全員にとって、この差が不利になっていただろう。名誉革命以降の状況ではたまたま、評価額が一定である点が地主に有利、主権者に不利になっている。状況が違えば、主権者に有利、地主に不利になりうる。

土地税は金銭で支払われるものなので、土地の評価も金額で表示されている。評価額が決まった後、銀の価値はほぼ変わっておらず、硬貨の標準は重量でも品位でも変わっていない。アメリカ大陸の鉱山が発見される以前の二世紀にそうなったとみられるように、銀の価値が大幅に上昇すれば、評価額が変わらない点が地主にとって重い負担になりうる。アメリカ大陸の鉱山が発見された後の少なくとも約一世紀に確かにそうなったように、銀の価値が大幅に下がれば、評価額が変わらないために、主権者の財政収入のうち土地税による部分が大幅に減少しただろう。硬貨の標準が大幅に変わって、同じ量の銀で作られる銀貨の額面が高くなるか低くなった場合、つまり、一オンスの銀で鋳造される銀貨が現在の五シリング二ペンスから、たとえば半分の二シリング七ペンスになった場合には地主に打撃になり、逆に二倍の十シリング四ペンスになった場合には主権者に打撃になるだろう。

したがって、状況が実際とは少し違っていた場合、評価額が一定であるために、納税者

か主権者が大きな不都合を被った可能性がある。そして長年のうちには、状況がどこかで違ってくる。これまでのところ、どの帝国も人間の事業の例にもれず、不滅でないことが示されてきたが、それでもすべての帝国は不滅の帝国になることを目指している。このため、帝国自体と変わらないほど永遠に続けることを目指す制度は、一つの状況だけでなく、あらゆる状況で適切になるようにしておくべきだ。一時的で偶然の状況に適したものではなく、必然的で不変の状況に適したものにしておくべきだ。

土地の地代を対象とし、地代が変われば変動する仕組みの税金、つまり、農業が発達すれば高くなり、衰退すれば低くなる仕組みの税金こそがすべての税金のなかでもっとも公平だと、フランスの言論界でエコノミスト派と称する学派が推奨している。重農主義のこの主張によれば、税金はすべて最終的に土地の地代によって支払われるのだから、税金を最終的に負担する原資に平等に課税するべきだという。税金はすべて、それを最終的に負担する原資にできるかぎり平等に課されるようにすべきだという主張は、間違いなく正しい。しかし、重農主義の独創的な理論を支えている難解な主張について不愉快な議論に立ち入らなくても、以下の検討によって、最終的に土地の地代によって支払われる税金がどれで、最終的に他の収入の源泉によって支払われる税金がどれなのかが十分に明らかになるだろう。

ベネツィアでは、耕地のうち賃貸された部分はすべて、地代の十分の一の税金が課されている。借地契約は登記され、それぞれの地区の税務官によって保管される。地主が自分の土地を耕作する場合には、みなし地代が適正に評価され、五分の一の税額控除を認められるので、みなし地代の八パーセントの税金を支払えばいい。

この種の土地税は確かに、イギリスの土地税より公平である。だが、おそらくは完全に確定的だとはいえず、地主にとって、評価の手間がはるかに大きくなる場合もあるだろう。また、課税の経費がはるかにかかる可能性がある。

だが、不確かになるのを防ぎ、徴税経費を引き下げるという目標をかなりの程度まで達成できるように、制度を工夫することもおそらく可能だろう。

たとえば、地主と借地人が共同で借地契約を登記するよう義務づける方法がある。登記にあたって契約条件を隠すか改変した場合に、適切な罰金を科すことを法律で定める方法もある。罰金の一部は、両当事者のうち他の当事者が契約条件を隠すか改変したことを通報し告発した当事者に支払われるようにすれば、税務官をだますために共謀するのをうまく防げるだろう。借地契約の全条件が、登記簿によって十分に分かることになろう。

なかには、借地契約の更新にあたって、地代を引き上げる代わりに一時金をとる地主がいる。そうするのはほとんどの場合、浪費家の地主にとって都合が良いからであり、いま

すぐ使える現金を得るために、将来のはるかに大きな収入を放棄するのである。このため、ほとんどの場合に地主にとって打撃になる。借地人にも打撃になることが多く、地域にとってはかならず打撃になる。借地人の資本のうちかなりの部分が一時金として支払われるため、土地を耕作する能力が大幅に低下し、一時金を支払うことなく多額の地代を支払うよりも、一時金を支払った後に少額の地代を支払う方が難しい場合が少なくない。土地を耕作する能力が低下すれば、地域の収入のうちもっとも重要な部分が、かならず本来より少なくなる。こうした一時金に対して通常の地代よりかなり重い税金をかければ、この有害な方法を止めさせることができ、地主、借地人、主権者、地域という関係者全員にとって、少なからぬ利点になるだろう。

また、借地契約で借地人にある耕作方法をとるよう義務づけ、契約の全期間にわたってある輪作方法を義務づけている場合がある。こうした契約条件は通常、自分の方が優れた知識をもっているとの地主の自惚れ（ほとんどの場合に根拠のない自惚れ）の結果であり、追加地代として、つまり金銭地代に代わる賦役として扱うべきである。義務づける方法はたいてい愚かなものなので、この種の地代をかなり高く評価し、通常の金銭地代よりある程度高い税をかけて止めるよう促す方法もとれる。

金銭地代ではなく、穀物、家畜、家禽、ワイン、油などの現物地代を要求する地主もお

り、賦役を要求する地主もいる。こうした地代はつねに、地主にとっての利益より、借地人にとっての打撃が大きくなる。地主にとっての地代収入より、借地人にとっての地代の支払いか収入の減少の方が大きくなる。こうした地代が使われている国ではどこでも、借地人は物乞いに近いほど貧しく、しかも、現物地代や賦役が使われている程度にほぼ比例して貧しい。この種の地代をかなり高く評価し、通常の金銭地代よりある程度高い税をかける同様の方法をとれば、地域全体に打撃を与えるこの方式を止めるよう促す効果がおそらく十分にあるだろう。

　地主が所有地の一部をみずから耕作することを選択した場合、近隣の農業経営者と地主による適切な裁定でみなし地代を評価できるだろうし、ベネツィアと同様に小幅な減税を認めることもできよう。ただし、地主が使う土地のみなし地代がある限度を超えないことが条件になる。地主に所有地の一部をみずから耕作するよう促すことは重要である。地主は一般に借地人より多額の資本をもっており、技能は劣っていても、借地人より多くの生産物を生み出せることが少なくない。地主は新しい方法を試す余裕があり、一般に試したがるものだ。失敗に終わっても、地主にとって損失は小さなものにすぎない。成功すれば、国全体で改良と耕作が進歩する一因になる。だが、減税による奨励を一定の範囲に限ることが重要かもしれない。地主の大部分が所有地の全体をみずから耕作したいと思うまでに

なれば、真面目で勤勉な借地人、自分の利益のために資本と技能で可能な限度まで耕作するしかない借地人が姿を消し、怠慢で浪費家の管理人ばかりが国内にあふれるようになるだろう。そして、管理人の乱暴な管理によって農業がすぐに衰退し、土地の年間生産物が減少して、地主の収入が減るだけでなく、社会全体の収入のうち、もっとも重要な部分も減ることになろう。

以上に示した制度であれば、この種の税金は不確かさがまったくなくなるので、納税者に抑圧や不都合をもたらすことがなくなる。同時に、国内で土地の改良の進展と耕作の向上に大いに寄与しうる方針が、所有地経営の一般的な方法として広まる一助になる可能性もある。

地代が変われば変動する仕組みの土地税では間違いなく、つねに一定の評価に基づいて課税される土地税と比較して、徴税の経費がある程度高くなる。ある程度の追加経費がかならず発生する。まず、登記所を国内の地区ごとに設けるのが適切だとみられ、その経費がかかる。また、地主がみずから耕作することにした土地を対象に、評価のための経費がときおり発生する。だが、これらの経費は合計してもごくわずかとみられ、この種の税金で容易に得られる税収よりはるかに少ない財政収入しか確保できない多数の税金と比較すれば、徴税にかかる経費は、はるかに少ない。

この種の変動制の土地税に反対する論拠になりうる点としては、土地改良を妨げかねないことがもっとも重要だとみられる。経費をまったく負担しない主権者がその利益の一部を得るのであれば、地主は確かに土地改良の意欲が弱くなる。だがこの反対意見すらもおそらく抑えられる方法がある。地主が改良をはじめる前に、近隣の地主と農業経営者から同数ずつ選ばれた代表による適正な裁定によって、土地の評価額を税務官とともに確認し、土地改良の経費を完全に回収するのに十分な期間にわたって、改良前の評価額で課税されるようにすればいい。主権者が財政収入を増やすという観点から土地改良に関心をもつようにすることが、この種の土地税が目的とする主要な利点の一つである。このため、地主に認める据え置き期間が、経費回収に必要な期間を大きく上回るようであってはならない。利益が得られるまでに時間がかかりすぎて、主権者が関心をもてなくなるのを避ける必要がある。しかし、短すぎるよりは多少長すぎる方がいい。主権者の関心をいくら刺激しても、地主の関心がわずかでも弱まったときの悪影響を相殺できないからだ。主権者の関心はせいぜいのところきわめて一般的で漠然とした形で、国内の大部分の土地で農業振興の一助になるとみられる点に向けられるにすぎない。これに対して地主の関心は具体的で細かく、所有地のごく小さな部分にいたるまで、もっとも有利に利用できるとみられる点に向けられる。主権者は使える手段をすべて使って、地主と農業経営者の関心を高め

ることに、主に関心を向けるべきである。そのためには、地主と農業経営者が各自のやり方で、各自の判断にしたがって、自己利益を追求できるようにすべきだ。それぞれの努力の報酬を十分に得られるとの保障を最大限に与えるべきだ。そして、国内の全地域にわたって安全で容易な陸運と水運を確立するとともに、他国への輸出の自由を最大限に確保することで、国内の生産物のすべてに広範囲な市場を切り開くべきである。

　こうした制度によって、土地改良を妨げるどころか、逆にある程度刺激するように運用できるのであれば、土地税は地主にとって、税金の支払いという避けられない不都合を除けば、何の不都合にもならないだろう。

　社会の状態がどう変わって農業が発達しても衰退しても、銀の価値がどう変動しても、硬貨の標準がどう変化しても、この種の土地税であれば、政府が注意するまでもなく自然に社会の状況に適したものになり、状況がどう変化しても、同じように公正で公平なものになるだろう。したがって、つねに一定の評価にしたがって課される税金よりも、変更できない恒久的な法律、いわゆる基本法として確立するのにはるかに適している。

　いくつかの国は、借地契約の登記という簡単明瞭な方法ではなく、手間と経費をかけて全土のすべての土地を実際に測量する方法に頼っている。おそらく、地主と借地人が共謀して借地契約の実際の条件を隠し、脱税すると疑っているのだろう。征服王ウィリアム

（治世一〇六六〜八七年）の命令で作られた土地台帳はこのためにきわめて正確な測量を行った記録である。

プロイセン王国の古くからの領土では、土地税は実際の測量と評価にしたがって課税されており、評価はときおり見直される。この評価に基づいて、俗人の土地所有者は収入の二十パーセントから二十五パーセントの税を支払う。聖職者は四十パーセントから四十五パーセントを支払う。シュレジエン地方の測量と評価は現プロイセン国王のフリードリヒ二世の命令によって行われており、きわめて正確だといわれている。この評価に基づいて、ブレスラウ（ウロツワフ）の司教は、地代収入の二十五パーセントを課税されている。これ以外のプロテスタントとカトリックの聖職者が得る収入は、五十パーセントを課税される。ドイツ騎士団とマルタ騎士団の領地は四十パーセントを課税されている。貴族的保有地は三十八パーセント三分の一、隷農的保有地は三十五パーセント三分の一を課税される。

ボヘミアの測量と評価には百年を超える年数がかかったといわれている。完成したのは一七四八年にオーストリア継承戦争が終わった後であり、現在のマリア・テレジア女王の命令によってであった。ミラノ公国の測量は神聖ローマ帝国のカール六世の時代（一七一一〜四〇年）にはじまり、一七六〇年をすぎてようやく終わった。この測量はきわめて正確だ

とされている。サボワとピエモンテの測量は、サルディニアの前国王カルロ・エマヌエーレ三世（治世一七三〇～七三年）の命令によって行われた。

プロイセンでは、教会には俗人の地主より高い率で収入に税金をかけている。教会の収入の大部分は土地の地代に対する負担である。収入の一部が土地改良に使われることはめったにない。つまりどのような点であれ、国民の収入を増やすために使われることはまずない。プロイセン国王はおそらく、この点を考えて、教会が国の緊急の必要を満たすために俗人以上に寄与するのが適切だと判断したのだろう。国によっては、教会の所有地はすべての税金が免除されている。俗人の所有地より税率を低くしている国もある。ミラノ公国では、教会が一五七五年以前から所有している土地は、評価額が通常の三分の一に軽減されている。

シュレジエン地方では、貴族的保有地は隷農的保有地より税率が三ポイント高くなっている。貴族には所有地に各種の名誉や特権が付随しているので、税率を小幅高くしても十分に埋め合わせができ、隷農は逆に屈辱的な低い地位にあるが、税率を若干低くすればある程度緩和できると考えたのだろう。他国では、税制によって不平等を緩和するどころか逆に拡大している。サルディニア王の領土や、フランス国内でいわゆる土地タイユが課されている州では、隷農的保有地だけに税金がかかっている。貴族的保有地は免税されてい

る。

土地税は国全体の測量と評価によって課税される場合、当初はいかに公平であっても、それほど年数を経ないうちに、かならず不公平になる。不公平になるのを防ぐには、政府は国内のすべての農場について、状態と生産物のあらゆる変化をたえず、労力をかけて調べなければならない。プロイセン、ボヘミア、サルディニア、ミラノ公国の政府はこの手間をかけているが、政府にはまったく適さない性格の仕事なので、長くは続かない可能性が高いし、長く続いた場合にも、長期的にみて納税者にとって、問題解消に役立つ以上に厄介で苛立つものになるだろう。

一六六六年、フランスのモントーバン地域できわめて正確だとされる測量と評価に基づいて土地タイユが課された。一七二七年になると、税額がまったく不公平になっていた。この不都合を解消するには、地域全体に十二万リーブルの税金を上乗せして課税するのが最善の方法だと政府は判断した。この付加税は土地タイユの対象になるすべての地区に、従来の査定に基づいて割り当てられた。ただし、実際に課税されるのはその時点に税額が過少になっていた地区だけであり、徴収された付加税は、税額が過大になっていた地区の減税にあてられた。たとえば現状で税額が九百リーブルになる地区と一千百リーブルになる地区があり、どちらも従来は一千リーブルが課税されていたとする。どちらも付加税を

加えた税額は一千百リーブルになるが、付加税が課されるのは税額が過少になっていた地区だけであり、徴収された付加税は税額が過大だった地区の減税にあて、その地区の課税額は九百リーブルに減る。付加税は政府の税収に影響を与えるわけではなく、すべて従来の査定で生まれた不公平を解消するために使う。どう使うかは知事の裁量でほぼ決められるので、かなり恣意的にならざるをえない。

その二——地代ではなく土地生産物に比例する税金

土地生産物に対する税金は、実際には地代に対する税金である。直接には農業経営者が納税する場合でも、最終的には地主が負担する。農業経営者は、生産物のある部分を税金として支払わなければならない場合、税金部分の価値が平均して年にどの程度になるかをできるかぎり正確に計算し、その分を差し引いて、地主に支払うことに同意する地代を算出する。この種の税金には教会に支払う十分の一税があるが、納税額が平均して年にどの程度になるかを事前に計算しない農業経営者はいない。

十分の一税などのこの種の土地税は、完全に公平だとみえるが、実際にはきわめて不公平な税金である。生産物に対する比率が一定でも、状況が違えば、地代に対する比率が大きく違うからだ。土地がきわめて肥沃で大量の生産物を生産できれば、農業経営者が生産

物の半分だけで耕作に使った資本を回収し、地域の農業資本にとって通常の利益を確保できる場合もある。この場合、生産物のうち残り半分、あるいは同じ意味だが残り半分の価値は、十分の一税がなければ地代として地主に支払うことができる。だが、生産物の十分の一を教会に支払う場合、地代を五分の一軽減されなければ、資本を回収したうえ通常の利益を確保することはできない。この場合、地主が得られる地代は生産物の半分（十分の五）ではなく、十分の四になる。これに対して、土地が痩せていて生産物が少ないうえに耕作に経費がかかるため、農業経営者が資本を回収して通常の利益を確保するには、生産物の五分の四を必要とする場合もある。この場合、十分の一税がなくても、地主が得られる地代は生産物の五分の一（十分の二）にすぎない。だが、生産物の十分の一を教会に支払う場合、その分を地代から軽減するよう求めるしかなく、このため地代は生産物の十分の一にすぎなくなる。要するに十分の一税は、肥沃な土地であれば地代のうち五分の一を超えない場合もあろうが、痩せた土地では半分に達する場合もあるのだ。

十分の一税は地代に対する税としてきわめて不公平なことが多いので、かならず地主による土地改良と農業経営者による耕作を妨げる大きな要因になる。地主はとくに重要な改良、通常とくに経費のかかる改良にふみきれない。農業経営者はとくに価値が高い作物、通常とくに経費がかかる作物を栽培できない。経費をまったく負担しない教会が、利益の

うちきわめて大きな部分を得る仕組みになっているからである。染料として使われる茜《あかね》は長年、オランダでしか栽培されていなかった。オランダは長老派教会の国なので破壊的な十分の一税がなく、茜についてヨーロッパ市場で独占的地位を築いていた。後にイングランドで栽培の試みがはじまったのは、茜では一エーカー当たり五シリングの支払いだけで、すべての種類の十分の一税に代えることができると法律で規定された結果である。

ヨーロッパの大部分では教会が、そしてアジアの多数の国では政府が、地代ではなく土地生産物に比例する土地税を主な財源にしている。中国では主権者の収入は主に、帝国内のすべての土地に課される生産物の十分の一の税金によっている。だがこの十分の一の税金はごく低い評価によるものなので、通常の生産物の三十分の一にもならない地域が多いといわれている。イギリスの東インド会社が支配権を握る以前にインドのベンガル地方を支配していたイスラム教国では、土地税または地代は土地の生産物の約五分の一だったという。古代エジプトの土地税もやはり、生産物の五分の一だったといわれている。

アジアではこの種の土地税が主要な財源になっているため、主権者が土地の改良と耕作に関心をもっているという。中国や、以前にベンガルを支配していたイスラム教国、古代エジプトでは、主権者が優れた道路と航行可能な運河の建設と維持に熱心であり、それによって自国内の市場を最大限に確保して、土地生産物の量を最大限に増やし、価値を最大

限に高めようとしているという。教会の十分の一税はごく小さな部分に分割されるので、それを受け取る聖職者は誰も、アジアの主権者のような関心をもてない。一つの教会区の聖職者が、国内の遠く離れた場所に道路や運河を建設し、自分の教会区の生産物の市場を拡大しようとしても、引き合うはずがない。土地生産物に比例する土地税は、国の財源になる場合には利点があり、不都合をある程度まで相殺できよう。だが教会の維持にあてられる場合には、不都合だけになる。

土地の生産物に対する税金は、現物で徴収されることもあるし、評価に基づいて金銭で徴収されることもある。

教会区の聖職者であれば十分の一税を、所有地に住んでいる小地主であれば地代を、それぞれ現物で受け取る方が有利だと考える場合もおそらくあるだろう。集める量が少なく、地域も限られているので、受け取るべきもののすべての徴収と処分をみずから監督できるからである。これに対して巨額の資産をもち、首都に住む大地主は、遠隔地にある所有地の地代を現物で受け取る場合、代理人の怠慢によって、そしてそれ以上に代理人の不正によって、大きな損失を被る危険がある。主権者の場合には、徴税官の不正と略奪で被る損失がかならずさらに大きくなるだろう。民間人ならとくに不注意な人でも、とくに注意深い君主よりもおそらく、使用人の行動をしっかり監視している。財政収入を現物で得ている

場合、徴税官の怠慢や不正による損失がきわめて大きくなり、国民から徴収された税のうち、国庫に入る部分の比率はごく低くなるだろう。しかし、中国では財政収入の一部が物納によるものになっているという。中国の官僚などの徴税人は間違いなく、金銭を使うより不正が容易な物納の方法を続ける方が有利だと考えているはずだ。

土地の生産物に対する税金を金銭で徴収するとき、市場価格の変化にしたがって変わる評価に基づく場合と、市場の状況がどうであれ、たとえば小麦一ブッシェルの金銭価格をつねに一定だとする固定評価に基づく場合とがある。市場価格によって変動する評価に基づいて徴収する場合、税収の変動をもたらす要因は、農業の発展か衰退による土地生産物の実際の増減だけである。固定評価に基づいて徴収する場合、税収の変動をもたらす要因は、土地生産物の増減だけでなく、金銀の価値の変動や、それぞれの時期に同じ額面の硬貨に含まれる金銀の量の増減も加わる。市場価格に基づく評価の場合の税収は、実際の土地生産物の価値に対する比率がつねに一定である。固定評価の場合の税収は、時期によってこの比率が大きく変化しうる。

土地の生産物の一定割合でもその価格でもなく、一定額の金銭が税または十分の一税に代わるものとして徴収される場合には、イギリスの土地税と性格がまったく同じになる。この場合、土地の地代が上下しても、税額は変わらない。土地改良を妨げることも刺激す

ることもない。大部分の教会区で本来は物納の十分の一税がいわゆる代金納によって徴収されており、この種の税になっている。ベンガルを以前に支配していたイスラム教国では、土地生産物の五分の一の物納に代えて、大部分の地区で代金納、それもごく低率の税が確立していたという。東インド会社の一部の従業員が財政収入を適切な水準に戻すためと主張し、一部の地区で代金納を廃止して物納を義務づけた。同社従業員による支配のもとで、この変更によって農業が妨げられるとともに、徴税にあたって不正を働く新たな機会が生まれることになろう。同社がベンガルを支配するようになった当初と比較して、税収がすでに大幅に減少しているという。同社の従業員はおそらく、この変更で利益を得たのだろうが、そのためにおそらく同社とベンガルがともに損失を被っている。

その三——家賃に対する税金

家賃は二つの部分に分けることができ、一方は家屋賃料と呼ぶのが適切であり、他方は通常、敷地地代と呼ばれている。

家屋賃料は、家屋の建設に費やした資本の利子または利益である。不動産賃貸業が他の業種と同等になるためには、家屋賃料は以下の二つを合計した金額に十分に達していなければならない。第一に、同額の資本を確実な担保をとって貸した場合に得られる利子に見

合う金額である。第二に、家屋をつねに修繕し維持していける金額、つまり、家屋の建設に使われた資本をある年数以内に回収できる金額である。このため家屋賃料、つまり借家建設の通常の利益はどの地域でも、通常の金利に左右される。市場金利が四パーセントのとき、敷地地代を除く家賃が家屋の総経費の六パーセントから六・五パーセントであれば、おそらく不動産業で十分な利益を得られる。金利が五パーセントであれば、おそらく七パーセントから七・五パーセントが必要になるだろう。市場金利との関係でみて、不動産賃貸業の利益率がこの水準を大幅に上回る時期があれば、利益率が適正水準に下がるのに十分な資本が、すぐに他の業種から引きつけられる。不動産賃貸業の利益率がこの水準を下回る時期があれば、逆に資本が他の業種に引きつけられ、利益率が上昇して適正水準に戻る。

家賃全体のうち、この適正な利益の確保に必要な金額を上回る部分は、自然に敷地地代になる。敷地と建物で所有者が違うときにはほとんどの場合、この部分がすべて敷地の所有者に支払われる。この超過家賃は住宅の居住者が、立地の実際の利点か、主観的な利点に対して支払う価格である。都市から遠く離れた農村で、土地が十分にあり自由に選べる状況であれば、敷地地代はほとんどかからず、敷地が農業に使われた場合に支払われる地代を超えることはない。大都市郊外の邸宅なら、敷地地代はかなり高い場合があるし、と

くに便利か風光明媚な土地であれば、極端に高い場合もある。首都では一般にとくに高く、商業や事業、娯楽や社交、単なる虚栄や流行などの理由で、住宅の需要がとくに多い地区でとりわけ高くなっている。

家賃に対する税金は、それぞれの住宅の借り手が納税義務を負い、家賃の総額に比例して税額が決まる場合、かなりの期間にわたって家屋賃料に影響を与えることはできない。不動産賃貸業によって適正な利益を得られないのであれば、家主は賃貸事業を止めるしかない。そうなれば住宅の需要が供給を上回り、短期間のうちに利益率が他の業種と比較して適正な水準に戻る。また、家賃に対する税金がすべて敷地地代で負担されることもない。一部を住宅の居住者が負担し、一部を地主が負担することになろう。

たとえば、ある人が年に六十ポンドを家賃として支払えると判断したと想定しよう。また、家賃に対して五分の一の税金がかかり、居住者が納税義務を負うとも想定しよう。この場合、年に六十ポンドの家賃の住宅を借りると、年に七十二ポンドの経費になるので、年間に負担できると判断した金額より十二ポンド多くなる。このため、少し程度を落として家賃が五十ポンドの住宅で満足する。これなら税金の十ポンドを支払っても、年間の経費が六十ポンドになり、支払えると判断した金額になる。つまり税金を支払うために、家賃があと十ポンド高い住宅を借りた場合に得られるはずの追加の便益の一部をあきらめ

る。あきらめるのは、追加便益の一部である。すべてをあきらめなければならないことはまずない。税金があるために、年に五十ポンドの家賃で、税金がなかった場合より良い住宅が借りられる。家賃の税金のためにこの人が脱落して、家賃が年六十ポンドの住宅の借り手の競争が緩くなったはずだが、年五十ポンドの住宅でも、違う家賃の住宅でも、同じことが起こったはずである。ただし、家賃が最低の住宅では事情が違い、しばらくの間、競争が逆に激しくなる。借り手の競争が緩くなった部分では、家賃はかならず多かれ少なかれ安くなる。しかしこれによる家賃の低下が、少なくともかなりの期間にわたって家屋賃料に影響を与えることはできない。長期的にみればかならず、敷地地代で全額を負担しなければならない。したがって、この税金は最終的に、居住者が便益の一部をあきらめるという形で部分的に負担し、地主が収入の一部を放棄する形で残りを負担することになる。最終的な負担が居住者と地主の間にどのように分割されるかは、簡単には確認できないだろう。おそらく状況によって大きな違いがあり、この種の税金は状況によって、住宅の居住者と土地の所有者の双方にまったく不公平な影響を与えるだろう。

この種の税金の負担が敷地地代を受け取る地主の間で不公平になるのはすべて、この分割がたまたま不公平になるためであろう。だが、住宅の居住者の間で負担が不公平になるのは、この分割の不公平という要因だけでなく、別の要因のためでもある。生活費に占め

る家賃の比率は、各人の豊かさによって違ってくる。この比率はとくに豊かな人がおそらくもっとも高く、貧しいほど低くなり、とくに貧しい人が一般にもっとも低くなる。貧乏人にとっては、生活必需品の負担が重い。食料を入手するのが容易ではなく、わずかな収入の大部分を食料を買うのに使う。金持ちの場合には、贅沢品と虚飾品が支出の中心になる。そして壮大な屋敷があれば、所有する贅沢品と虚飾品をうまく飾りたてて、引き立たせることができる。このため、家賃に対する税金の負担は一般に金持ちほど重くなるが、このような不公平はおそらく、とくに不合理だとはいえない。金持ちが収入に比例するだけでなく、それ以上の比率で財政に貢献するのは、とくに不合理ではない。

家賃はいくつかの面では土地の地代に似ているが、一つの面で基本的に違っている。土地の地代は、生産的な土地の利用に対して支払われる。地代を支払って借りる土地で、地代分を生み出せる。これに対して家賃は、非生産的なものの利用に対して支払われる。住宅もその敷地も何も生み出さない。このため家賃を支払う人は、借りている住宅とは無関係な別の収入源から、家賃分を引き出さなければならない。家賃に対する税金のうち居住者が負担する部分は、家賃と同じ収入源から、労働の賃金か資本の利益、土地の地代による収入から支払わなければならない。つまり居住者が負担する部分は、収入の三つの源泉のうち一つから支払われるのではなく、三つの源泉から区別なく支払われる税金の一種で

あり、あらゆる面で、他の消費財にかかる税金と同じ性格をもっている。一般的にいって、個々人の生活が贅沢か質素かを、支出か消費の一つの項目だけで判断するのであれば、おそらく家賃が最適であろう。この項目の支出に対して一定比率の税金をかければ、ヨーロッパのどの国でも、家賃に対する税で、これまで得られなかったほどの税収を確保できるだろう。ただし、税率がきわめて高ければ、国民の多くはもっと小さな家で満足し、支出の大部分を他の項目に振り向けて、この税金をできるかぎり避けようとする結果になろう。

住宅の家賃は、農地の地代を確認するために必要なものと同じ方法を使えば、十分に正確に確認するのは容易だともみられる。居住者がいない住宅は税金をかけるべきではない。空き家への税は所有者がすべて負担することになり、便益も収入ももたらさないものに税金をかける結果になるからである。所有者が居住している住宅は、建設に要したはずの経費に基づいてではなく、貸した場合に得られただろう家賃を適切な裁定で評価した結果に基づいて課税すべきである。住宅の建設に要したはずの経費に基づいて、その十五パーセントから二十パーセントの税金をかけ、それに他の税金も加われば、イギリスでも他の文明国でも、裕福な名門がほぼすべて破滅するだろう。イギリスでもとくに豊かな名門が保有する都市と農村の邸宅を注意して調べてみれば、当初の建設費のわずか六・五パーセン

トから七パーセントと見積もっても、みなし家賃が所有地で得られる純地代にほぼ等しくなることに気づくはずだ。何世代にもわたって経費を積み重ね、美しく壮大な建物を作り上げてきたが、その経費と比較すると、交換価値はきわめて低い*。

*　本書の初版が発行された後、ここに論じたものとほぼ同じ原理に基づいて、家賃を基準にする税が課されるようになった。

敷地地代は、課税対象として住宅の家賃よりさらに適切である。敷地地代に税金をかけても、家賃は上昇しない。税金はすべて敷地地代を受け取る地主が負担する。地主はつねに独占者として振る舞い、所有地から最大限の地代を引き出す。地主が得られる地代は、その土地をめぐって競争する借り手がたまたま豊かか貧しいか、ある場所に住みたいという望みをかなえるために使える経費が多いか少ないかによって決まる。どの国でも、金持ちの借り手がもっとも多いのは首都であり、したがって、敷地地代がもっとも高いのはかならず首都である。敷地地代に税金をかけても、借り手の富が増えるわけではないので、敷地の利用に対する支払いを増やそうとはおそらく考えない。納税するのが居住者でも地主でも、重要な違いはほとんどない。居住者は支払わなければならない税金が増えるほど、敷地への支払いに消極的になる。そのために税金は最終的にすべて、敷地地代を受け取る

地主が負担することになるだろう。居住者がいない住宅の敷地地代には税をかけるべきではない。

敷地地代と農地の地代はともに、多くの場合に地主がみずからは配慮や注意をしなくても得られる種類の収入である。国の支出を賄うためにこの収入の一部を徴収しても、そのために悪影響を受ける産業はないだろう。社会の土地と労働による年間生産物、つまり社会全体の真の富と収入は、税金をかけた後にもかける前と変わらないとみられる。このため敷地地代と農地の地代はおそらく、特別の税を課したときにそれを負担する能力がとくに高い種類の収入である。

この点で、敷地地代は農地の地代と比較してすら、特別な課税の対象としてさらに適切だとみられる。農地の地代は多くの場合、少なくとも一部は地主の注意と適切な管理によるものである。地代に重税をかければ、地主による注意と適切な管理を妨げる可能性もある。これに対して敷地地代のうち農地の地代を上回る部分は、すべて主権者の適切な統治によるものである。全国民かある地域の居住者の産業を政府が保護しているからこそ、居住者は各人の住宅の敷地について、真の価値をはるかに超える地代を支払えるのであり、地主にとっては、所有地が住宅に使われていることで被る損失をはるかに超える支払いを受けられるのである。国の適切な統治によって得られた収入なのだから、特別に課税し、

他の収入の大部分より高い比率で政府を支える資金を負担させるのは、まったく理に適っている。

ヨーロッパの多くの国で家賃に税金がかけられているが、敷地地代を切り離して課税対象にしている例は知らない。税制の立案者はおそらく、家賃のうち敷地地代とみなすべき部分と、家屋賃料とみなすべき部分とを確認するのが難しいと考えたのだろう。だが、家賃のうちこの二つの部分を区別するのは、とくに難しくないはずである。

イギリスでは、住宅の家賃も、いわゆる土地税によって毎年、土地の地代と同じ率で課税されることになっている。それぞれの教会区や地区への土地税課税に使われる評価額は、つねに一定である。この評価額は当初から極端に不公平であり、いまでも不公平である。国内の大部分で、住宅の家賃は土地の地代よりもさらに土地税が軽くなっている。ごく少数の地区だけは当初の評価額が高かったうえに、その後に家賃が大幅に下がって、実際の家賃に対する課税額の比率が、土地税の本来の水準である十五パーセントから二十パーセントになっているという。借家人がいない住宅は、法律上は課税されることになっているが、ほとんどの地区で査定官の配慮によって土地税を免除されている。この免税によって個々の住宅の課税額が小幅変わることがあるが、地区全体の課税額は変わらない。住宅の新築や改築で家賃が増えれば、地区の他の住宅で課税額が減ることになり、この要因でも

個々の住宅の課税額が小幅変動する。

オランダでは、すべての住宅はその価値の二・五パーセントの税金を課されており、実際に支払われている家賃や、借家人がいるかいないかは考慮されない。借家人がおらず、収入を生み出していない住宅に課税するのは、しかもここまで高い率で課税するのは、住宅の所有者にとって過酷だと思える。オランダでは市場金利が三パーセントを超えないので、住宅全体の価値の二・五パーセントでは、ほとんどの場合に家屋賃料の三分の一を上回り、ときには家賃全体の三分の一を上回るはずである。だが、住宅の課税に使われている評価額は、きわめて不公平ではあるが、つねに実際の価値を下回っているという。住宅の建て替え、改築、増築が行われた場合には再評価され、新たな評価に基づいて課税される。

イングランドでさまざまな時代に住宅を対象とする各種の税金を立案した人は、各住宅の実際の家賃をある限度まで正確に確認するのは難しいと考えたようだ。このため、もっと明確な基準、そしてほとんどの場合に家賃にかなり比例するとおそらくは思えた基準にしたがって課税している。

この種の税金で最初に使われたのは暖炉税であり、暖炉一つ当たり二シリングであった。各住宅に暖炉がいくつあるのかを確認するには、徴税官が住宅のすべての部屋に立ち

入って調べる必要がある。この検査が不愉快なことから、暖炉税は不愉快な税になった。このため名誉革命の直後に、隷属の象徴として廃止された。

つぎに導入されたのは、居住者のいる住宅に対する最低二シリングの税であった。窓が十以上ある住宅では、四シリングが追加される。窓が二十以上の住宅では税額が八シリングになる。この税はその後に改定され、窓が二十以上三十未満の住宅では十シリング、窓が三十以上ある住宅では二十シリングになった。窓の数はほとんどの場合に外部から調べられるし、いずれにせよ、住宅のすべての部屋に立ち入る必要はない。このため、この税では徴税官の検査が暖炉税ほど不快にならない。

この税はその後に撤廃され、代わりに窓税が作られて、やはり何度か改定と増税が行われた。現時点（一七七五年一月）の窓税は、住宅一軒当たりイングランドで三シリング、スコットランドで一シリングに加えて、窓一つ当たりの税額が定められており、イングランドの場合、窓が七つ以下の住宅には最低の二ペンスだが、窓の数が多いほど高くなり、最高は窓が二十五以上ある住宅の二シリングになっている。

この種の税金のすべてに反対する主な論拠になるのは、不公平さ、それも最悪の不公平さである。金持ちより貧乏人の方が税金の負担が重くなることが少なくないからだ。家賃が年十ポンドの農村の住宅の方が、年五百ポンドのロンドンの住宅より窓が多いこともあ

るだろう。そして年十ポンドの住宅に住む人はおそらく年五百ポンドの住宅に住む人よりはるかに貧しいが、窓税の納税額でみれば、国を支えるための負担が重くなっているのである。したがってこの種の税金は、前述の四原則のうち第一の原則に完全に違反している。ただし、他の三つの原則には大きく違反しているとは思えない。

窓税など、住宅に対する税金には本来、家賃の低下をもたらす性格がある。税金の支払い額が多いほど、家賃として支払える金額は明らかに少なくなる。だが、窓税が課税されるようになった後、わたしがよく知っている国内の都市や村ではほとんどどこでも、住宅の家賃は全体として、程度の差はあれ上昇してきた。イギリスのほぼどの地域でも、住宅の需要が増えているので、窓税で押し下げられる以上に家賃が押し上げられている。これはイギリスが大いに繁栄し、国民の収入が増加していることを示す多数の事実の一つである。窓税がなければ、家賃はおそらくもっと上昇していただろう。

第二項――利益、つまり資本から生じる収入に対する税金

資本から生じる収入、つまり利益は、自然に二つの部分に分かれる。利子を支払い、資本の所有者に帰属する部分と、利子の支払いに必要な額を超える余剰部分である。

利益のうちこの余剰部分は明らかに、直接の課税対象にならない。この部分は資本を使

うリスクと手間に対する報酬であり、しかもほとんどの場合に、ごく適度な報酬にすぎない。事業主はこの報酬を受けなければならず、受けられなければ事業を続けることは自分の利益にならない。このため、利益全体に比例する税金を直接に課された場合、利益率を引き上げるか、利子の部分に税金を転嫁して、利子の支払いを減らすしかない。税金に見合って利益率を引き上げた場合、税金はすべて事業主によって納付されるとしても、最終的には管理する資本を事業主がどのように使うかによって、二種類の人のうちどちらかが負担することになる。農業資本として土地の耕作に使う場合、土地生産物のうち自分の取り分とする部分かその対価の比率を高めることによってしか、利益率を引き上げられない。それには地代を減らすしかなく、税金は最終的に地主が負担する。商業か製造業の資本として使う場合には、商品価格を引き上げることによってしか、利益率を引き上げられない。この場合、税金は最終的に、商品の消費者が負担する。利益率を引き上げないのであれば、利益のうち利子に割り当てた部分に税金をすべて転嫁するしかない。借り入れた資金に支払える利子が減り、税金は最終的に、利子部分で負担される。以上の一方の方法で税金を転嫁できないのであれば、もう一方の方法で転嫁するしかない。

資金の利子は一見、土地の地代と同じく、直接の課税対象になりうるように思える。土地の地代と同様に、資本を使うリスクと手間のすべてに対する報酬を完全に差し引いた後

に残る純収入である。土地の地代に税金をかけても、地代は上昇しない。農業経営者が資本を回収し、適切な利益を確保した後に残る純収入は、課税後に課税前より増えることなどありえないからだ。これと同じ理由で、資金の利子に課税しても金利は上昇しないだろう。国内の資本や資金の総額が、土地の総量と同様に、課税後に課税前と変わらなければそうなる。本書第一編第九章で論じたように、通常の利益率はどの地域でも、使用される資本の量と、資本の使途、つまり資本を使って行うべき事業の量の比率によって決まる。だが、資本の使途、つまり資本を使って行うべき事業の量は利子への課税では、増加も減少もしないだろう。使用される資本の量が利子への課税で増減しないのであれば、通常の利益率も変わらないはずである。そして利益のうち、事業主のリスクと手間に対する報酬として必要な部分も変わらないだろう。リスクと手間はどのような点でも変わらないからである。このため、資本の所有者に帰属して利子の支払いにあてられる部分も変わらないだろう。したがって、資金の利子は一見、土地の地代と同様に直接の課税対象とするのに適しているように思える。

　だが、二つの要因があって、資金の利子は土地の地代と比較して、直接の課税対象としてあまり適切だといえなくなっている。

　第一に、各人が所有する土地の面積と価値は秘密にすることができず、つねに正確に確

認できる。これに対して各人が保有する資本の総額はほぼつねに秘密であり、ある程度まで正確に確認することはまずできない。そのうえ、資本の総額はほぼいつも変動している。多少なりとも増減しない年はまずないし、一か月でみても増減することが多く、一日ごとにすら増減することがある。秘密にしている点を調べられ、しかもそれに合わせた課税のために財産の変動を逐一調べられれば、誰にとってもいつまでも続く苛立ちのタネになるので、我慢できる人はいないだろう。

第二に、土地は動かすことができないが、資本は簡単に動かせる。土地の所有者はかならず、その土地のある国の国民である。一方、資本の所有者は実際には世界市民なのであり、一国から離れられないとはかぎらない。厄介な税金をかけるために苛立たしい調査を行うような国を捨てて、もっと気楽に事業を行えるか富を使える国に資本を移したいと考えることも多い。資本を他国に移せば、その資本で維持されてきた産業はすべて止まることになろう。資本は耕作に使われ、労働者の雇用に使われる。資本の逃避をもたらす税金をかければ、主権者の収入の源泉も社会の収入の源泉もともに枯渇していく要因になる。資本が逃避すれば、資本の利益だけでなく、土地の地代も労働の賃金もかならずそれだけ減少する。

このため、資本から生じる収入に税金をかけようと試みてきた国はいずれも、この種の

厳格な調査に頼るのではなく、きわめて大まかで、したがって多少とも恣意的な推定に頼らざるを得なくなっている。この方法で査定した税金は極端に不公平で不確実になり、この問題を軽減するには、査定をあまくするしかない。そうすれば、誰にとっても実際の収入と比較して課税額がごく少なくなるので、隣人の課税額がもっと少なくても、とくに不愉快にならない。

　イギリスで土地税と呼ばれている税はもともと、資本に対しても土地と同じ税率で課税することを意図していた。土地に対する税金が推定地代の五分の一と決められたとき、資本に対しても、推定利子の五分の一の税金をかけることを意図した。現在の土地税が作られたとき、法定の上限金利は六パーセントであった。このため、資本に一・二パーセント（資本百ポンド当たり六ポンドの五分の一にあたる一・二ポンド）の税をかけると規定された。その後に法定金利が五パーセントに引き下げられたので、税率が一パーセントになった。土地税と呼ばれるこの税で徴収される金額は、農村と主要な都市に割り当てられた。大部分が農村に割り当てられ、都市に割り当てられた部分も大部分は住宅に対するものであった。その残りが都市の資本か事業に割り当てられたが（農業資本は課税対象外だからだが）、資本や事業の実際の価値と比較して、課税額はきわめて少なかった。このため、当初の査定に不公正な部分があっても、ほとんど問題にならなかった。いまでも各教会区、

各地区には、当初と同じ査定額で土地、住宅、資本に土地税が割り当てられている。そして国内のほぼ全体が繁栄しているので、ほとんどの地区で土地、住宅、資本の価値が大幅に高まっており、いまでは当初の不公平が一層問題ではなくなった。また、各地区の割り当て額は変わっていないので、各人の資本への課税額に関する不確実さはほぼなくなっているし、大した意味をもたなくなっている。大部分の土地では、土地税の評価額が実際の価値の半分にもなっていないのだが、資本はおそらく、実際の価値のせいぜい五十分の一ほどで評価されているにすぎない。いくつかの都市では、土地税がすべて住宅に対するものになっている。たとえばウェストミンスターでは、資本と事業に対して土地税がかけられていない。しかしロンドンでは、資本に土地税がかけられている。

　どの国でも、民間人の財産を厳格に調査する方法を注意深く避けている。

　ハンブルクでは、すべての居住者が資産の四分の一パーセントを納税するよう義務づけられている。ハンブルク国民の富は主に資本なので、これは資本に対する税だと考えられる。国民はそれぞれ自分で資産を評価し、年に一回、為政者の立ち会いのもとで税金を国庫に収め、資産の四分の一パーセントを納税したと宣誓して宣言する。だが、納税額は言明しないし、この点について調査されることもない。この税金はきわめて誠実に支払われていると一般にみられている。小規模な共和国で、国民が為政者を全面的に信頼し、国を

支えるために税金が必要だと確信している場合には、このように良心的で自発的な納税が期待できることもある。これはハンブルクの国民だけにみられるものではない。

スイスのウンターバルデン州では、嵐や洪水に見舞われて特別の財政支出を必要とすることが少なくない。そうした場合、全州民が集会を開き、各人が資産の総額を率直に伝えて、それにしたがった課税を受け入れるという。チューリヒ州では法律によって、必要な場合に全州民が収入に比例して税金を支払うと規定されており、各人が宣誓のうえ収入を申告するよう義務づけられている。収入をごまかす人がいるとは考えられていないという。バーゼル州では、低率の輸出関税が主な財源になっている。州民は全員、三か月ごとに法律で決められた税金を支払うことを宣誓して約束する。すべての商人は、そして旅館の主人すら、州内と州外に販売した商品について各人がつける帳簿が信頼できるものだとみられている。三か月の期間が終わると、算出した税額を最後の行に記入して、この帳簿を収入役に提出する。このように州民を信頼しているために税収が減るとは、誰も考えていない。

スイスのこれらの州では、公の場で宣誓のうえ自分の資産総額を明らかにする義務が、州民にとって耐えがたいことだとは考えられていないようだ。ハンブルクでは、このように義務づければ、まったく耐えがたいことだとみられるだろう。リスクの高い貿易を行っ

ている商人にとって、自分の資産の状態をつねに明らかにするよう義務づけられるのは、考えるだけで恐ろしいことである。そんなことをすれば、信用が失われ、事業が継続できなくなる事態が頻繁に起こると予想するからだ。このようにリスクの高い事業を行ったことがなく、真面目で質素な人は、自分の資産の状態を隠す必要があるなどとは考えない。

オランダでは十六世紀末、オラニエ公ウィレム一世が総督に就任した直後に、いわゆる五十分の一税によって、すべての国民を対象に全資産の二パーセントの税金を徴収した。ハンブルクと同様の方法で、全国民がそれぞれ自分の資産を評価し、税金を支払った。この税金はきわめて誠実に支払われたと一般にみられている。当時のオランダは、国民をあげての反乱でスペイン王国の支配をくつがえし、新政府を樹立したばかりであり、国民が政府に対して強い愛着をもっていた。この税金は一度限りのものであり、非常時の国を救うためのものであった。恒久的な税にするには、負担が重すぎるものでもあった。市場金利が三パーセントをめったに超えないオランダで二パーセントの税をかけたのだから、資本で通常得られる最高の純利益に対する税率は六十六・六七パーセントにもなる。ほとんどの国民は、資本を多少なりとも取り崩さなければ支払えなかったはずだ。非常時には国民が愛国心に燃え、国を救うために資本の一部を拠出することすらある。だが、かなりの期間にわたってこれを続けることはできない。続ければ、税金の負担によって破滅し、国

を支えることがまったくできなくなる。

イギリスの土地税によって資本にかけられている税金は、資本の総額に比例するものではあるが、資本の一部を徴収して資本を減らすようにはなっていない。資金の利子に対して、土地の地代と同じ率で課税することを意図しており、地代の税率が二十パーセントのときに利子に対しても二十パーセントの税をかけるにすぎない。ハンブルクの税も、さらに税率が低いウンターバルデン州とチューリヒ州の税もやはり、資本に対してではなく、資本の利子または純利益に対するものである。オランダの税は、資本に対する課税になるように意図された。

特定業種の利益に対する税金

いくつかの国では、資本の利益に対する特別の税金として、商業のうち特定業種に使われた資本の利益を、あるいは農業に使われた資本の利益を課税の対象にしている。

商業のうち特定業種を対象とする税の例をあげれば、イギリスには行商人に対する税、貸し馬車や貸し駕籠《かご》に対する税、ビールや蒸留酒の小売り免許に対して居酒屋が支払う税がある。七年戦争の際に、商店を対象とする同じ種類の税が提案された。この戦争は国の貿易を守るためのものであり、それによって利益を受ける商人が戦費を負担すべきだと主

張されたのである。

しかし、商業のある業種に使われる資本の利益に対する税金が、最終的に商人の負担になることはありえない（商人は通常の場合、妥当な利益を得ているはずであり、競争が自由であれば、妥当な水準を超える利益を得られることはまずない）。かならず消費者が負担することになり、商人が納付した税金を商品価格の一部として、しかも通常はいくらかの上乗せ分を含めて支払わなければならない。

この種の税金は、商人の事業規模に比例する場合には、最終的に消費者によって支払われ、商人を圧迫することはない。事業規模に比例せず、すべての商人が同じ金額を支払う場合には、やはり最終的には消費者によって支払われるが、大商人に有利になり、小規模な商人はある程度苦しくなる。貸し馬車一台につき週五シリングの税金、貸し駕籠一丁につき年十シリングの税金は、それぞれの所有者によって納付されていれば、事業の規模に正確に比例している。大規模な商人を優遇することも、小規模な商人を圧迫することもない。ビールの小売り免許に対する年二十シリングの税金、蒸留酒の小売り免許に対する年四十シリングの税金、ワインの小売り免許に対する年四十シリングの税金は、すべての商人が同額を負担するものであり、かならず大規模な商人にある程度有利になり、小規模な商人には不利になる。大規模な商人は小規模な商人にくらべて、商品価格で税金を回収す

るのが容易である。しかし税額が少ないために、この不公平さもそれほど重要ではなく、小さな居酒屋が増えるのをある程度防げる点で不適切とはいえないと考える人が多いかもしれない。前述の商店に対する税金も、すべての商店から同じ金額を徴収するものとして提案された。それ以外の方法はなかったはずだ。商店の事業規模に比例して課税しようとすると、自由な国でまったく支持できないような調査を行わないかぎり、ある程度の正確さすら確保できない。税額が多ければ、小規模な商店が圧迫され、小売り事業のほぼすべてが大規模な商店に集中せざるを得なくなる。小規模な商店が競争から脱落し、大規模な商店が商売を独占する結果になる。そうなれば独占者がみなそうするように、大商人が結託して税金の支払いに必要な水準以上に利益率を引き上げただろう。税金は最終的に商人の負担になるどころか、消費者の負担になり、価格が大幅に上乗せされて、商人が利益を得ただろう。こうした理由で、商店に課税する提案は取り下げられ、代わりに一七五九年臨時関税が作られた。

フランスで動産タイユと呼ばれているものは、ヨーロッパの各地で農業資本の利益を対象に課されている税金のなかで、おそらくもっとも重要だろう。

ヨーロッパ大陸で封建制度が支配的だった無秩序な時代には、国王は納税を拒否する力のない弱い庶民から税金を徴収することしかできなかった。大領主は非常時に国王を支援

するのはいとわなかったが、恒常的な税金の支払いを拒否したし、国王には納税を強いるだけの力がなかった。ヨーロッパの全体で、農民は当初、大部分が農奴であった。ヨーロッパの大部分で農奴は徐々に解放されていった。農民の一部は土地を取得するようになり、ときには国王のもとで、ときには大領主のもとで、ある種の隷農的保有の形で、つまり昔のイングランドにあった謄本土地保有権に似た形で土地を所有するようになった。土地を所有しない農民も、領主のもとで占有していた土地について、何年にもわたる長期借地契約を結ぶようになり、その結果、以前より領主から独立するようになった。こうして下層民がある程度豊かになり、独立するようになったのを、大領主は苦々しく腹立たしい思いで見下していたようで、国王による農民への課税に喜んで同意した。いくつかの国では、隷農的保有の土地だけが課税対象になった。この場合の税金はタイユと呼ばれる。サルディニアの前国王カルロ・エマヌエーレ三世が制定した土地税、フランスのラングドック、プロバンス、ドーフィネ、ブルターニュの各州、モントーバン地域、アジャン地区、コンドン地区などで課されている税は、隷農的保有の土地を対象にしている。他の地域では、土地保有権の種類にかかわらず、地主から土地を借りている農民の推定利益が課税対象になっており、この場合の税は動産タイユと呼ばれる。フランスのうち徴税区地域と呼ばれている大部分の州では、この種のタイユが課されている。土地タイユは地域の土地の

うち一部だけを対象とするものなので、当然ながら不公平だが、ときには恣意的になるが、つねに恣意的というわけではない。これに対して動産タイユはある階層の人たちの利益に比例するものであり、利益は推測するしかないものなので、かならず恣意的で不公平な税になる。

フランスでは現在（一七七五年の段階で）、徴税区地域と呼ばれる二十の地域で動産タイユが毎年徴収されており、総額が四〇一〇万七二三九リーブル一六スーである。この総額のうちそれぞれの地域への割り当て額は、農産物の作柄の良否など、各地域の支払い能力の増減をもたらす要因について枢密院に提出された報告に基づいて、年ごとに変動する。各地域はいくつかの徴税区に分かれており、地域への割り当て額のうち各徴税区に割り当てられる額も、それぞれの支払い能力について枢密院に提出された報告に基づいて、年ごとに変動する。枢密院が誠心誠意取り組んでも、各地域、各徴税区への割り当て額を、ある程度まで正確に実際の支払い能力に見合ったものにするのは、不可能だと思える。枢密院がきわめて公正であっても、無知と不正確な報告のために、多かれ少なかれかならず判断を間違えるはずである。徴税区内で各教会区が負担する税額と、教会区内で各個人が負担する税額も、やはりそれぞれの状況に関する推定に基づいて年ごとに変動する。こうした状況を判断するのは、教会区の負担額では徴税区の役人、個人の負担額では

教会区の役人だが、どちらも多少なりとも州知事の指示や意向にしたがう立場にある。税額の査定にあたっては、無知と報告の間違いだけでなく、私情や党派的な敵対心、個人的な恨みもからんでくることが少なくないという。このため納税者は課税額を通知されるまで、税額を確実に知ることができない。そして課税額が決まった後ですら、確実になったとはいえない。免税されるべきなのに課税された人や、適切な比率以上に課税された人もいったんは納税する義務を負うが、その後に異議を申し立ててその主張を立証できれば、教会区の全納税者が翌年に、払い戻しに必要な額を追加課税される。納税者のうち誰かが破産するか税金を支払えなくなった場合、徴税人が税を立て替えなければならず、教会区の全納税者が翌年に、払い戻しに必要な額を追加課税される。徴税人が破産した場合、その徴税人を選んだ教会区が徴税区の収入役に対して責任を負うことになる。だが収入役にとって教会区全体を訴えるのは面倒なので、とくに豊かな五人か六人の納税者を任意に選んで、徴税人の破産によって受けた損失を償うよう義務づける。そして教会区の全納税者が翌年に、この五人か六人への払い戻しに必要な額を追加課税される。こうした追加課税はかならず、その年の課税額に上乗せされる。

商業の場合には、特定業種で資本の利益に税金がかけられれば、その業種の商人はみな、納付した税金を回収できる価格で商品を販売できるように、市場に持ち込む商品の量

を注意深く絞り込む。一部の商人はその業種から資本を引き揚げるので、市場への供給量が以前より少なくなる。商品価格が上昇し、税金は最終的に消費者が負担する。しかし、農業資本の利益が課税対象になったとき、農業から資本の一部を引き揚げるのは、農民にとって利益にならない。農民はそれぞれある面積の土地を占有し、地代を支払っている。この土地を適切に耕作するには、ある量の資本が必要である。必要な資本の一部を引き揚げたときに、農民が地代と税金を支払いやすくなるとは考えにくい。税金を支払うために生産量を減らし、市場への供給量を減らすのは、農民にとって利益になる方法ではない。このため、税金をかけられても農産物価格を引き上げることはできず、税金を最終的に消費者に転嫁することはできない。しかし農民は商人と同じように適正な利益を得なければならず、そうできないのであれば、農業をあきらめるしかない。農業資本の利益が課税対象になったとき、農民が適正な利益を獲得するには、地主への地代の支払いを減らすしかない。税金の支払いが多いほど、地代に支払える額が少なくなる。この種の税金が借地契約の期間中にかけられるようになれば、農民は間違いなく苦しくなり、ときには破産するだろう。だが借地契約の更新にあたって、かならず地主の負担になるはずである。

　動産タイユが使われている地域では一般に、農民は耕作に使っている資本を推定され、それにしたがって課税される。このため、農耕用に何頭もの馬や牛を飼うのを恐れ、でき

るかぎり粗末な農具で耕作しようとすることが少なくない。査定官が公平に判断するとはまったく信じていないので、過大に課税されるのを恐れて貧乏を装い、税金などとても支払えないほど貧しいとみられるようにする。このみじめな方法をとるとき、おそらく自己利益をしっかりと考えているわけではない。これによって節減できる税金よりも、生産物が減ることによる損失の方が多くなっているはずなのだ。こうして農業がみじめな状況にあるために、市場への農産物の供給がある程度少なくなっているのは確かだが、それによって価格がわずかに上昇しても、生産量の減少を補えるほどになるとは思えず、まして、地主に支払う地代を増やせるほどになるとは考えにくい。この結果、社会も農民も地主も多かれ少なかれ打撃を受けている。動産タイユがさまざまな点で農業の障害になり、その結果、どの国でも富の主要な源泉が枯渇する要因になることは、すでに本書第三編第二章で論じた。

　北アメリカの南部と西インド諸島で人頭税と呼ばれている税、つまり黒人一人当たりの一定額で毎年課される税は、実際には農業に使われる資本のうち、黒人に投じた部分の利益に対する税金である。これらの植民地では、農業経営者の大部分は地主でもあるので、この税は最終的に地主の立場で農業経営者が負担することになり、他に転嫁されることはない。

耕作に従事する農奴に対して一人当たり一定額で課される税が、昔はヨーロッパ全体で一般的だったようだ。この種の税がいまでもロシア帝国に残っている。おそらくはこのために、あらゆる種類の人頭税が奴隷状態の象徴だとされることが多い。だが、すべての税金は納税者にとって、奴隷状態の象徴ではなく、自由の象徴である。確かに政府の支配下にあることを示しているが、半面、資産をもっているのだから、他人の資産になりえないことも示している。奴隷に対する人頭税は、自由人に対する人頭税とはまったく性格が違う。自由人に対する人頭税は本人が支払うが、奴隷に対する人頭税を支払うのは本人ではない。自由人に対する人頭税は、少なくともまったく恣意的かまったく不公平かのどちらかであり、ほとんどの場合にこの二つの性格をあわせもっている。奴隷に対する人頭税は、奴隷それぞれに価値の違いがあるのだからある面で不公平だが、恣意的なものではまったくない。奴隷の主人は、所有する奴隷の数が分かっていれば、税額が正確に分かるからだ。だが、この二つの税が同じ名前で呼ばれており、性格が同じだと考えられている。

　オランダでは男女の召使に税がかけられているが、これは資本ではなく支出に対する税であり、その点で消費財に対する税に似ている。イギリスで最近、同じ種類の税として、男の召使一人当たり一ギニー（一・〇五ポンド）がかけられるようになった。この税は中流階級にとくに重い負担になる。年に二百ポンドの収入があれば、召使を一人雇えるだろう。

年に一万ポンドの収入があっても、五十人の召使は雇わない。貧乏人はこの税の影響を受けない。

特定業種の資本の利益に対する税は、金利に影響を与えることはない。課税対象の業種の商人に、課税対象外の業種の商人に対するものより低い金利で資金を貸そうとする人はいない。すべての業種を対象に資本で得られる収入にかける税は、政府がある程度正確に評価して課税しようと試みていれば、多くの場合に利子部分で負担される。フランスの二十分の一税はイギリスのいわゆる土地税と同じ種類の税であり、やはり土地、住宅、資本から生じる収入を課税対象にしている。資本から生じる収入に関していうなら、厳格に査定されているわけではないが、イギリスの土地税のうちやはり資本の利益に対する部分と比較すれば、はるかに正確に査定されている。多くの場合、資金の利子の部分だけで負担されている。フランスでは、いわゆる年金契約に資金が投じられることが多い。これは無期限の融資契約であり、債務者は当初の元本を返済すればいつでも終了できるが、債権者は特別の場合以外に元本の返済を要求できない仕組みになっている。二十分の一税はこの契約のすべてに正確に課されているが、そのために金利が上昇した事実はないようだ。

第一項と第二項への付録――土地、住宅、資本の価値に対する税

資産を同じ人がもちつづけている間は、それに対する継続的な税はどのような種類のものであっても、資産の価値の一部を納付させることを意図するのではなく、資産から生じる収入の一部だけを徴収することを意図している。だが資産の所有者が変わるときには、所有者の死亡による場合もそうでない場合も、資産価値の一部を納付させるように意図した税金を課すことが少なくない。

遺産ならあらゆる種類の資産で、そうでないときも土地や住宅といった不動産の場合には、所有権の移転はその性格上、周知であるか、そうでなくても長く秘密にしておくことはできない。したがって直接に課税できる。これに対して、資金の貸借によって資本や動産を移転する取引は秘密にされる場合が多いし、いつでも秘密にすることができる。したがって、直接に課税するのは難しい。そこで、二つの方法を使って間接的に課税されている。第一は、返済義務を規定した債務証書に印紙税を納めた用紙か羊皮紙を使うよう義務づけ、印紙税を納めていない場合には債務証書を無効にする方法である。第二は、公開か非公開の登記を義務づけ、登記に一定の税をかけて、登記していない場合には債務証書を無効にする方法である。印紙税と登記税は、あらゆる種類の遺産を相続するか遺贈される

ときや、不動産の所有権を移転するとき、つまり直接の課税が容易なときにも使われることが多い。

古代ローマで初代皇帝アウグストゥスが制定した二十分の一相続税は、相続するか遺贈された遺産に対する税金である。この税についてとくにはっきりと伝えているのは、三世紀の歴史家、ディオ・カッシウスの『ローマ史』であり、もっとも近親の遺族と貧困者に対するものを除いて、すべての相続と遺贈が課税されたと記している。

同じ種類の税金にオランダの相続税がある。傍系親族の相続にあたって、親等に応じて相続財産の総額の五パーセントから三十パーセントが課税される。遺言によって傍系親族に遺贈された場合にも同じ税がかかる。故人の夫か妻が相続した場合には、十五分の一の税がかかる。故人の親が相続するいたましい場合には、二十分の一しかかからない。直系相続、つまり故人の子供か孫が相続する場合には無税である。父親が死亡した場合、同じ家に住む子供にとって、収入が増えることはまずなく、たいていは収入が大幅に減少する。父親の働きと職を失い、父親が生涯不動産権をもっていればそれも失うからだ。そのときに相続した財産の一部を税金として取り上げて損失をさらに増やすのは、冷酷だし抑圧的である。しかし、ローマ法でいう解放された子供、スコットランド法でいう分家した子供の場合には事情が違う。故人の生前に財産分与を受け、自分の家族をもち、父親の財産と

は別の収入源によって生活しているからだ。そうした子供が遺産を相続すれば、財産が増えるのだから、おそらくこの種の税で避けられない不都合以外にはとくに不都合をもたらすことなく、税をかけられるだろう。

封建法のもとでは、土地の所有者が変わるとき、所有者の死亡による場合もそうでない場合も臨時税がかかった。昔はヨーロッパのどこでも、この税が国王の収入の主要部分の一つであった。

王家の直接の臣下が死亡したとき、相続人は領地相続の承認を得る際に税を支払い、一般には一年分の地代を支払った。相続人が未成年の場合、主君は相続人が成年になるまで領地の地代をすべて受け取り、幼少の相続人を養い、未亡人がいる場合に地代の三分の一をいわゆる寡婦産として支払う以外の義務を負わなかった。相続人が成年になると、相続料と呼ばれる別の税がかかり、やはり一般に一年分の地代を主君に支払った。現在なら、当主が未成年の期間が長ければ、領地を担保とする借金をすべて返済し、昔の栄光を取り戻すことが少なくないが、当時はそのようなことはなかった。債務を完済して負担をなくすどころか、領地が荒廃するのが普通であった。

封建法のもとでは、臣下は主君の許可を得なければ土地を譲渡できず、許可を受ける際には通常、許可料の支払いを求められた。この許可料は当初、主君が自由に決められるも

のであったが、やがて多くの国で土地代金の一定比率と規定された。いくつかの国では、封建制度の慣行が大部分使われなくなったいまでも、土地譲渡に対する税金が財政収入のうちかなりの部分を占めている。スイスのベルン州では税率がきわめて高く、貴族的保有地で六分の一、隷農的保有地で十分の一である。ルツェルン州では土地売却に対する税は州全体ではなく、一部の地区だけで使われている。しかし、州外に移住するために土地を売った場合には、売却代金の十パーセントの税がかかる。あらゆる土地、またはある保有条件の土地の売却に際してかける同種の税が多数の国で使われており、多かれ少なかれ主権者の収入の重要な部分を占めている。

土地の売却に対しては間接的に課税する方法もあり、印紙税か登録税が使われる。どちらの税も、譲渡された土地の価値に税額が比例する場合としない場合とがある。

イギリスでは、印紙税の税額は移転される資産の価値で決まるのではなく（債務証書では金額がいくら多くても、印紙税は一・五シリングか二・五シリングであり）、証書の性格によって決まる。もっとも高い場合でも、用紙または羊皮紙一枚当たり六ポンドを超えることはない。そして税額が高い場合にも、主に国王の認可か法手続きのためであって、資産の価値とは無関係である。証書や契約書の登記に対する税金はなく、登記を扱う役人に対する手数料があるだけであり、手数料も役人の労働に対する適切な報酬を超えることは

まずない。登記に関して、国王が収入を得ることはない。

オランダでは、印紙税と登記税がどちらも使われており、税額は、移転される資産の価値に比例する場合と比例しない場合とがある。遺言はすべて印紙税を支払った用紙に書かなければならず、税額は資産価値に比例するので、一枚当たり〇・一五ギルダー（約三ペンス）から二百ギルダー（約二十七・五ポンド）のものまである。支払われた印紙税が規定のものより低ければ、遺産は没収される。印紙税とは別に、相続に対する各種の税がかかる。為替手形などいくつかの商業手形を除いて、すべての証書、債務証書、契約書に印紙税がかかる。だがこの印紙税は資産の価値に比例して高くなるわけではない。土地や住宅の売却、土地や住宅に対する担保権の設定は登記しなければならず、登記にあたって、売却代金か担保の総額の二・五パーセントを国に支払わなければならない。登記税は船舶にもかかり、甲板の有無にかかわらず、積載量二トンを超えるすべての船舶が対象になる。船舶は水上の住宅の一種だとされているようだ。裁判所の命令によって動産を売却する場合にも、やはり二・五パーセントの税がかかる。

フランスでは、印紙税と登記税がどちらも使われている。印紙税は消費税の一種とみなされており、消費税がある州では消費税徴税官が扱う。登記税は国王の収入の一種とされており、別の役人が扱っている。

印紙税と登記税という課税の方法は、ごく最近に発明されたものである。だがわずか一世紀余りで、ヨーロッパのほぼどの国でも印紙税が使われるようになり、登記税もごく一般的になった。国民から税金を引き出す方法ほど、政府が他国から素早く学ぶものはないようだ。

遺産の相続と遺贈に対する税は、故人の資産を譲渡された人が直接に負担するとともに、最終的にも負担する。土地の売買に対する税は、すべて売り手の負担になる。売り手はほとんどの場合に売る必要に迫られているので、売れる価格で売るしかない。買い手の側は買う必要に迫られていることはまずないので、納得できる金額しか支払わない。そして土地に支払う金額は、税金と代金の合計で考える。税金として支払わなければならない金額が多いほど、土地の代金として支払おうと考える金額は少なくなる。この結果、土地の売買に対する税は、ほとんどの場合に金に困っている人にかかるので、冷酷で抑圧的になることが少なくない。新築住宅の売買に対する税は、土地の所有権をつけずに住宅だけが売買される場合、一般に買い手の負担になる。売り手の不動産事業者は利益を確保しなければならず、確保できないのであれば、新築住宅の販売から手を引くしかないからだ。このため売り手が納税しても、通常は買い手がその分を支払わなければならない。中古住宅の売買にかかる税は、土地の売買の場合と同じ理由で、一般に売り手の負担になる。ほ

とんどの場合、売り手は都合か必要によって売るしかない状況にあるからだ。年間に市場にだされる新築住宅の数は、多かれ少なかれ需要に左右される。不動産事業者は経費を回収して利益が得られるほどの需要がなければ、住宅を建設しようとしない。これに対して、ある時期に売りにだされる中古住宅の数は偶然に左右され、需要とはほとんど関係がない。商業都市で二件か三件の大きな倒産があれば、多数の住宅が売りにだされるが、こうした住宅は売れる価格で売るしかない。敷地地代を生み出す土地の売買に対する税は、通常の土地の売買の場合と同じ理由で、すべて売り手の負担になる。債務証書や債務契約に対する印紙税と登録税は、すべて借り手の負担になり、実際にもかならず借り手が支払っている。訴訟に対する同様の税金は、訴訟当事者の負担になる。原告と被告のどちらにとっても、係争になった資産の価値が減ることになる。資産の取得にかかる経費が多いほど、取得した資産の正味の価値は少なくなる。

　各種の資産の移転に税をかけると、そのために資産価値が低下した分、生産的労働の維持にあてられる資金が減少する。多少なりとも非経済的な税であり、ほとんど非生産的な労働者しか維持しない主権者の収入を増やして、生産的労働者だけを維持する国民の資本を減らすことになる。

　こうした税金は、移転された資産の価値に比例する場合でも不公平である。価値が同じ

資産でも、移転の頻度が同じだとはかぎらないからだ。印紙税と登録税の大部分がそうであるように、資産の価値に比例しない場合には、さらに不公平である。もっともどのような面からみても恣意的ではなく、あらゆる場合に完全に明確で確実になっているか、そうすることができる。ときには税金を支払う能力が十分にあるわけではない人の負担になる場合もあるが、支払いの時期は、ほとんどの場合に十分に便利である。納税の時期にはほとんどの場合、納税者は税金の支払いに使える資金をもっている。徴税にかかる経費はきわめて少なく、納税者にとって一般に、税金の支払いという避けられない不都合以外には、とくに不都合にならない。

フランスでは、印紙税が非難されることはあまりない。登記税は非難を浴びている。税がかなり恣意的で不確実なため、徴税請負人のもとで働く徴税人が納税者から金をむしりとる機会になっていると主張されている。フランスで現在の財政制度を非難するために書かれたパンフレットには、登記税の濫用を主要なテーマとするものが多い。だが、不確実さは登記税の性格上、止むを得ないものだとは思えない。国民の非難が根拠のあるものだとするなら、登記税が濫用されているのは、この税の性格のためではなく、税を規定した勅令か法律が明確に書かれていないために違いない。

担保権をはじめ、不動産に対する各種の権利の登記は、貸し手と買い手に大きな保証を

与えるので、社会にとってきわめて役立つものである。他の種類の証書の大部分では、登記は本人にとって不都合だし危険ですらあるうえ、社会にとっての利点がない場合が少なくない。秘密にしておくべきだとされる種類の登記簿はすべて、そもそも作るべきでなかったものだ。個人の信用はそもそも、税務署の下級職員の誠実さと良心のような心もとない点で保証されるべきではない。だが登録税が主権者の収入源になると、登記を扱う役人の数が際限もなく増えていき、登記が必要な証書も不要な証書も扱うようになる。フランスにはさまざまな種類の秘密登記簿がある。このような濫用はこの種の税でかならず起こるというわけではないにしろ、ごく自然に起こることは認めざるをえないだろう。

イギリスでトランプやさいころ、新聞や雑誌にかけられている印紙税は、実際には消費に対する税である。最終的には課税対象の商品を使うか消費する人が負担する。ビール、ワイン、蒸留酒の小売り免許状にかかる印紙税は、おそらく小売り商の利益にかけることを意図したものなのだろうが、やはり最終的に酒類の消費者によって支払われる。これらの税は同じ名前で呼ばれているし、資産の移転にかかる前述の印紙税の場合と同じ役人によって、同じ方法で徴収されているが、性格がまったく違い、支払いの源泉もまったく違っている。

第三項――労働の賃金に対する税金

下層労働者の賃金は、第一編第八章で示したように、いつでもかならず二つの要因によって決まる。第一が労働に対する需要であり、第二が食料品の通常で平均的な価格である。労働に対する需要が増えているのか横ばいなのか減っているのか、つまり人口が増える必要があるのか横ばいになる必要があるのか減る必要があるのかによって労働者の生活水準が決まり、どの程度まで豊かか普通か貧しいかが決まる。そして、食料品の通常で平均的な価格によって、各年を平均したとき、豊かか普通か貧しい生活水準を確保できるようにするために労働者に支払われなければならない金額が決まる。このため、労働の需要と食料品の価格が変わらないときに賃金に直接に税をかければ、賃金が税率を少し上回る率で上昇するだけになる。たとえば、ある地域で労働の需要と食料品の価格によって、労働者の通常の賃金が週に十シリングになっているとしよう。このとき賃金に五分の一、二十パーセントの税をかけるとする。労働の需要と食料品の価格が変わらなければ、その地域の労働者は週に十シリングで購入できるだけの食料品を入手できなければならず、したがって、税金を支払った後に週に十シリングの賃金が残らなければならない。そして、税引き後で十シリングの賃金を得られるようにするには、その地域の賃金がすぐに上昇しな

ければならず、しかも、週に十二シリングにではなく、週に十二シリング六ペンス（十二・五シリング）に上昇しなければならない。つまり、五分の一の税金を支払えるようにするには、賃金は五分の一ではなく、四分の一上がらなければならない。税率がどうであろうと、労働の賃金は税率と同じ率ではなく、それ以上の率で上昇しなければならない。たとえば税が十分の一であれば、やはり賃金がすぐに上昇しなければならず、しかも十分の一ではなく九分の一上がらなければならない。

　このため、労働の賃金に対する直接税は、労働者が納税するものであっても、実際には労働者が支払っているとはいえない。少なくとも、課税後にも労働の需要と食料品の価格が課税前と変わらないのであれば、労働者が支払っているとはいえない。その場合にはかならず、実際には納税すべき額だけでなく、それを少し超える金額が直接の雇い主によって支払われる。その税を最終的に誰が負担するのかは、場合によって違う。税のために製造業労働者の賃金が上がれば、製造業の事業主が上昇分を支払うが、それを製品価格に上乗せして回収するとともに利益を確保するのが事業主にとって当然だし、必要でもある。このため、賃金の上昇分と、それに伴う製造業事業主の追加利益が消費者の負担になる。税のために農業労働者の賃金が上がれば、農業経営者が上昇分を支払い、それ以前と同じ数の労働者を維持するために、農業に使う資本を増やすしかなくなる。この資本の増加分

を回収し、資本の通常の利益を獲得するには、農業経営者は土地の生産物かその対価をそれ以前より高い比率で維持しなければならず、その結果、地主に支払う地代を減らすしかない。このため、この場合には賃金の上昇分と、それに伴う農業経営者の追加利益は地主の負担になる。どの場合にも、労働の賃金に直接に税金をかけた場合、長期的にみて、一部を土地の地代に、一部を消費財に、適切に課税して同じ税収を確保した場合とくらべて、土地の地代の下落幅と製品価格の上昇幅が大きくなるだろう。

労働の賃金に直接に税金をかけたとき、賃金がそれに見合った率で上昇するとはかぎらないのは、課税によって一般に、労働に対する需要がかなり減少するからである。課税の結果、産業が衰退し、貧困層の職が減り、その国で土地と労働の年間生産物が減少するのが通常である。それでも課税のために、賃金は労働の需要の実情から決まる水準よりかならず高くなっているはずである。この上昇分とそれを支払った人が確保する利益とはかならず、最終的に地主と消費者が負担しなければならない。

農業労働者の賃金に対する税によっても、土地生産物の価格が税に比例して上昇するわけではないのは、農業経営者の利益に課税しても農産物価格が税に比例して上昇するわけではないのと同じ理由による。

しかしこれほど不合理で破壊的な税が、多くの国で使われている。フランスでは、タイ

ユのうち、農村の職人と日雇い労働者にかけられている部分は、実際にはこの種の税である。各人の賃金は居住する地域で通常の水準で評価し、税負担が重すぎになる可能性をできるかぎり減らせるように、年に二百日しか働かないと想定して、年間の収入を推計する。各人への課税額はさまざまな要因によって年ごとに変わり、徴税人か、徴税人を補佐するために知事が任命した代理人が判断する。ボヘミアでは一七四八年に税制が変わり、手工業者にきわめて重い税がかけられるようになった。手工業者は四つの階層に分けられる。最高の階層には、年に百フォリント（一フォリントが二十二・五ペンスとして、九・三七五ポンド）を課税する。二番目の階層には年七十フォリント、三番目の階層には年五十フォリント、農村の手工業者と都市の最下層手工業者からなる四番目の階層には二十五フォリントを課税する。

独創的な芸術家や専門職の報酬は、本書第一編第十章で示したように、それより下級の職業の賃金に対して、かならずある比率を保つ。したがって、この報酬に課税した場合、税率よりも少し高い比率で報酬が上昇すること以外の影響はもちえない。報酬がそのように上昇しない場合、芸術や専門職は他の職業との釣り合いがとれなくなり、見捨てる人が増えて、すぐに報酬が適切な水準に上昇するだろう。

公職の報酬は民間の職業や専門職の場合と違って、市場での自由な競争で決まるわけで

はなく、したがって、仕事の性格から適切だといえる水準になるとはかぎらない。ほとんどの国でおそらく、適切な水準を上回っている。政府を動かす地位にあるものは一般に、自分の報酬も直接の部下の報酬も、適正な水準以上にしようとするからだ。このため、公職にあるものはほとんどの場合、税金を十分に負担できる報酬を得ている。それに、公職についている人、なかでも報酬の高い公職についている人はどの国でも、国民の妬みの的になっており、その報酬に対する税は、他の収入に対するものより税率が高くても、かならず国民の間で評判が良くなる。たとえばイギリスでは、すべての種類の収入に二十パーセントの土地税がかかることになっているが、年に百ポンドを超える公職の報酬に二十七・五パーセントの税をかけたところ、きわめて評判がよかった。ただし、王家の比較的新しい分家に支払われる年金、陸軍と海軍の士官の給与など、妬みの対象にならない公職の報酬では、この税が免除されている。イギリスにはこれ以外に、労働の賃金に対する直接の税はない。

第四項——収入の種類と無関係に支払われることを意図した税金

すべての種類の収入に対して、その種類と無関係にかけることを意図した税には、人頭税と消費財に対する税がある。この二つの税は種類に関係なく、納税者が得た収入から、

つまり土地の地代、資本の利益、労働の賃金のいずれかから支払われるものである。

その一――人頭税

人頭税は、納税者の資産か収入に比例するようにした場合、まったく恣意的な税になる。各人の資産の状態は日々変化するので、どのような税よりも耐えがたい調査を行わないかぎり、そして少なくとも年に一回は再調査しないかぎり、推測することしかできない。このため、査定はほとんどの場合に査定官の気分しだいになり、まったく恣意的で不確実にならざるを得ない。

資産の推定額によってではなく、納税者の階層によって税額を決めた場合、人頭税はまったく不公平になる。階層は同じでも、資産に大きな違いがあることが多いからだ。つまり、人頭税は公平にしようとすればまったく恣意的で不確実になり、恣意的ではない確実なものにしようとするとまったく不公平になる。税は重くても軽くても、不確実であれば不満が大きくなる。税が軽ければ、ある程度不公平でも耐えられる。税が重い場合には、不公平ではまったく耐えがたくなる。

ウィリアム三世の時代（一六八九～一七〇二年）に何回か使われた人頭税では、納税者の大部分は公爵、侯爵、伯爵、子爵、男爵、郷士、郷紳、貴族の長子、末子などの身分によっ

て課税額が決められた。商店主と商人のうち資産が三百ポンドを超えるもの、つまり裕福なものは同じ金額を課税され、資産にどれほどの違いがあっても、税額は変わらなかった。資産よりも階層が重視されたのである。当初の人頭税で資産の推定額によって課税された人の多くも、後に階層によって課税されるようになった。各種の弁護士は当初、収入の推定額に対して十五パーセントが課税されたが、後に郷紳として課税されるようになった。極端に重いわけではない税では、かなり不公平でも、不確実であるより問題が少ないことが理解されるようになったのだ。

　フランスでは十八世紀初めから人頭税が使われつづけており、とくに高い身分の人は身分にしたがって一定額が課税され、それより下の階層の庶民は毎年、資産を推定され、それにしたがって課税される。政府高官、高等裁判所の判事や役人、軍の士官には、階層ごとに一定額を課税する方式がとられている。地方に住む庶民には、資産を推定する方法が使われている。フランスでは、高い身分の人はとくに重い税でなければかなりの不公平も簡単に受け入れるが、知事による恣意的な課税には我慢がならないのである。庶民はこの国では、地位の高い人が適切と考える待遇に黙って耐えるしかない。

　イギリスではさまざまな人頭税によって、予想された税収、つまり規定通りに課税されれば得られたはずの税収が確保できたことがない。フランスでは人頭税で、予想された税

収をつねに確保できている。イギリスは政府の姿勢が穏健で、さまざまな階層の国民に人頭税を課したとき、それで得られた税収で満足し、税金を支払えなかった人、支払おうとしなかった人（かなり多かったのだが）、法律が厳格に適用されなかったために支払いを強制されなかった人がいて税収が減っても、その分の穴埋めを求めなかったからである。フランスでは政府の姿勢がはるかに厳しく、地域ごとに徴税の総額を割り当てて、最大限に努力して割り当て額を達成するよう知事に義務づけている。ある州が自州への割り当てが多すぎると異議を申し立てた場合、翌年の割り当て額を査定する際に過剰分の減額を認められる場合があるが、それでも、その年の割り当て額は全額支払わなければならない。知事は自分の地域の割り当て額を確実に徴収するために、割り当て額を超えて課税する権限を与えられている。納税者の一部が税金を支払わないか、支払えなかった場合にも、他の納税者への超過課税によって穴埋めできるようにするためである。一七六五年まで、この超過課税は知事の裁量に任されていた。この年に、超過課税の権限が枢密院に移された。『ヨーロッパにおける課税に関する覚書』のうちフランスの税制を扱った巻で十分な情報に基づいて指摘されている点だが、各州で徴収されている人頭税のうち、貴族の負担額と、タイユ免除の特権をもっている層の負担額はきわめて少ない。タイユを課されている層が大部分を負担しており、タイユの税額の一定比率を支払っている。

人頭税のうち、下層に課されている部分は労働の賃金に対する直接の税であり、そうした税が不都合だといえる点をすべてそなえている。

人頭税の課税にかかる経費はごく少ない。厳しく取り立てている国では、確実な財政収入源になる。下層の生活や安全がほとんど配慮されていない国で、人頭税がごく一般的になっているのはこのためである。しかし一般に、大国の税収のうち人頭税によるものはごく一部にすぎない。そして、人頭税で得られた最大の税収でも、国民にとってはるかに便利な形で徴収する方法が簡単に見つけられると思える。

その二——消費財に対する税金

人頭税では各人の収入にしたがって課税するのが不可能なことから、消費財に対する税が考えだされたとみられる。国は国民の収入にしたがって直接に課税する方法を編み出せなかったことから、間接的に支出に課税しようとしている。支出はほとんどの場合に、収入にほぼ比例すると考えられるからである。支出に課税する方法として、支出の対象になる消費財に課税する方法が使われている。

消費財には生活必需品と贅沢品がある。

必需品には、生きていくために必要不可欠なものだけでなく、その国の慣習によって最

下層にとってすら、恥をかかないために必要とされているものすべてが入ると考えられる。たとえば亜麻布のシャツは厳密にいえば、生きていくために必要なわけではない。古代ギリシャ人や古代ローマ人は亜麻布のシャツを着なかったが、きわめて快適な生活を送っていたと思われる。しかし現在では、ヨーロッパの大部分で、日雇い労働者でもまともな人であれば、亜麻布のシャツを着ないで人前にでるのは恥だと感じるだろう。シャツも買えないほど落ちぶれるとは、よほど行いが悪いのだろうと思われるからだ。同様に、イングランドの慣習では、革靴が生活必需品になっている。男女を問わず、どれほど貧しくても革靴をはかずに人前にでるのは、人として恥ずかしいことだとされている。スコットランドの慣習では、男は最下層でも革靴が生活必需品になっているが、最下層の女性は裸足で歩いても恥だとはされない。フランスでは、男女とも革靴は生活必需品になっていない。最下層の男女は木靴や裸足で人前にでても、恥だとはされない。このため、以下では必需品に、生きていくために必要不可欠なものだけでなく、その国の慣習によって最下層にとっても恥をかかないために必要なものを含めている。それ以外のものはすべて贅沢品に分類する。贅沢品という言葉を使っても、節度をもってそれらを使うことを非難しようという意図はまったくない。たとえばイギリスでのビールも、ワイン生産国でのワインすらも、ここでは贅沢品に分類する。どの階層の人でも、これらをまったく飲まないようにしても、

恥にならない。生きていくために不可欠ではないし、どの国でも、酒を飲まないのは恥ずかしいことだとはされていない。

労働の賃金はどこでも、第一に労働に対する需要によって、第二に生活必需品の平均価格によって決まるので、生活必需品の平均価格の上昇をもたらす要因があればかならず賃金が上昇し、労働者が購入できる生活必需品の量が、労働需要が増えているのか横ばいなのか減っているのかによって決まる量に等しくなる（第一編第八章を参照）。生活必需品に税をかければ、商人は支払った税金を回収し利益を得なければならないので、必需品の価格の上昇幅は税額を少し上回ることになる。このため、生活必需品に税をかければ、この価格上昇に比例して労働の賃金が上昇する。

このように、生活必需品に対する税金は、労働の賃金に対する直接の税金とまったく同じ影響を与える。こうした税金は、労働者が直接に支払う場合ですら、実際には少なくともかなりの期間にわたってみた場合には、労働者が負担しているとはいえない。長期的にみればかならず、直接の雇い主が賃金を引き上げて、労働者に支払わなければならない。雇い主が製造業の事業者であれば、賃金の上昇分を製品価格に上乗せして回収し、その分の利益を確保する。このため、税金と追加利益が消費者の負担になる。雇い主が農業経営者であれば、税金と追加利益は地主の負担になる。

ここで贅沢品と呼ぶものに対する税金では、貧困層が買う贅沢品に対する税金の場合ですら、影響が違ってくる。課税商品の価格が上昇するが、そのために労働の賃金が上昇するとはかぎらない。たとえばタバコは金持ちも貧乏人も買う贅沢品だが、タバコに対する税金は賃金の上昇をもたらさない。イギリスでは原価の三倍、フランスでは原価の十五倍の関税がかかっているが、これほど重い関税でも、労働の賃金に影響を与えていないようだ。紅茶と砂糖はイギリスとオランダで最下層にとっても贅沢品になっており、チョコレートはスペインでそうなっているというが、これらに対する税金でも同じことがいえる。イギリスでは十八世紀に蒸留酒にさまざまな税金がかけられてきたが、労働の賃金に影響を与えたとはみられていない。強いビール一樽当たり三シリング（〇・一五ポンド）の増税によって黒ビールの価格が上がったが、ロンドンの下層労働者の賃金は上昇していない。増税前には日給が十八ペンスから二十ペンスだったが、現在も高くなっていない。

これらの贅沢品の価格が上がっても、下層の人が子供を育てにくくなるとはかぎらない。貧乏人のうち堅実で勤勉な人にとって、贅沢品に対する税金は一種の贅沢禁止法になり、簡単には買えなくなった贅沢品の使用を減らすか、まったく止めようと考えるようになる。こうして、税金のために倹約を強いられた結果、おそらく子供を育てにくくなるどころか、逆に育てやすくなることも少なくないだろう。そして、子供をたくさん育て、有用な労働

に対する需要を賄うのは主に、貧乏人のうち堅実で勤勉な人である。貧乏人がみな堅実で勤勉だというわけではなく、自堕落でだらしない人は、価格が上がっても相変わらず贅沢品を使いつづけ、浪費のために子供が苦しんでいても、気にかけないかもしれない。しかし、このようにだらしない人がたくさんの子供を育てられることはまずない。子供ははったらかしにされ、世話が行き届かず、食事もろくに与えられないか質が低いために、まともに生き残れない。生まれつき体力があって、両親の生活が乱れている厳しい環境で生き残れたとしても、両親の自堕落な行動をみて育つので、たいていは堕落した人間になり、勤勉に働いて社会に役立つどころか、悪徳とだらしない生活ぶりで社会の厄介者になる。したがって、貧乏人向けの贅沢品の価格が上がれば、このようにだらしない家族がますます苦しくなり、子供を育てるのがもっと難しくなるだろうが、そのために役立つ国民の数が大きく減ることは、おそらくないだろう。

　生活必需品の平均価格が上昇した場合、それに見合った労働の賃金の上昇によって相殺されないかぎり、貧困層が子供を育てるのが多少なりとも難しくなり、その結果、有用な労働力を供給する能力が多少なりとも低下する。労働に対する需要が増えているのか横ばいなのか減っているのか、つまり、人口が増える必要があるのか横ばいになる必要があるのか減る必要があるのかにかかわらずそうなる。

贅沢品に対する税金は、課税対象以外の商品では、価格上昇をもたらす要因にならない。生活必需品に対する税金は労働の賃金の上昇をもたらすので、かならずすべての製造業製品の価格上昇をもたらし、したがって、製品の販売と消費の減少をもたらす要因になる。贅沢品に対する税金は課税商品の消費者によって最終的に負担され、他に転嫁されることはない。労働の賃金、資本の利益、土地の地代によって、収入の種類とは関係なく負担される。生活必需品に対する税金のうち、下層労働者に影響を与える部分についていうなら、一部は土地の地代の減少という形で地主によって最終的に負担され、残りは製品価格の上昇という形で、地主などの裕福な消費者によって最終的に負担され、しかもかなりの超過負担をかならず伴う。製造業製品のうち、貧困層が生活必需品として消費するもの、たとえば低価格毛織物の価格が上昇すれば、貧困層の賃金を引き上げて相殺しなければならない。中流階級と上流階級は自己利益を理解していれば、生活必需品に対する税金のすべてに、そして労働の賃金に直接にかける税金のすべてにつねに反対するはずである。どちらの税金もすべて、最終的に自分たちが負担することになり、しかもかなりの超過負担をかならず伴うからだ。とくに負担が重くなるのは地主であり、地主の立場では地代の減少という形で、裕福な消費者の立場では支出の増加の形で、税金を二重に負担することになる。サー・マシュー・デッカーは『貿易の衰退に関する小論』で、ある種の税がある

種の商品に累積されて四倍から五倍にもなると論じており、生活必需品に対する税はまさにそうなる。たとえば皮革に対する税金では消費者は、自分が買う靴にかけられた税を負担するだけでなく、製靴や革なめしの労働者が使う靴にかけられた税の一部も負担しなければならない。さらに、自分が買う靴のために働いた間にこれらの労働者が消費した塩、石鹸、蠟燭《ろうそく》に対する税金、塩や石鹸や蠟燭を生産した労働者が使った革靴に対する税金も負担しなければならない。

　イギリスでは、生活必需品に対する主要な税は、ここにあげた四つの商品、塩、革、石鹸、蠟燭に対するものである。

　塩は古代からごく一般的な課税対象になっている。古代ローマでも課税されていたし、現在も、ヨーロッパのすべての国で課税されているとみられる。一人が年間に消費する量がごく少ないし、必要なときに少量ずつ買えるので、かなり重い税をかけても、とくに気にする人はいないだろうと考えられたようだ。イギリスでは一ブッシェル当たり三シリング四ペンス（〇・一六七ポンド）であり、原価のほぼ三倍にあたる。税率がさらに高い国もある。革は生活にほんとうに必要な商品である。亜麻布が使われるようになって、石鹸も生活必需品になった。冬の夜が長い国では、蠟燭は仕事に不可欠である。イギリスでは、革と石鹸は重量一ポンド当たり一・五ペンス、蠟燭は同一ペニーの税がかかっている。原価

に対する比率でみると、革が八〜十パーセント、石鹸が二十〜二十五パーセント、蠟燭が十四〜十五パーセントになろう。塩よりは税率が低いが、それでもかなりの重税である。この四つの商品はすべて生活必需品なので、ここまでの重税のために、堅実で勤勉で貧しい人の支出が若干増え、その結果、労働の賃金が若干高くなっているはずである。

　イギリスのように冬の寒さが厳しい国では、燃料は冬の間、文字通りの生活必需品であり、調理のためだけでなく、屋内で働くさまざまな職種の労働者が快適に生活していくためにも欠かせないものである。そして、燃料のなかでもっとも安いのが石炭である。燃料価格は労働の賃金を決めるうえできわめて重要な要因であり、イギリス全土のうち製造業が発達しているのはほぼ、炭鉱のある地方にかぎられているほどだ。他の地方では生活に必要不可欠な燃料の価格が高いために、労働の賃金を低く抑えることができない。それに、製造業の一部、たとえばガラスや、鉄などの金属の産業では石炭が必要不可欠だ。奨励金を支給するのが適切だといえる場合があるとすれば、おそらく、石炭が豊富な地方から不足している地方への輸送に対するものであろう。ところが議会は、石炭の沿海輸送に対して奨励金を支給するどころか、一トン当たり三シリング三ペンス（〇・一六二五ポンド）の税をかけている。これはほとんどの種類の石炭で、山元価格の六十パーセントを超えている。陸路か内陸航路で運ばれる石炭には税がかからない。自然に安い地域では無税にな

っており、自然に高い地域では重税をかけているのである。

こうした税金によって生活必需品の価格が上昇し、そのために労働の賃金が上昇するが、政府がかなりの財政収入を確保でき、他の財源を探すのが簡単でない場合もあろう。このため、これらの税を継続する理由は十分にあるともいえる。穀物の輸出に対する奨励金は、生活必需品の穀物の価格が農業の現状に見合った水準よりも上昇する要因になるので、同様の悪影響を与える。そして政府にとって収入源になるどころか、巨額の財政支出が発生することが少なくない。外国産穀物の輸入は、平年作の年には高関税によって事実上、禁止されている。生きた家畜と塩漬け食品の輸入は現在、食肉が不足しているためにアイルランドとイギリス植民地からにかぎって期間を限定して許可されているものの、法律上は原則として禁止されている。どちらも生活必需品に対する税金と同じ悪影響を与えながら、政府には何の収入ももたらしていない。これらの規則を撤廃する際には、規則を生み出した重商主義が役立たないことを国民が納得するだけで十分であり、それ以外には何も必要がないと思える。

生活必需品に対する税金は、イギリスよりはるかに高い国が多い。製粉所でひいた小麦粉や、かまで焼いたパンに税金をかけている国は多い。オランダでは都会で消費されるパンの価格が、これらの税金によって二倍になっているという。農村の住民はパンに対する

税金の一部に代わるものとして、各人が消費するはずのパンの種類に応じて、毎年、一人当たり一定額の税を支払う。白パンを食べる人は三・七五ギルダー（約六シリング九・五ペンス）を支払う。この種の税金によって労働の賃金が上昇したために、オランダの製造業の大部分が壊滅したといわれている。ここまで重くはないが同種の税金が、イタリアのミラノ公国、ジェノバの各州、モデナ公国、パルマ公国、ピアチェンツァ公国、グアスタッラ公国、法王領で使われている。ある程度有名なフランスの著者が、同国の財政を改革するために、大部分の税を廃止して、あらゆる税のなかで最悪のこの税をかけるよう提案している。キケロが論じたように、どれほど馬鹿げたことであっても、過去に主張した哲学者がいなかったものはないようだ。

　食肉に対する税金は、パンに対する税金より広く使われている。食肉が生活必需品に入るのかは、疑問だともいえる。穀物などの植物性食品があり、牛乳とチーズ、バターがあり、バターが手に入らないところでは食用油があれば、食肉がなくても、十分に豊かで健康で栄養があり、体力がつく食物になることは、経験上よく知られている。亜麻布のシャツや革靴は、ほとんどの地域で恥ずかしくない生活を送るために必要だとされているが、食肉を食べなければ恥ずかしいとされている地域はない。

　消費財は生活必需品でも贅沢品でも、二つの方法で課税できる。ある種の消費財を使う

か消費する消費者から年間にある金額を徴収する方法と、消費財がまだ商人に保有されていて消費者に売られる前の段階に課税する方法である。消費しきるまで、長い年月にわたって使われる消費財の場合には、年間にある金額を徴収する方法が最適である。すぐにか短期間に消費される消費財の場合には、商人に保有されている段階に課税するのが適切である。年間にある金額を徴収する方法が使われている例には、馬車税と金銀食器税がある。その他の税の大部分は物品税か関税であり、商人に保有されている段階に課税する方法が使われている。

馬車は手入れが良ければ、十年から十二年使える。馬車が製造されて買い手に引き渡される前の段階で一度に課税する方法もある。だが、買い手が馬車を所有している間、年に四ポンドを支払う方が、その馬車を使いつづける期間に負担するはずの税金として、四十ポンドから四十八ポンドを購入の際に余分に支払うより便利であるのは確かだ。金銀の食器もこれに似ており、一世紀以上にわたって使える。消費者にとって金銀食器百オンス当たり五シリング、つまり食器の価値の一パーセント近くを毎年支払う方が、いわば長期年金契約を二十五年から三十年分の一括支払いで償還するように、購入にあたって二十五パーセントから三十パーセント高い価格を支払って一括して負担するより便利であるのは確かだ。住宅に対する各種の税も、少額を毎年支払い続ける方が、住宅が建設されたか販売

されたときに同じ価値の税金を一度に支払うよりも便利であるのは確かだ。

サー・マシュー・デッカーの有名な提案では、すぐにか短期間に消費される消費財であっても、これらと同じ方法で課税すべきだとされている。商人が納税するのではなく、消費者が毎年、税金を支払って、対象商品の消費許可を受けるべきだと主張されているのである。この提案は、貿易の各部門、とくに中継貿易を振興することを目的としており、そのために輸出入に対する関税をすべて撤廃し、商品にかかる税金の支払いに資本と信用の一部をあてる必要をなくして、商人が資本と信用をすべて商品の購入と運送にあてられるようにすることを意図している。だが、すぐにか短期間に消費される消費財にこの方法で課税する計画には、以下の四点で大きな問題がある。第一に、いま一般的に使われている課税方法とくらべて、税が不公平になり、各納税者の支出と消費量に比例しなくなる。ビール、ワイン、蒸留酒に対する税金は、商人が納付した後、最終的に消費者が各人の消費量に正確に比例して負担している。しかし、酒類を飲む許可を購入するという形で税金を支払うようになれば、あまり飲まない消費者は酒飲みとくらべて、消費量の割に重い税金を支払うことになる。客の多い家では客をあまりもてなさない家より、税金がはるかに軽くなる。第二に、この方法では対象商品の消費許可を年ごとか半年ごと、四半期ごとに購入することになるので、急速に消費される商品に対する税金でとくに便利な点の一つが失

われる。商品を買うたびに、少しずつ支払える点である。黒ビールは大ジョッキ一杯で三・五ペンスだが、麦芽、ホップ、ビールに対する各種の税金と、それを支払った醸造業者が確保する追加利益を合計すると、おそらく一・五ペンスになるだろう。この一・五ペンスの税金を支払う余裕があれば、大ジョッキ一杯の黒ビールを飲むし、そこまでの余裕がなければ一パイントの小ジョッキで我慢する。一銭の節約は一銭の儲けというように、酒の量を控えたことで小銭を儲けられる。税金は、支払えるときに支払える分だけ、少しずつ支払うことになり、いつもまったく自分の意思で支払うので、そうしたければ支払いを避けることもできる。第三に、この方法では贅沢禁止法としての効果が薄れる。許可を購入すれば、飲む量が多くても少なくても、税金は変わらない。第四に、労働者が現在、一杯飲むごとにそれほどの困難もなく支払っているのと同じ金額を、年ごとか半年ごと、四半期ごとに一括して支払うのであれば、金額が大きすぎて、支払いに困る場合が少なくないだろう。したがって、この方法で課税した場合には明らかに、極端に厳しく取り立てないかぎり、現在の方法でとくに抑圧を加えることもなく得られているものに近い税収を確保するのは不可能だと思える。しかし、すぐにか短期間に消費される商品にこの方法で課税している国はいくつもある。オランダでは、紅茶を飲む許可に一人当たり一定額の税金を支払っている。前述のように、農家や農村で消費されるパンに、この方法で税金をか

けている。

物品税は主に、国内消費用に国内で生産される商品にかけられる。ごく一般的に使われる少数の商品だけが対象になっている。どの商品に物品税がかかるのか、それぞれの種類の商品にどれだけの物品税がかかるのかは明確になっていて、疑問の余地はない。大部分がここでいう贅沢品に対するものであり、例外は前述の塩、石鹸、革、蠟燭の四品目に対する税金と、おそらくは瓶用のガラスに対する物品税だけである。

関税は、物品税よりはるかに古くから使われている。英語の名称（ｃｕｓｔｏｍｓ）の由来も、はるか昔からの慣習として支払われてきたことにあるとみられる。当初は、商人の利益に対する税金として考えられたようだ。無政府状態で野蛮だった封建制の時代には、商人も都市の住民の例にもれず、解放農奴とほとんど変わらないと考えられていて、軽蔑され、儲ければ妬まれていた。大領主は自分の小作人の利益に国王が小作税をかけるのに同意したほどだから、保護する理由がはるかに少ない商人に対して国王が課税することに反対しようとはしなかった。知識が乏しかったこの時代には、商人の利益が直接に課税できる対象ではないこと、税金をかければ最終的に消費者の負担になり、かなりの超過負担を伴うことが理解されていなかった。

外国人の商人の利益は、自国の商人の利益よりもさらに悪意をもってみられていた。こ

のため、自国の商人の利益より重い税をかけたのは自然であった。外国人の商人と自国の商人とで税に差をつける方法は当初、知識が乏しかったためにとられたものだが、その後は独占の精神によって、国内市場でも国外市場でも自国の商人が有利な立場にたてるようにするために維持されてきた。

この区別はあったが、昔の関税は必需品にも贅沢品にも、輸出の際にも輸入の際にも、すべての種類の商品に同じ率でかけられていた。商品の種類によって商人に差をつける理由はないし、輸出商と輸入商で差をつける理由もないと考えられていたようだ。

昔の関税は、三部門に分かれていた。第一はおそらくもっとも古くからあるもので、羊毛と革を対象にしていた。これは主に、あるいはすべて輸出関税であった。イングランドで毛織物産業が確立したとき、毛織物が輸出されて羊毛の輸出関税による国王の収入が減らないように、毛織物に対しても同様の輸出関税をかけるようになった。残りの二部門のうち一つはワインに対するものであり、トン当たりでかけられたため、トン税と呼ばれた。もう一つはその他すべての商品に対するものであり、評価額一ポンド当たりでかけられたため、ポンド税と呼ばれた。エドワード三世治世の一三七三年ごろ、すべての輸出品と輸入品を対象にする一ポンド当たり六ペンス（二・五パーセント）の関税が作られた。ただし、羊毛、羊皮、革、ワインだけは例外で、それぞれ別の関税の対象とされた。リチャード二

世治世の一三九〇年ごろに、この関税が同一シリング（五パーセント）に引き上げられたが、その三年後に六ペンスに戻された。ヘンリー四世治世の一四〇〇年ごろに同八ペンス（三・三三パーセント）に引き上げられ、二年後に同一シリング（五パーセント）に引き上げられた。その後、ウィリアム三世治世の一六九七年まで、この関税は一シリングに据え置かれている。トン税とポンド税は一般に同じ法律によって議会が国王に認めており、「トン税とポンド税の臨時関税」と呼ばれた。ポンド税の臨時関税は、このように長期にわたって一ポンド当たり一シリング（五パーセント）に据え置かれていたので、臨時関税という言葉は関税用語で、この種の五パーセントの一般的関税を意味するようになった。この臨時関税はいまでは旧臨時関税と呼ばれており、いまでもチャールズ二世治世の一六六〇年に制定された関税率表に基づいて徴収されている。関税の対象になる品目の価値を関税率表で規定する方法は、ジェームズ一世の時代（一六〇三～二五年）より古くからあるといわれている。ウィリアム三世治世の一六九七年に大部分の商品を対象に、新たに五パーセントの臨時関税が課された。さらに三分の一臨時関税と三分の二臨時関税が作られ、合計五パーセントが課された。一七四七年の臨時関税によって、大部分の商品で四番目の五パーセントの関税が課され、一七五九年の臨時関税によって、一部商品にはさらに五番目の五パーセントの関税が課されるようになった。この五つの臨時関税以外に、さまざまな種類の関税がさ

まざまな時期に、ときには国の緊急事態に対応するために、ときには重商主義の原則にしたがって貿易を規制するために課されている。

その間に重商主義が徐々にもてはやされるようになってきた。旧臨時関税は輸出にも輸入にも区別なく課されている。これに対して残りの四つの臨時関税と、一部の商品を対象にその後のさまざまな時期に課された関税は一部の例外を除いて、輸入だけを対象にしている。国内産の農産物と製品の輸出に課されていた昔の関税は大部分、軽減されるか撤廃された。そのほとんどが撤廃である。一部の商品には、輸出の際に奨励金すら支払われるようになった。外国製品の輸入にあたって支払われた関税のうち、ときには全額が、ほとんどの場合に一部が、再輸出にあたって戻し税として払い戻されるようになった。輸入の際に支払われた旧臨時関税は、再輸出にあたって半分しか払い戻されないが、その後の臨時関税などの関税は、大部分の商品で再輸出にあたって全額が払い戻される。このように輸出を優遇し輸入を抑制する傾向が強まってきており、例外はごく少数で、そのほとんどはある種の製造業の原材料である。これらの原材料では、自分たちが買う価格をできるだけ安くし、他国の競争相手が買う価格をできるだけ高くすることを商人と製造業者は望んでいるのである。このため、外国産の原材料の一部は無税で輸入できるようになっている。たとえばスペイン産羊毛がそうなっており、亜麻と亜麻糸もそうなっている。国内産の原

材料と、イギリス植民地の特産物である原材料は、輸出が禁止されている場合もあり、輸出に高関税がかけられている場合もある。イギリス産の羊毛は輸出が禁止されている。ビーバーの毛と皮、セネガル・ガムには高関税がかけられている。イギリスはカナダとセネガルを征服して、これら商品をほぼ独占しているからだ。

重商主義が国民全体の収入に、つまり国の土地と労働による年間生産物にあまり良い影響を与えないことは、第四編で論じてきた。主権者の収入に与える影響も、それより良いとはいえないようだ。少なくとも関税収入に関するかぎりはそういえる。

重商主義が採用された結果、いくつもの種類の商品が輸入を完全に禁止されている。輸入禁止の結果、輸入商は密貿易という手段に頼るしかなくなっており、一部の商品では輸入がまったく止まっているし、他の商品では大幅に減っている。外国産毛織物の輸入はまったく止まっており、外国産の絹織物とビロードの輸入は大幅に減っている。どちらの場合にも、これら商品の輸入で得られたはずの関税収入がすべて失われている。

各種の外国製品について、イギリス国内での消費を抑えるために高率の輸入関税をかけているが、たいていは密貿易を奨励するだけになっており、どの場合にも、関税率がそれほど高くなければ得られたはずの関税収入が減少している。ジョナサン・スウィフトは関税の計算では二足す二が四にならず、ときには一にしかならないと書いたが、これらの高

関税ではまさにそうなっているのだ。税金を多くの場合に財政収入の手段としてではなく、独占の手段として使う方法を重商主義者が教えていなければ、これらの高関税が課されることはなかっただろう。

国内産の農産物と製品に支給されることがある輸出奨励金と、外国商品の大部分で再輸出の際に支払われる戻し税をめぐっては、詐欺が横行しているうえ、財政収入にとくに打撃を与える種類の密貿易も行われている。よく知られていることだが、輸出奨励金か戻し税を得る目的で船に商品を積んで出航し、すぐに国内の別の港でこっそり荷を下ろす方法が使われているのだ。関税収入のうち、輸出奨励金か戻し税として支出されている部分はきわめて多く、かなりがこうした詐欺によるものである。一七五五年一月五日までの　年間に、関税収入の総額は五〇六万八〇〇〇ポンドであった。この年には穀物の輸出奨励金は支払われなかったが、それでもこのなかから一六万七八〇〇ポンドがその他の輸出奨励金として支払われた。戻し税証明書や輸出許可証に基づいて支払われた戻し税は二一五万六八〇〇ポンドであった。輸出奨励金と戻し税の合計は二三二万四六〇〇ポンドである。この支出を差し引いた関税収入は二七四万三四〇〇ポンドにすぎない。さらに税関の人件費などの管理費、二八万七九〇〇ポンドを差し引くと、純関税収入は二四五万五五〇〇ポンドにすぎなくなる。このように、管理費は総関税収入の五パーセントから六パーセント

であり、輸出奨励金と戻し税を差し引いた後の収入の十パーセント強になっている。

重い関税がほぼすべての輸入品にかけられているので、輸入商は密貿易をできるかぎり増やし、通関にあたって申告する数量をできるかぎり減らそうとする。これに対して輸出商は、実際の輸出量以上に申告しようとする。一つには見栄を張り、関税のかからない品目で輸出数量を水増しして大商人だといわれるようにするためであり、もう一つには輸出奨励金か戻し税を得るためである。このような各種のごまかしのために、通関統計ではイギリスの輸出は輸入を大幅に上回っていることになっていて、いわゆる貿易収支によって国の繁栄ぶりを判断する政治家にとって、このうえない安心材料になっているのである。

輸入の際には、原則としてすべての商品に何らかの関税がかかり、それほど多くない品目で例外が認められているだけである。関税率表に列挙されていない品目を輸入する場合、輸出商が宣誓して申告する価値一ポンド当たり四シリング九・四五ペンス、つまり五パーセントの臨時関税（ポンド税）のほぼ五つ分の関税をかける。関税率表はきわめて包括的で、膨大な品目を列挙しているが、その多くはほとんど使われておらず、したがってほとんど知られていない品目である。このため、個々の商品をどの品目に分類すべきかが不明確であり、その結果、関税をいくら支払うべきかが不明確な場合が少なくない。この点に関する間違いのために税関職員が地位を失うこともあり、輸入商がかなりの手間、経費、

苛立ちを被ることが多い。したがって、税制の分かりやすさ、正確さ、明確さで、関税は物品税よりはるかに劣っている。

社会を構成する人の大部分が各人の支出に見合って財政に寄与するようにするには、支出対象の商品のすべてに税金をかける必要はないと思える。財政収入のうち物品税による部分は、関税による部分と変わらないほど、納税者に公平に負担されているとみられるが、物品税は幅広く使われている少数の商品だけを対象としている。関税も同様に対象をごく少数の品目だけに絞り込み、適切に管理すれば、財政収入が減少することはないし、貿易に大きな利点になると、多くの人が考えている。

外国商品のうち現在、イギリスでとくに一般的に使われ、消費されているのは主に、ワインとブランデー、アメリカ大陸と西インド諸島の生産物のうち砂糖、ラム酒、タバコ、ココア、アジアの生産物のうち紅茶、コーヒー、陶器、各種香辛料、いくつかの種類の織物などである。現在、関税収入の大部分はおそらく、これらの商品によるものである。ここにあげた少数の品目に対するものを除けば、外国製の製品に対してかけられている関税の大部分は財政収入の確保のためのものではなく、独占のため、つまり自国の商人が国内市場で有利な立場にたてるようにするためのものである。輸入禁止をすべて撤廃し、過去の実績から各品目で得られる財政収入が最大になることが分かった率の関税を外国製品に

かけるようにすれば、イギリスの製造業は国内市場でかなり有利な立場を維持できるだろうし、これまで財政収入をまったくもたらさなかった品目や、ごくわずかしかもたらさなかった品目など、数多くの品目で政府が巨額の収入を確保できるだろう。

関税率を高くすると、一方では消費が減少し、他方では密貿易が増加して、関税率がもっと低かったときより関税収入が減少することが多い。

関税収入の減少が消費減少の結果であれば、解決策は一つしかない。関税率の引き下げである。

関税収入の減少が密貿易の増加のためであれば、解決策はおそらく二つある。密貿易の誘惑を減らす方法と、密貿易を難しくする方法である。密貿易の誘惑を減らすには、関税率を引き下げるしかない。密貿易を難しくするには、密貿易をもっとも効果的に防げる制度を作るしかない。

物品税の制度が関税の制度にくらべて、はるかに効果的に脱税を防ぎ、難しくしていることは、これまでの実績から明らかだと思える。税の種類の違いを考慮したうえで、物品税の制度を最大限に関税の制度にとりいれれば、密貿易がはるかに難しくなる可能性がある。このように制度を変えるのはじつに簡単だというのが、多くの人の意見である。

具体的にはこう提案されている。関税がかかる商品の輸入商が、輸入した商品を自分の

倉庫に運ぶのか、公設倉庫におさめるのか、選択できるようにする。公設倉庫は経費を輸入商、政府のどちらが負担するにしても、鍵を税関職員が預かり、税関職員の立ち会いがなければ開けられない仕組みにする。商品を自分の倉庫に運んだ場合には、関税をただちに支払わなければならず、戻し税の対象にはならない。関税職員はいつでも倉庫の立入検査を行って、倉庫に運ばれた商品の数量が関税を支払った輸入量に見合っているかどうかを確認する権限をもつ。商品を公設倉庫におさめた場合、国内消費用にそこから運び出すまで、関税を支払う必要はない。再輸出用に運び出す場合には関税はかからないが、商品が確実に再輸出されることを適切に保証しなければならない。卸売りでも小売りでも、対象の商品を扱う商人には、関税職員がいつでも立入検査を行える。商人は店か倉庫にある商品の全量について、関税支払いの証明書を提示する義務を負う。以上の方法は、輸入されたラム酒にかかる物品税でとられているものである。同じ方法を輸入品にかけるすべての関税に適用することはおそらく可能だろう。ただしそのためには、物品税と同様に関税でも、とくに一般的に使われ、消費されている少数の商品に対象を絞り込まなければならない。現在のようにほとんどすべての商品に関税をかけていれば、必要なだけの公設倉庫は簡単には用意できないし、傷みやすい商品や、保存に細心の注意が必要な商品は、自分の倉庫以外のところに保存しようとは商人が考えないだろう。

このような仕組みによって、関税が高い場合ですら密貿易をかなりの程度まで防げるのであれば、そして、品目ごとの関税率をときおり引き上げるか引き下げて、財政収入が最大になる可能性が高い率にする方法がとられるのであれば、関税がつねに財政収入の手段として使われることになり、独占の手段にはならなくなる。そうなれば、とくに一般的に使われ、消費されている少数の商品の輸入に関税をかけるだけで、少なくとも現在の純関税収入に等しい財政収入を確保できる可能性が十分にあるし、関税が物品税と同じ程度に単純で確実で正確になる可能性も十分にある。現在は外国商品を再輸出するとして戻し税を得た後にふたたび陸揚げして国内消費にまわす方法で、財政収入の一部が失われているが、この制度を採用すれば、この損失をすべてなくせるだろう。これだけでも巨額になるが、国産品の輸出奨励金を、実際にはそれ以前に納付された物品税の払い戻しであるものを除いてすべて廃止すれば、制度をこのように改正した後に改正前と変わらない関税収入を確保できることは、まったく疑う余地がない。

このように制度を改正した場合、財政収入が打撃を受けることはないとみられるが、イギリスの貿易と製造業が大きな利益を得られるのは確かだとみられる。大多数の商品は関税がかからず、貿易が完全に自由になり、世界各地との間の貿易を最大限に有利な条件で行えるようになるだろう。これらの商品には、生活必需品のすべて、製造業の原材料のす

べてが入るだろう。生活必需品の輸入が自由になって国内市場での平均価格が下がれば、その分、労働の金銭価格が下がるが、労働の真の報酬はどのような観点からみても低下しないだろう。金銭の価値は、それで購入できる生活必需品の量に比例する。生活必需品の価値は、それを売って得られる金銭の量とはまったく無関係である。労働の金銭価格が下がればかならず、国内産の製品はそれに比例して価格が下がるので、すべての海外市場である程度有利になる。いくつかの製品の価格は、原材料を無関税で輸入できるようになるため、もっと大きな比率で低下する。たとえば生糸を中国やインドから無関税で輸入できれば、イギリスの絹織物はフランスやイタリアの絹織物よりはるかに低い価格になるだろう。外国製の絹織物とビロードの輸入を禁止する必要がなくなる。製品が安くなれば、国内の産業は国内市場を支配できるだけでなく、海外市場でも強い立場を獲得できる。課税対象の商品の貿易すら、現在よりはるかに有利な立場で行えるようになるだろう。課税対象の商品を公設倉庫から運び出して再輸出する場合、関税がすべて免除されるので、完全に無税で貿易を行える。この制度のもとでは、あらゆる種類の商品で中継貿易を最大限に有利な条件で行える。公設倉庫に預けていた商品を国内消費用に販売する際にも、輸入商は商品を商人か消費者に実際に販売するときまで、関税を支払う必要がないので、輸入した時点で関税を支払う義務を負う場合よりもかならず安い価格で販売できる。このため、

この税制のもとでは課税商品ですら、国内消費用貿易を現在よりはるかに有利な条件で行えるとみられる。

サー・ロバート・ウォルポール首相（在任一七二一～四二年）が提案した有名な物品税案は、ワインとタバコを対象に、以上に示したものとそれほど違わない制度を確立することを目的としていた。議会に提出された法案はワインとタバコだけを対象にしていたが、同様の制度をもっと広範囲に確立するための第一歩だとみられていた。だが議会内の反対派が既得権益を守ろうとする密輸商人と協力して、不当ではあるが猛烈な反対運動を展開したため、同首相は法案を撤回するのが適切だと考えた。その後の首相は誰も、同じような反対運動が起こるのを恐れて、この制度を再提案しようとはしていない。

国内消費用に輸入される贅沢品に対する関税は、貧困層が負担する場合もあるが、主に中流かそれ以上の階層が負担する。たとえば、外国産のワイン、コーヒー、チョコレート、紅茶、砂糖などに対する関税がそうだ。

国内消費用に国内で生産されるもっと価格の低い贅沢品に対する税金は、あらゆる階層の人が各自の支出に比例して、ほぼ公平に負担する。麦芽、ホップ、ビールに対する物品税を、貧困層は自分が消費する際に負担し、金持ちは自分と使用人が消費する際に負担する。

下層、つまり中流より下の階層の消費はどの国でも、中流以上の階層の消費より、数量はもちろん、金額でもはるかに多い点に注意すべきだ。下層は中流以上とくらべて、総支出がはるかに多い。第一に、どの国でも資本のほぼすべては毎年、生産的労働の賃金として下層に分配されている。第二に、土地の地代と資本の利益として生み出される収入のうちかなりの部分も毎年、家事使用人などの非生産的労働者の賃金と維持費として、やはり下層に分配されている。第三に、資本の利益の一部は下層の人が少額の資本を使って獲得したものである。各種の小規模な商店主、商人、小売り商が年間に獲得する利益はどの地域でもかなりの額に達しており、年間の生産のうちかなりの部分を占めている。最後に第四の点として、土地の地代すら一部は下層が得ている。中流より少し下の階層が得る部分はかなり多いし、最下層すら一部を得ている。最下層の労働者であっても、一エーカーか二エーカーの土地をもっていることがある。したがって下層の支出は、個々人でみればごく少ないが、階層全体でみれば、いつでも社会全体の支出のうち圧倒的な部分を占めている。国の土地と労働による年間生産物のうち、主に中流以上の階層が消費する部分はいつでも、数量ではもちろん、金額でみてもはるかに少ない。したがって、支出に対する税金のうち、主に中流以上の階層の支出に対する税金は、年間生産物のうち小さな部分に対する税金であり、すべての階層の支出に対する税金とくらべて、主に下層の支出に対する税

金と比較してすら、税収が少なくなる。つまり、年間生産物の全体に対する税金や、年間生産物のうち大きな部分に対する税金とくらべて、税収が少なくなる。このため、国内産の醸造酒と蒸留酒とその原料に対する物品税は、支出に対する各種の税金のうち、もっとも税収が多い。そしてこの物品税はかなりの部分、おそらくは大部分、庶民の支出に対するものである。一七七五年七月五日までの一年間に、物品税のうちこの部分の税収は、総額三三四万一八三七ポンド九シリング九ペンスであった。

しかしここで確認しておくべき点だが、税をかけるべきは下層の支出項目のうち、贅沢品であって、生活必需品ではない。下層の生活必需品に対する税金はすべて、最終的に中流以上の階層によって負担される。つまり、年間生産物のうち大きな部分ではなく、小さな部分で負担される。こうした税金をかければかならず、労働の賃金が上昇するか、労働の需要が減少するかどちらかになる。労働の賃金が上昇する場合には、税金はかならず、中流以上の階層が最終的に負担することになる。労働の需要が減少する場合にはかならず、国の土地と労働による年間生産物が減少する。つまり、すべての税金を最終的に負担する原資が減少する。この種の税金のために労働の需要が減少してどのような状態になっても、労働の賃金はこの種の税金のために、その状態で決まるはずの水準よりかならず高くなる。そして、賃金の上昇分はかならず、最終的に中流以上の階層が負担しなければな

らない。

醸造酒と蒸留酒を販売用ではなく、自家消費用に作る場合には、イギリスでは物品税がかからない。この例外を設けているのは、民間の家庭を徴税人が訪問して不愉快な検査を行う事態を避けるためだが、そのために、貧乏人より金持ちの方がこの税金の負担が軽くなるという状況が頻繁に生まれている。蒸留酒の場合、自家消費用に作るのはそれほど一般的でないが、ときには作る人もいる。だが、農村では中流家庭の多く、金持ちの名家のほとんどがビールを作っている。このため、自家製のビールは販売用に醸造されるビールよりコストが低い。販売用に醸造する事業者は、一樽当たり八シリングの税金を支払い、この税金やその他の経費について利益を得なければならないからだ。庶民は農村でも都市でも、酒屋か酒場で少しずつ買う方がはるかに便利なので、自家製のビールを作る家庭よりも、少なくとも一樽当たり九シリングか十シリング高いビールを飲んでいるはずである。麦芽も、個人が自家用に作る場合には、徴税人の訪問や検査を受けることはない。ただしこの場合、物品税の代わりに家族一人当たり七シリング六ペンスの税金を支払わなければならない。七シリング六ペンスは、十ブッシェルの麦芽にかかる物品税に等しい。とくに酒飲みではない家庭でも、男と女、子供の家族全員を平均して、この分量は十分に消費している。だが、金持ちの名家では、田舎風に客をもてなすことが多いので、一家の消費量

のうち家族が飲む部分はごく一部にすぎない。しかし、この税金があるためなのか、他の理由のためなのか、自家用に麦芽を作るのは、ビールを作ることほど一般的ではない。自家用に醸造酒や蒸留酒を作る場合に同様の税金をかけないのはなぜなのか、まともな理由を思いつくのは難しい。

　麦芽とビールに対する重い税で現在得られている税収より、麦芽だけに軽い税をかけた場合の税収の方が多くなるのではないかといわれている。麦芽製造所より醸造所の方が税金をごまかす余地が大きいし、自家用の醸造では税金がすべて免除されているが、麦芽はそうなっていないからである。

　ロンドンの黒ビール醸造所では、一クォーター（八ブッシェル）の麦芽から通常二樽半以上、ときには三樽の黒ビールが作られている。麦芽に対する税金は一クォーター当たり六シリングであり、強いビールにかかる税金は一樽当たり八シリングである。このため黒ビール醸造所にとって麦芽とビールに対する税金は、麦芽一クォーター当たり二十六シリングから三十シリングになる。農村で近隣向けにビールを販売している醸造所では、一クォーターの麦芽からの生産量が、強いビール二樽と弱いビール一樽より少なくなることはまずなく、強いビール二樽半になることも多い。弱いビールに対する各種税金は合計して一樽当たり一シリング四ペンスである。したがって農村のビール醸造所にとって、麦芽とビ

ールに対する税金は、麦芽一クォーター当たり二十三シリング四ペンス以下になることはまずなく、二十六シリングになることも多い。このためイギリス国内の平均でみて、麦芽とビールに対する税金は、麦芽の生産量一クォーター当たり二十四シリングから二十五シリングより少なくなるとは推定できない。だが、ビールに対する税金を廃止し、麦芽税を一クォーター当たり六シリングから十八シリングに三倍に引き上げた場合、現在、麦芽とビールに対する重い税で得られている以上の税収を、麦芽税だけで得られるだろうといわれている（三〇〇ページの表を参照）。

旧麦芽税には麦芽に対する税以外に、りんご酒一大樽当たり四シリングの税と、強いビールの一種、マム酒一樽当たり十シリングの税が入っている。一七七四年には、りんご酒税の税収は三〇八三ポンド六シリング八ペンスにすぎなかった。この年の税収は、例年より若干少なかったようで、りんご酒に対する他の税金をみてもやはり、この年の税収が通常より少なくなっている。マム酒に対する税金ははるかに重いが、消費量が少ないために税収はさらに少ない。この二つの税による税収が通常どの程度であっても、これを廃止した場合の税収の減少を相殺するものとして、地方物品税に以下の項目がある。第一にりんご酒一大樽当たり六シリング八ペンスの旧物品税、第二に酸味果汁一大樽当たり六シリング八ペンスの旧物品税、第三に酢一大樽当たり八シリング九ペンスの税、第四に蜂蜜酒一

表　麦芽税・ビール物品税の税収と、麦芽税率を引き上げた場合の税収

1772年旧麦芽税の税収	72万2023ポンド11シリング11ペンス
付加税	35万6776ポンド 7シリング 9ペンス3/4
1773年旧麦芽税の税収	56万1627ポンド 3シリング 7ペンス1/2
付加税	27万8650ポンド15シリング 3ペンス3/4
1774年旧麦芽税の税収	62万4614ポンド17シリング 5ペンス3/4
付加税	31万 745ポンド 2シリング 8ペンス1/2
1775年旧麦芽税の税収	65万7357ポンド—シリング 8ペンス1/4
付加税	32万3785ポンド12シリング 6ペンス1/4
合計	383万5580ポンド12シリング—ペンス3/4
4年間の平均	95万8895ポンド 3シリング—ペンス3/16
1772年地方物品税	124万3128ポンド 5シリング 3ペンス
ロンドン醸造所物品税	40万8260ポンド 7シリング 2ペンス3/4
1773年地方物品税	124万5808ポンド 3シリング 3ペンス
ロンドン醸造所物品税	40万5406ポンド17シリング10ペンス1/2
1774年地方物品税	124万6373ポンド14シリング 5ペンス1/2
ロンドン醸造所物品税	32万 601ポンド18シリング—ペンス1/4
1775年地方物品税	121万4583ポンド 6シリング 1ペンス
ロンドン醸造所物品税	46万3670ポンド 7シリング—ペンス1/4
合計	654万7832ポンド19シリング 2ペンス1/4
4年間の平均	163万6958ポンド 4シリング 9ペンス1/2
麦芽税の4年間平均	95万8895ポンド 3シリング—ペンス3/16
各種税金による税収の合計	259万5873ポンド 7シリング 9ペンス11/16

麦芽税を1クォーター当たり6シリングから18シリングに3倍に引き上げた場合に得られると予想される税収…………287万6685ポンド 9 シリング—ペンス 9/16
現在の税収との差額………… 28万 832ポンド 1 シリング 2 ペンス14/16

ガロン当たり十一ペンスの税である。これらによって、現在、りんご酒とマム酒に対する麦芽税で得られているものを上回る税収を確保できるだろう。

麦芽はビールの醸造に使われているだけでなく、各種蒸留酒の生産にも使われている。麦芽税を一クォーター当たり十八シリングに引き上げた場合、麦芽を原料にする蒸留酒に対する各種の物品税をある程度軽減する必要があるかもしれない。いわゆる麦芽蒸留酒の場合、麦芽は原料の三分の一にすぎず、残りの三分の二はすべて大麦か、大麦と小麦が半分ずつになっている。麦芽蒸留酒の蒸留所では、醸造所や麦芽製造所にくらべて脱税が容易だし、誘惑もはるかに大きい。脱税が容易なのは、商品の量が少なく価値が高いからである。誘惑が大きいのは蒸留酒の税金が一ガロン当たり三シリング十・六七ペンスときわめて重いからである*。麦芽の税率を引き上げ、蒸留酒の税率を引き下げれば、脱税が難しくなるし誘惑が小さくなり、財政収入がさらに増えるともみられる。

＊　標準アルコール度の蒸留酒にかかる税金は一ガロン当たり二シリング六ペンスだが、その原料になるアルコール度の低い蒸留酒にかかる税金を加えると、一ガロン当たり三シリング十・六七ペンスになる。いまでは脱税を防ぐために、標準アルコール度の蒸留酒もアルコール度の低い蒸留酒も、麦芽発酵液の分量によって課税されている。

このところ、イギリスでは蒸留酒は庶民の健康を損ない、心が堕落する原因になるとの見方から、消費を抑える政策がとられてきた。この政策のもとでは、蒸留酒の価格が下がるほどの率で税率を引き下げるべきではない。蒸留酒はこれまでと変わらないほど高価格になるようにし、同時に、ビールなどの健康に良く、元気がでる酒が大幅に安くなるようにすることもできよう。こうすれば、国民にとって、現在とくに不満が強い税負担がある程度軽減されるとともに、国の財政収入が大幅に増えるともみられる。

チャールズ・ダベナント博士が現行の物品税制度をこのように改正する提案に反対しているが、その根拠は乏しいとみられる。現在の税は麦芽製造業者、醸造業者、小売り商のそれぞれの利益にほぼ均等にかかっているのに、改正案では利益への影響という点で、麦芽製造業者だけが負担することになるとされている。醸造業者や小売り商なら酒類の価格を引き上げて税金を転嫁できるが、麦芽製造業者は値上げで税金を転嫁するのが難しいので、麦芽に重い税をかければ、大麦畑の地代と利益が低下すると主張されている。

しかし、かなりの期間にわたってみた場合、税金によって特定業種の利益率が下がることはありえない。どの業種も、同じ地域の他の業種との釣り合いがとれていなければならないからだ。麦芽とビールに対する現在の税金は、これら商品を扱う事業者の利益に影響を与えておらず、事業者はこれら商品の価格を引き上げて税金を回収し、その分の利益を

得ている。税金によって商品の価格が高くなりすぎて、消費が減ることはある。だが麦芽が使われるのは酒類の製造のためであり、麦芽に一クォーター当たり十八シリングの税をかけても、現在、合計二十四シリングか二十五シリングになる各種の税金によるもの以上に酒類の価格が高くなることはありえない。逆に価格が低くなり、消費量は減少するどころか、増加するだろう。

　麦芽製造業者が麦芽価格を引き上げて十八シリングの税金を回収するのが、現在、醸造業者が醸造酒の価格を引き上げて二十四シリングか二十五シリング、ときには三十シリングにもなる税金を回収するより難しいとするのはなぜなのか、理解するのは簡単ではない。麦芽製造業者が納付すべき税金は、現在の麦芽一クォーター当たり六シリングから同十八シリングに上がる。だが現在、醸造業者は醸造する麦芽一クォーター当たり二十四シリングか二十五シリング、ときには三十シリングにもなる税金を負担するよう義務づけられている。麦芽製造業者が軽い税を支払う方が、醸造業者が現在の重い税を負担するより不都合であることはありえない。麦芽製造業者は倉庫に麦芽の在庫を大量に抱えているとはかぎらず、醸造業者が酒蔵に貯蔵しているビールの在庫より、販売に時間がかかるとはかぎらない。このため、麦芽製造業者は醸造業者と変わらないほど速く、資金を回収できる場合が多いだろう。だが、これまでより重い税金を支払う義務を負うことで麦芽製造業者が

不便を被るとしても、税金納付の猶予期間を醸造業者に現在、認めているより数か月長くすれば、簡単に解消するだろう。

大麦の需要減少をもたらさない要因が、大麦畑の地代と利益を低下させることはない。そして、税制を改正してビールの醸造に使う麦芽に対する税金を一クォーター当たり二十四シリングか二十五シリングから十八シリングに引き下げた場合、大麦の需要は減るよりも増える可能性が高い。それに、大麦畑の地代と利益はかならず、同じように肥沃で同じようによく耕作されている土地の地代と利益にほぼ等しくなる。大麦畑の地代と利益の方が低ければ、大麦畑の一部がすぐに他の目的に使われるようになる。逆に大麦畑の地代と利益の方が高ければ、大麦の栽培に使われる土地がすぐに増える。ある土地生産物の通常価格が独占価格と呼べる水準になっていれば、その生産物に税金をかけた場合、その生産物を栽培する土地の地代と利益がかならず低下する。たとえば、貴重な葡萄《ぶどう》園の場合、そこで生産されるワインは有効需要よりはるかに少なく、その価格は、同じように肥沃で同じようによく耕作されている土地の生産物の価格に対する自然な比率をつねに上回っている。こうした葡萄園の生産物に税金をかけると、葡萄園の地代と利益はかならず低下する。ワインの価格はそれ以前から、市場への通常の供給量で得られる最高価格になっており、供給量を減らさないかぎり、引き上げることはできない。そして供給量を減らせば、

もっと大きな損失になる。転作しても同じように価値が高い生産物を生産することはできないからだ。このため、税金はすべて地代と利益で負担することになり、実際には葡萄園の地代で負担するしかない。砂糖に対する新たな税金が提案されると、砂糖農場主は、そうした税金がすべて生産者の負担になり、消費者に転嫁できないと主張することが多い。新たな税金がかかったとき、砂糖の価格を引き上げられたことがないというのだ。税金をかける前に、砂糖の価格は独占価格になっていたようだ。砂糖が課税対象として不適切であることを示そうとした主張がおそらくは逆に、適切な課税対象であることを証明している。独占による利益は、うまく見つけ出すことができれば、課税対象として最適だからである。だが、大麦の通常価格が独占価格であったことはない。そして大麦畑の地代と利益が、同じように肥沃で同じようによく耕作されている土地の地代と利益に対する自然な比率を超えるほど高くなったことはない。麦芽やビールに対する各種の税金によって大麦の価格が下がったことはなく、大麦畑の地代と利益が下がったこともない。醸造業者が支払う麦芽の価格はつねに、麦芽にかかる税金に比例して上昇している。そして、麦芽に対する税金とビールに対する各種の税金によって、消費者にとってはその価格が上昇しているか、品質が低下している。これらの税金はつねに最終的に消費者の負担になっており、生産者の負担にはなっていない。

ここで提案した税制変更で打撃を受けるのは、自家消費用にビールを醸造する人だけである。だが、貧しい労働者が重税を支払っている一方、中流以上の階層が例外を認められているのは、まったく不公正だし不公平であり、税制を変更しないとしても、この例外は撤廃すべきだ。だが、おそらく中流以上の階層の利害のためにこれまで、財政収入の増加と国民の負担軽減を同時に達成できないはずがない税制変更が妨げられてきたのだろう。

以上で論じた関税と物品税以外にも、商品価格にさらに不公平で、さらに間接的な影響を与える税金がある。この種の税には、フランスでいま通行税と呼ばれているもの、イングランドでもサクソン王国の時代に通行税と呼ばれていたものがあり、当初は現在の有料道路通行料、運河や航行可能な河川の通行料と同じように、道路や河川などを維持するために設けられたようだ。通行税はこうした目的に使われる場合、運搬される商品の大きさか重量にしたがって徴収するのがもっとも適切である。当初は地方や州の税であり、地方や州の支出にあてられていたので、ほとんどの場合に税を徴収した都市や教区、領地が管理を任されていて、何らかの形で税金の使い方に責任を負うことになっていた。その後に多くの国で、この責任をまったく負わない主権者が通行税を管理するようになり、ほとんどの国で税金を大幅に引き上げてきたが、多くの場合に、税金を使った道路や河川の維持をまったく無視してきている。イギリスで有料道路の通行料が政府の財源の一つになった

場合にどのような結果になりそうかは、他国の多数の例をみれば予想がつく。こうした税金は間違いなく、最終的に消費者の負担になる。だが消費するものの価値ではなく、大きさか重量にしたがって負担する場合、消費者の負担は支出額に比例しなくなる。通行税が商品の大きさや重量ではなく、推定価値にしたがって課される場合、実際には国内関税または物品税になり、商業のなかでもっとも重要な国内商業を大きく阻害することになる。

一部の小国では、陸路か水路を使って一つの外国から別の外国に、自国内を通過して運ばれる商品に対して、通行税に似た税金をかけている。これを通過税と呼んでいる国もある。イタリア北東部のポー川とその支流の流域にあるいくつかの小国では、この種の税金からある程度の税収を得ており、この税金はすべて外国人によって支払われている。これはおそらく、自国の産業や商業にどのような点でも打撃を与えることなく、外国の国民にかけられる唯一の税だろう。世界各国の通過税のなかでとくに重要なのは、デンマーク国王がオーレ海峡を通過する商船にかけているものである。

関税と物品税の大部分のように贅沢品に対する税金は、種類とは無関係にすべての種類の収入で負担され、課税対象の商品を消費した人によって最終的に支払われて、それ以上に転嫁されることはないが、各人の収入に比例して公平にかかるとはかぎらない。各人の気持ちしだいで消費量が違い、各人は収入よりも消費意欲にしたがって税を負担する。浪

費家は収入の割に多額の税を支払い、倹約家は収入の割にわずかな税しか払わない。資産家は国の保護のもとで巨額の収入を得ているのだが、未成年の間、消費によっては国の財政にほとんど寄与しないのが通常である。他国に住んでいる場合、消費によっては、収入の源泉がある国の財政にまったく寄与しない。たとえばアイルランドがそうだが、その国に土地税がなく、動産でも不動産でも所有権の移転にあたってまともな税がかからない場合、他国に居住する資産家が、巨額の収入を得られるように保護してくれる政府の維持に必要な税金をまったく負担しない場合もある。この不公平がとくに大きくなるのは、その国の政府が何らかの点で、他国の政府に従属し依存している場合であろう。この場合、従属している国でとくに大きな資産をもつ人は普通、支配国に住むことを選ぶだろう。アイルランドはまさにそうなっており、したがって非居住者に課税する提案がアイルランドで人気があるのは驚くに値しない。おそらく、どのような種類、どのような程度の不在であれば非居住者に分類するのか、いつからいつまで課税するのかを正確に規定するのは、少々難しいとも思える。しかし、この特殊な事例を除けば、贅沢品に対する税金で各人の負担が不公平になっても、不公平さをもたらす要因自体によって十二分に補われている。各人はまったく自由意思に基づいて税金を負担しているのであり、課税対象の商品を消費するのかしないのかを自由に決められるのである。したがって、そうした税金が適切な商

品に適切にかけられていれば、どの税金よりも不満が少なくなる。商人か製造業者が税を納付する場合、最終的に税金を負担する消費者はすぐに税金と商品価格とを区別できなくなり、税金を支払っていることをほとんど忘れてしまう。

この種の税金は、完全に確定しているか、確定したものにすることができ、いくら納税すべきか、いつ納税すべきかについて、つまり納税の金額と時期について、疑問の余地をなくすことができる。イギリスの関税でも、他国の同じ種類の税金でも、不確実な部分が残っている場合もあるが、それはこの種の税金の性格によるものではなく、税金を規定した法律の表現が不正確か未熟だからである。

贅沢品に対する税金は一般に、そして場合によってはかならず、税金を負担する消費者が課税対象商品を買うたびに少しずつ、買う量に比例して負担するようになっている。負担の時期と方法の面で、あらゆる税のなかでとくに便利になっているか、便利にすることができる。したがってこの種の税金は、課税に関する四つの原則のうち、第一から第三まででは、おそらくどの税金とくらべても劣ってはいない。だが第四の原則には、あらゆる面で反している。

こうした税は、国庫に入る金額に対する比率でみて、国民から支払われるか、国民の受け取りを減らして徴収する金額が、ほとんどどの税金よりも多い。そうなりうる要因は四

つあり、この種の税金には四つの要因がすべてあてはまるようだ。

第一に、この種の税金をかけるためには、とくに賢明な方法をとっても、税関と物品税局の職員が多数必要になり、その給与と賄賂が国民にとって負担になるが、国庫にはまったく収入をもたらさない。しかし、イギリスではこの負担がほとんどの国より軽い点は、認めなければならない。一七七五年七月五日までの一年間に、イングランドの物品税監督官が管理する各種の税金による総収入は五五〇万七三〇八ポンド一八シリング八・二五ペンスであり、徴税の経費は総収入の五・五パーセント強であった。だがこの総収入から、課税商品の輸出にあたって支払われる輸出奨励金と戻し税を差し引くと、純収入は五百万ポンド弱になる（経費と払い戻しを差し引いた純収入は、四九七万五六五二ポンド一九シリング六ペンスであった）。物品税の一種だが所轄が違う塩税は、徴収経費がもっとかかっている。関税は純収入が二百五十万ポンドに達していないが、税関の人件費などの経費が十パーセントを超えている。それだけでなく、税関職員が受け取る役得はどの港でも給与より多く、いくつかの港では給与の二倍から三倍にもなっている。税関の人件費などの経費は純関税収入の十パーセントを超えているのだから、給与と賄賂を合計した経費は、純収入の二十パーセントから三十パーセントを超えているともみられる。物品税局の職員の場合には役得がほとんどない。税金のうち物品税を管轄する行政組織は、作られた時期

が比較的新しいので、税関ほど腐敗していない。税関の場合、長年のうちに多数の悪弊が作られ、既得権益になっている。現在、麦芽とそれを原料とする酒類に対する各種の税による税収を、麦芽に対する税金だけで得るようにすれば、物品税局の経費を年に五万ポンド以上節減できると推定されている。関税の対象をいくつかの品目に絞り込み、物品税法に基づいて徴収するようにすれば、経費をはるかに大幅に節減できるだろう。

第二に、この種の税金はかならず、産業のある部門にとって障害になるか不利な条件になる。税金のために、課税商品の価格がかならず上昇するので、消費がそれだけ抑えられ、その結果、生産も抑えられる。課税商品が国内産の農産物か製品であれば、その生産に使われる労働者の数が少なくなる。税金のために価格が上昇したのが外国商品であれば、同じ種類の国産品が国内市場である程度有利になり、その商品を生産する国内産業で生産が増える可能性がある。外国商品の価格が上昇した結果、国内産業の一部門が刺激を受ける場合もあるわけだが、それ以外の部門はほとんどすべて、かならず不利になる。たとえば、バーミンガムの製造業者が買う外国産ワインの価格が高いほど、製造した金物のうち、ワインの購入にあてる部分を安く売っていることになる。その部分の金物は製造業者にとっての価値が低くなり、それだけ労働意欲が低くなる。ある国の消費者が他国で余った商品を買うときの価格が高いほど、自国で余った商品のうち、外国商品の購入にあてる部分を

安く売っていることになる。余った商品のうちその部分の価値が低くなり、それだけその商品の生産を増やそうという意欲が低くなる。このため、消費財に対する税金はすべて、生産的労働が本来より減少する要因になる。国内の商品の場合には、課税商品の生産にあてる労働が減少する要因になるし、外国の商品の場合には、それの購入に使われる商品の生産にあてる労働が減少する要因になる。こうした税金によってさらに、国内産業の自然な方向が多かれ少なかれかならず変わり、自然の動きに任せた場合とは違った道筋、一般に不利な道筋をたどることになる。

　第三に、密貿易などによって税金を逃れたいと考える人がいるため、財産の没収などの刑罰を受けて完全に破滅する人が少なくない。密貿易で摘発された人は、自国の法律を破つた点では強く非難されて当然ではあるが、実際には、自然な正義に反することを行うような人物ではなく、自然な正義という観点からは正当な行為を犯罪とする法律がなければ、どのような点でみても素晴らしい市民である場合が少なくない。政府が腐敗していて、不必要な支出が多く、財政収入の濫用が目に余ると、少なくとも幅広い国民に疑われている国では、財政収入を守るための法律はほとんど尊重されていない。宣誓したうえで偽証する必要もなく簡単に安全に密貿易をする機会があるのに、良心に恥じる行動はとらないという人はそう多くない。密輸品を買えば、関税法違反をあからさまに奨励することにな

り、密貿易にはほとんどの場合に必要になる偽証をあからさまに奨励することにもなるが、密輸品を買うのは潔しとしないという態度をとればどの国でも、もったいぶった偽善だとされ、他人に信用されるどころか、そんな態度をとっているのだから、よほどの悪人なのだろうと疑われるのが落ちである。このように世間が密貿易に寛容なことから、密輸商人は商売を続けるよう励まされ、ある意味で罪のない仕事をしているだけだと思い込まされることが少なくない。そして関税法の厳しい処罰を受けそうになると、正当な財産だと考えてきたものを守るために、暴力を振るうことも多い。当初はおそらく犯罪者というより軽率だっただけなのだろうが、最後には多くの場合、とくに大胆に法律を破る確信犯になる。密輸商人が摘発されると、それまで生産的労働の維持に使われてきた商人の資本が没収され、国庫か徴税人の収入になり、非生産的労働の維持に使われるようになって、社会の総資本が減少し、その資本で維持されたはずの有用な労働が減少する。

第四に、そうした税金のために、少なくとも課税商品を販売する事業者は徴税人に頻繁に訪問され、不愉快な検査を受けることになる。その結果、ときにはある程度の抑圧を被り、つねに手間がかかって苛立ちがつのる。前述のように、苛立ちは厳密にいえば経費ではないが、誰にとっても、それから逃れるためなら支払おうとする金額に等しい経費だといえる。物品税法は関税法とくらべて、本来の目的である税収の確保という点では効率的

なのだが、事業者にとっての苛立ちは大きい。商人が関税のかかる商品を輸入したとき、関税を支払って商品を自分の倉庫に運び入れれば、その後はほとんどの場合、関税職員との対応に手間がかかり苛立ちをおぼえることはない。物品税がかかる商品の場合には事情が違う。物品税局の職員に頻繁に訪問され、検査されるので、気の休まるときがない。このため、物品税は関税より評判が悪く、物品税の徴税にあたる職員も評判が悪い。物品税局の職員はおそらく、全体としては税関職員と同じように十分に任務を果たしているのだろうが、任務の性格上、地域の人の一部に頻繁に迷惑をかけることになるので、関税職員にはあまりみられないほど意地の悪い性格になるのが普通だといわれている。しかしこの見方は、物品税局職員が熱心に仕事をすると密売が難しくなるか摘発される不誠実な商人が流した風説にすぎない可能性が高い。

だが、消費財に対する税金ではおそらく、国民が迷惑を被るのはある程度まで止むを得ないことであり、財政支出がほぼ同じ規模のどの国とくらべても、イギリスでは迷惑の程度が軽くなっている。イギリスの状況は完璧ではなく、改善が必要だともいえる。だが、近隣諸国のほとんどと比較して、同等か優れている。

消費財に対する税金は、いくつかの国では事業者の利益に対する税だという見方から、同じ商品が事業者間で販売されるたびに、繰り返し課税されている。たとえば、輸入商や

製造業者の利益に課税するのであれば、このどちらかと消費者とを結ぶ中間商人のすべてでも、利益に課税しなければ公平にならないように思える。スペインの有名な従価税は、この見方に基づいて作られたようだ。税率は当初が十パーセント、後に十四パーセントになり、いまでは六パーセントに引き下げられていて、動産、不動産にかかわらず、あらゆるものの売買を対象に、売買の段階ごとに課税されている。この税を徴収するには、地域間だけでなく、店舗の間ですら商品の運搬をすべて監視するために、きわめて多数の税務官が必要である。そして、いくつかの種類の商品だけでなく、すべての種類の商品が対象になっているので、すべての農民、製造業者、商人、商店主がたえず税務官の訪問と検査を受けることになる。この種の税金がある国では大部分の地域で、遠隔地向けの商品は生産できない。どの地域でも、近隣で消費される量の商品しか生産できない。このため、スペインの重商主義者、ヘロニモ・デ・ウスタリスは、スペインの製造業が壊滅したのは従価税のためだとしている。この税は製造業の製品だけでなく、土地生産物も対象にしているので、農業の衰退も従価税のためだと主張できたはずだ。

ナポリ王国には三パーセントの同様の税があり、すべての契約を対象にしているので、売買契約もすべて対象になっている。スペインの場合よりも税率が低いうえ、ほとんどの都市や教会区ではこの税金の一括納付を認められている。都市や教会区はそれぞれ課税方

法を自由に決めることができ、一般に地域内の商業を妨げない課税方法を採用している。このためナポリではスペインほど、この種の税金が破壊的になっていない。

イギリス国内では、すべての地域で統一した税制が使われており、ごく少数の例外も大きな影響を与えないものなので、国内の商業は内陸取引、沿海取引ともにほぼすべて自由になっている。内陸取引はほとんど完全に自由であり、大部分の商品は国内の端から端まで運搬でき、許可証や通行証の必要はないし、税務官の質問や訪問、検査を受けることもない。いくつかの例外はあるが、国内の内陸取引のうち重要な部門を妨げるものではない。沿海航路を使って商品を運搬する際には、税関の証明書が必要である。しかし、石炭を除けば、ほとんどの商品は税がかからない。税制が統一されていて、国内商業の自由が確立している点はおそらく、イギリスの繁栄をもたらしている主因の一つである。どの大国でもかならず、国内市場は自国の産業の大部分にとって、最良で最大の市場なのだから。税制の統一による商業の自由がアイルランドと植民地にまで拡大できれば、国の威光がさらに強まり、帝国の各部分がさらに繁栄するだろう。

フランスでは、州によって税法に違いがあるため、多数の税務官を他国との国境だけでなく、ほぼすべての州の境界にも配置して、ある種の商品の輸送を防ぐか、輸送にあたって税金をかけることが必要になっている。この結果、国内の商業が少なからず阻害されて

いる。いくつかの州は塩税の一括納付を認められている。他の州では塩税が全額免除されている。いくつかの州ではタバコ専売制度の例外が認められているが、大部分の州では徴税請負人が専売権を握っている。イギリスの物品税と同様の税がフランスにもあるが、州によって大きな違いがある。いくつかの州は例外を認められ、一括納付などの方法がとられている。物品税があり、徴税が請負制になっている州には、一つの町や地方だけで課される地方物品税が多数ある。関税は王国を大きく三つに分けて課されている。第一は一六六四年関税が適用される州であり、五大徴税請負州と呼ばれていて、ピカルディ州、ノルマンディ州、内陸の大部分の州がここに入る。第二は一六六七年関税が適用される州であり、見なし外国州と呼ばれ、辺境の州の大部分がここに入る。第三は外国扱いの州であり、外国との自由な貿易が認められているために、フランス国内の他州との取引にあたって外国と同じ関税が課されている。アルザス州、メス、トゥール、ベルダンの三つの司教区、ダンケルク、バイヨンヌ、マルセイユの三つの都市である。五大徴税請負州と見なし外国州には、一つの町や地方だけで課される地方税が多数ある（五大徴税請負州というのは、昔、関税が五大部門に分かれ、部門ごとに請負にだされていたためだが、いまでは一つにまとめられている）。外国扱いの州にすら地方税があり、マルセイユにはとくにこれが多い。このように税制に違いがあるのだから、国内商業がどれほど阻害され、各州や各地

方の境界を守るために、どれほど多数の税務官が必要になるかは、指摘するまでもないだろう。

このように税制が複雑なことから、商業が全般に制約されているうえ、フランスでおそらく穀物についで重要な商品であるワインの取引には、ほとんどの州で特別の制約が課されている。これはそれぞれの州や地区の葡萄園を他の州や地区の葡萄園より優遇した結果である。ワインでとくに有名な州について調べていけば、ワイン取引に対する制約がとくに少ない州であることが分かるはずである。こうした州では市場が大きいことから、葡萄園の耕作でも、その後のワインの醸造でも、とくに優れた管理が行われるようになるのである。

税制がこのようにばらばらで複雑なのは、フランスに特有の状況ではない。ミラノ公国は小国だが、六つの地区に分かれており、地区ごとに違った種類の消費財を対象とする違った税制がある。もっと小さいパルマ公国は三つか四つの地域に分かれ、やはりそれぞれで税制が違っている。このように馬鹿げた方法がとられているのだから、土地が肥沃で気候に恵まれているという条件がなければ、これらの国は、貧困と野蛮の最悪の状態に逆戻りするはずだ。

消費財に対する税金を徴収する方法は二つある。第一に、政府が税務官を指名し、直接

に管理する行政組織で徴収する方法であり、この場合、税収は時期によって変動するので、財政収入は年ごとに違ってくる。第二に、請負金額を決めて徴税を請け負わせる方法であり、この場合、徴税請負人はみずから徴税人を選び、徴税人は法律にしたがって税を徴収する義務を負うが、直接には徴税請負人に監督され、管理される。徴税の最善の方法、経費が最低になる方法は、請負制ではありえない。徴税請負人は取り立てた税金によって、請負金額を支払い、徴税人の給与を支払い、管理の経費をすべて支出した後に、少なくともこれらの経費や、徴税業務のリスクと手間、きわめて複雑な徴税業務を管理するのに必要な知識と技能にふさわしい利益をつねに確保できなければならない。徴税請負人が作り上げているのと同様の行政組織を、政府が直接に監督する形で確立すれば、少なくとも、ほぼつねに法外な利益の部分を節約できるだろう。財政収入のうちかなりの比率を占める部分の徴税を請け負うには、巨額の資本か巨額の借り入れができる信用が必要であり、この点だけでも、徴税請負事業の競争に加わることができる人は、ごく少なくなる。それだけの資本か信用のある少数の人のうち、この事業に必要な知識か経験をもつ人はさらに少ない。この点からも競争がさらに制限される。競争に参加できる状況にあるごく少数の人は、競争するより団結する方が利益になると考える。競争しあうのではなく協力しあい、競争入札の際に、真の価値を大幅に下回る金額でしか応札しないようにするのであ

る。財政収入を徴税請負制で得ている国では、請負人は通常、その国でとくに裕福である。巨額の富をもっていることだけでも国民の怒りをかうというのに、成り金にありがちな見栄をはり、富を見せびらかす愚かな行動をとるのが普通なので、一層怒りをかっている。

徴税請負人は、脱税の罰則がいくら厳しくても、満足することはない。納税者は臣下ではないのだから、同情したりはしない。納税者が大量に破産しても、請負期間の翌日に破産するのであれば、徴税請負人にとって打撃にならない。国が大きな危機に直面していて、財政収入が予定通りに入ってくるかどうか、主権者がとくに心配する時期になると、徴税請負人はまず確実に、法律をもっと厳しくしなければ通常の請負金額を支払うことすらできないといいだす。政府は苦境にある時期なので、この要求を退けることはできない。このため、税法の罰則は厳しくなる一方である。税法がとくに残忍なのはかならず、財政収入の大部分を徴税請負制で得ている国である。税法がとくに寛容なのは、主権者の直接の監督のもとで徴税されている国である。最悪の主権者であっても、徴税請負人には期待できないほど、国民を思いやる気持ちをもっている。王家の栄光が永遠に続くためには国民の繁栄が不可欠であることを知っており、自分の一時的な利害のために、国民の繁栄を破壊すると分かっている行動をとるはずがないからだ。徴税請負人の利害は違っており、国

民の繁栄の結果ではなく、国民の苦しみの結果として財を築くことが少なくない。

徴税請負制では、請負人が固定金額を支払って徴税を請け負うだけでなく、同時に課税商品の専売権を握る場合がある。フランスでは、タバコ税と塩税がこの方法で徴収されている。この場合、徴税請負人は一つではなく二つの点で、法外な利益を国民から絞り取る。徴税請負人としての利益と、それ以上に法外な独占事業者としての利益である。タバコは贅沢品であり、誰でも買うか買わないかを自由に選べる。だが塩は生活必需品であり、誰でも、ある分量を徴税請負人から買わないわけにはいかない。その分量を買わないのであれば、密売人から買っているはずだとされる。タバコと塩に対する税金は極端に重い。このため、多くの人にとって、密売の誘惑が抗しがたくなるが、同時に税法の罰則がきわめて厳しく、徴税請負人の部下が目を光らせているので、この誘惑に負けるとまず間違いなく破滅する。塩とタバコの密売で毎年、何百人もが懲役刑でガレー船に送られており、絞首台に送られるものも多い。こうして徴収されている税金で、政府は巨額の財政収入を得ている。一七六七年に、タバコ税の徴税請負が年に二二五四万一二七八リーブルで、塩税の徴税請負が年に三六四九万二四〇四リーブルで、それぞれ契約されている。どちらの契約も一七六八年にはじまり、期間六年間である。国王の収入を確保するためには国民が血を流しても気にかけない人であれば、おそらくこの課税方法を認めるだろう。タ

バコと塩に対する同様の税金と専売制度は多数の国で確立されており、とくにオーストリアとプロイセンの領内、イタリアの大部分の国でそうなっている。

フランスでは、国王の収入の大部分は、八種類の財源から得られている。タイユ、人頭税、二つの二十分の一税、塩税、物品税、関税、直轄地、タバコ税である。このうち塩税以下の五つでは、大部分の州で徴税請負制がとられている。タイユ、人頭税、二十分の一税はすべての州で政府が直接に監督し管理する行政組織によって徴収されており、国民が支払う金額に対する比率でみて、国庫に入る金額が残りの五種類と比較してはるかに多いことが広く認識されている。残りの五種類では、徴税の仕組みにはるかに無駄が多く、経費がはるかにかかっているのである。

フランスの税制の現状には、三つの点で明らかに改革の余地がある。第一に、タイユと人頭税を廃止し、その分の税収を確保できるように二十分の一税の数を増やせば、国王の収入は維持でき、徴税の経費を大幅に削減でき、タイユと人頭税で庶民が被っている苛立ちが完全に防止でき、上流階級の大部分も、現在より税負担が重くなることはないだろう。二十分の一税は前述のように、イギリスで土地税と呼ばれているものとほぼ同じ種類の税である。タイユが最終的に土地所有者の負担になることは認識されている。人頭税も、タイユを課されている層が大部分を負担しており、タイユ税額の一定比率を人頭税として

支払っているのだから、大部分がやはり、最終的に土地所有者の負担になる。このため、二十分の一税の数を増やして、現在のタイユと人頭税による税収を確保するようにしても、上流階級の負担は現在より重くならないとみられる。だが、個々人でみれば、負担が重くなる場合も間違いなく多いはずだ。タイユを各個人の所有地や小作人に割り当てる際に、大きな不公平があるのが一般的だからだ。このように優遇されている階層の利害があり、反対があることが障害になって、この改革も他の改革も妨げられるだろう。第二に、塩税、物品税、関税、タバコ税といった各種の物品税と関税を国内のすべての地域で統一すれば、徴税の経費がはるかに低下し、国内の商取引もイギリスと同じように自由になるだろう。最後に第三の点として、これらすべての税金を、政府が直接に監督し管理する行政組織によって徴収すれば、徴税請負人の法外な利益がなくなり、それだけ財政収入が増えるだろう。だが、第二と第三の点でも、第一の点と同様に、個人の利害に基づく反対が強く、改革が妨げられるだろう。

　フランスの税制はあらゆる点で、イギリスの税制より劣っているようだ。イギリスでは八百万人以下の人口で毎年、一千万ポンドの税収があり、それによってある階級がとくに抑圧を受けているとはいえない。ジャン・ジョゼフ・エクスピイ師が集めた資料や『穀物の法と取引に関する小論』の著者の推定によれば、フランスの人口はロレーヌ州とバール

州を含めて、二千三百万人から二千四百万人だとみられ、イギリスの三倍だと推定される。土壌と気候もイギリスより良い。土地の改良と耕作がはじまってからの期間もはるかに長く、そのために大都市や、都市と農村の便利で頑丈な住宅など、建設され蓄積されていくのに長い年月を要するものがすべて、イギリスより整っている。このように有利な条件があるのだから、フランスでは年に三千万ポンドの税収を、イギリスの年に一千万ポンドの税収と同じように無理なく確保できると思えるはずである。ところが、きわめて不完全だが入手できたなかで最善の資料では、一七六五年と一七六六年のフランスの財政収入は、三億八百万リーブルから三億二千五百万リーブルの間と推定されている。これは一千五百万ポンドにも満たない金額であり、国民一人当たりの納税額がイギリスと変わらない場合に予想される金額の半分にもならない。だがフランス国民は、イギリス国民よりはるかに重い税を課されているというのが一般的な見方である。ただし、フランスは確かにヨーロッパの偉大な帝国であり、イギリスについで、政府が寛容で温和な国なのである。

オランダでは、生活必需品に対する重税のために、主要な製造業が壊滅し、漁業と造船業も徐々に衰退していく可能性が高いといわれている。イギリスでは生活必需品に対する税金は重くなく、そうした税のために壊滅した製造業はない。イギリスの税のうち製造業にとってとくに重荷になっているのは原材料の輸入関税の一部であり、とくに生糸に対す

る関税である。だが、オランダと各都市の財政収入は五二五万ポンド以上といわれている。そしてオランダは人口がイギリスの三分の一を超えるとは考えられないので、人口一人当たりでみて、はるかに重い税金を負担しているはずである。

適切な課税対象のすべてに税をかけていて、国の緊急事態に対応するためにさらに新税が必要なのであれば、不適切な対象に課税するしかない。この点を考えれば、オランダが生活必需品に課税しているのは、愚かなことだとはいえないのかもしれない。独立を達成し維持するために戦費のかかる戦争を繰り返しており、倹約につとめてきたにもかかわらず、巨額の債務を負っているからである。そのうえ、ホラント州とゼーラント州は特殊な環境にあって、海にのみこまれて消滅するのを防ぐためだけでもかなりの経費を必要としており、そのために、これら二州で税負担がさらに重くなっているのは確かである。オランダが繁栄しているのは主に、共和制をとっているためだとみられる。大資産家や大商人の一族はたいてい、政府に直接に加わっているか、間接的に影響を与える立場にある。この立場によって尊敬され、権威をもっているために、ヨーロッパのどの地域と比較しても、資本をみずから使った場合の利益率が低く、資本を貸し出した場合の金利が低く、資本で得られるごく穏当な収入を使って購入できる生活必需品と利便品の量が少ないオランダに、喜んで住みつづけているのである。こうした裕福な層がいるために、このように不

利な条件があっても、ある程度の産業が生き残っている。オランダが混乱状態に陥って共和制が崩壊し、貴族と軍人が政治を支配するようになり、裕福な商人が政治的な地位をすべて失う事態になれば、あまり敬意を払われなくなった国に住みつづけるのを不快に思うようになるだろう。住居と資本を別の国に移し、オランダの産業と商業も、それを支えてきた資本の後を追うことになろう。

第三章　政府債務

商業が拡大し、製造業が発達する以前の未開の社会では、商工業がなければ供給されない高価な贅沢品がまったく知られておらず、本書第三編第四章で論じたように、巨額の収入があっても、養えるだけの人を養うこと以外に収入の使い道や楽しみ方がない。巨額の収入とはいつの時代にも、大量の生活必需品を支配する力だともいえるだろう。未開の社会では、収入は一般に大量の生活必需品の形で、つまり穀物や家畜、羊毛や毛皮など、ごく普通の食料や衣料の材料の形で入ってくる。これらのうち、自分で消費する量を超える部分と交換できるものが製造業や商業で供給されないのであれば、なるべく多くの人に食料と衣料を提供すること以外に、余ったものの使い道がない。このような状況では、贅沢にならないもてなしと、見栄をはらない施しが金持ちと貴族にとって、収入の主な使い道になる。そして、やはり第三編第四章で論じたように、この使い道であれば、財産を食いつぶしてしまう危険はあまりない。これに対して、自分だけの利己的な楽しみに収入を使

う場合には、どれほどつまらない楽しみでも、思慮分別のある人ですら、熱中しすぎて身を滅ぼすことがある。たとえば闘鶏に熱中して財産を失った人は多い。だが、贅沢にならないもてなしや見栄をはらない施しで財産を食いつぶした人は、あまりいないはずである（贅沢なもてなしや、見栄をはった施しで身を滅ぼした人は多いだろうが）。封建制の時代には大所有地を代々受け継いできた名家が多かった点に、当時は収入の範囲内で生活するのが普通であったことが十分に示されている。当時の大地主は田舎風のもてなしをいつも行っていたのだから、いまの感覚で考えれば、大所有地を代々受け継いでいくのは難しいように思える。大所有地の維持と家計の堅実さとは切り離せない関係にあると思えるからだが、少なくとも名家が一般に、収入を使い切らないほどには倹約家であったことは認めておくべきだ。羊毛と毛皮の一部は通常、換金することができた。これで得た金銀の一部はおそらく、当時の状況でわずかながらも入手できた装飾品や贅沢品の購入に使っただろうが、一部はためこむのが普通だったようだ。節約して残した金銀は、ためこむ以外に方法がなかった。商売に使うのは紳士にとって恥だとされていたし、利息をとって金を貸すのは、高利貸しとされて法律で禁止されていた時代だから、さらに恥ずべきことであった。それに、暴力と無秩序のこの時代には、金銀を蓄えておけば便利でもあった。領地から追い出される事態になったとき、安全な場所に逃げるにあたって、確かな価値のあるものを

もっていけるようにしておきたいからだ。暴力の時代には金銀を蓄えておくのが便利だったわけだが、同じ理由で、蓄えた金銀を隠しておくのが便利であった。埋蔵物、つまり所有者の分からない財宝が頻繁に発見された点でも、金銀を蓄え、隠す習慣があったことが十分に示されている。当時、埋蔵物は主権者の収入のうち重要な部門だと考えられていた。いまではイギリス全体で発見される埋蔵物を合計しても、民間の大地主の収入で重要な部門になるほどの金額にもならないだろう。

このように金銀を節約して蓄える傾向は、臣下だけでなく主権者にもあった。商工業がほとんどない国では、本書第四編第一章でも論じたように、主権者は金銀の蓄積に必要な倹約を重視せざるをえない状況におかれている。この状況では、主権者すら、宮廷の華やかな装飾を喜ぶ虚栄心を満たすために支出を振り向けるわけにはいかない。それに当時は無知だったために、装飾品といっても安物がわずかにあるだけだった。常備軍を維持する必要はなかったので、主権者でも大領主と同じように、農民に恩恵をほどこし、家臣に食事などをふるまうこと以外に、収入の使い道がほとんどなかった。虚栄心はかならず度を超えるのだが、施しやもてなしが度を超えることはめったにない。このため前述のように、昔のヨーロッパでは、主権者はみな金銀を蓄えていた。いまでも、遊牧民族の族長は金銀を蓄えているという。

商工業が発達した国では、あらゆる種類の高価な贅沢品が豊富にあり、主権者は国内の大地主のほとんど全員と同様に、収入のかなりの部分を当然ながら、そうした贅沢品の購入にあてる。自国や近隣諸国から高価な装飾品を大量に供給され、宮廷を見事に、しかし無意味に飾りたてるのに使う。これよりは劣るが、似たような装飾のために、大領主は家来の数を減らし、借地人を独立させ、国内の都市に住む金持ちの大部分と変わらぬ力しかもたなくなっていった。大領主は軽薄な感情にしたがって行動しているのだが、主権者も同様の感情にしたがって行動する。主権者だけは並みの金持ちと違って、贅沢を楽しもうとしないはずだといえるだろうか。そういえないとすれば、主権者が収入のかなりの部分を贅沢のために使って、国の防衛力を弱めるほどになることはないとしても（実際にはそうなる可能性が高いのだが）、防衛力の維持に必要な額を超える部分をすべて消費することはないとは期待できない。通常の経費は通常の収入に等しくなり、通常の収入を頻繁に超えるのでなければ、良い方である。金銀を蓄えるとはもはや期待できず、特別の事態が起こって特別の経費が必要になれば、特別の支援を国民に依頼するしかなくなる。一六一〇年にフランスのアンリ四世が死んだ後、ヨーロッパの大国の国王のなかでかなりの金銀を蓄積したとみられるのは、プロイセンの前国王のフリードリヒ・ビルヘルム一世と現国王のフリードリヒ二世だけである。金銀の蓄積に必要な倹約の気風は、共和制の政府で

も、君主制の場合とほとんど変わらないほど稀になった。イタリア各地の共和国とオランダはいずれも債務をかかえている。ヨーロッパの共和制の政府では唯一、スイスのベルン州がかなりの金銀を蓄えている。スイスの他州は金銀を蓄えていない。ある種の装飾、少なくとも見事な建物などの公共の装飾に対する趣味が、大王国の贅沢な宮廷と変わらないほど、一見堅実な小共和国の政府にも広まっていることが少なくない。

平時に倹約していないため、戦時には資金を借り入れるしかなくなる。戦争になったとき、国庫には平時の経常経費を賄えるだけの資金しかない。戦争になれば、国を防衛するために、平時の三倍から四倍の経費が必要になり、したがって、平時の三倍から四倍の財政収入が必要になる。めったにないことではあるが、経費の増加に見合うだけ収入を増やす直接の手段があったとしても、財政収入を増やすために新たな税金をかけてから、実際に税収が入ってくるまでにはおそらく、十か月から十二か月かかる。だが、戦争がはじまればそのときから、実際には、はじまりそうになったときから、陸軍は増強し、船隊は武装し、守備隊は防衛態勢を整えなければならない。陸軍、艦船、守備隊に武器、弾薬、食料を供給しなければならない。戦争の危険が迫ったときにはただちに巨額の経費が発生するのであり、新税の税収が少しずつゆっくりと入ってくるのを待ってはいられない。こうした緊急事態にぶつかったとき、政府は資金を借り入れる以外に資源をもっていない。

商業が発達すると、社会的要因によって政府がこのように借り入れを必要とするようになるのだが、国民の間では貸し付けの能力と意思が生まれる。商業の発達とともに、一般に借り入れの必要が生まれると同時に、借り入れが容易になるのである。

商工業者の数が多い国には、自分が保有する資本だけでなく、資金の貸し手や、商品の委託者の資本も扱っている人がかならず多数おり、こうした人が扱う資本は、商工業以外の収入で暮らしている民間人の収入と同程度かそれ以上に回転する。商工業以外の収入で暮らしている人は、収入が年に一回転するだけである。だが商人が扱う資本と信用は、代金の回収が速い商売をしている場合には、年に二回、三回、四回も回転する。このため商工業者が多い国にはかならず、そうしようと思えばいつでも、政府に巨額の資金を貸し出せる人が多数いる。商業国の国民に貸し出し能力があるのはこのためである。

司法制度が確立していない国、つまり、財産を安全に所有できると国民が感じておらず、契約の信頼性が法律によって支えられておらず、支払い能力のある人に借金の返済を強制するために、国がいつでも権力を行使すると考えられていない国では、商工業が長期にわたって繁栄することはまずできない。要するに、政府の司法制度に対する信頼がある程度ないかぎり、商工業が栄えることはまずできないのである。大商人や大製造業者は自国の政府を信頼しているからこそ、平時に自分の財産の保護を委ねているのだが、非常時

にも、この信頼があるからこそ、自分の資金の利用を委ねようとする。政府に資金を貸し付けても、商工業の事業を行う能力が一瞬であれ低下するわけではない。逆に、能力が高まるのが普通だ。政府は必要に迫られているので、ほとんどの場合、貸し手にとってきわめて有利な条件で資金を借り入れる。当初の貸し手に発行する債券は自由に譲渡でき、政府の司法制度は幅広く信頼されているので、市場で当初の払い込み額より高く売れるのが通常である。商人や金持ちは政府に資金を貸し付けて利益をあげるのであり、事業資本を減らすのではなく、増やすのである。だから、政府の新たな借り入れの際に引き受け先の一人に選ばれれば、政府に優遇されたと考えるのが普通だ。商業国の国民に貸し出しの意思があるのはこのためである。

こうした国の政府は、緊急事態が起こった際に国民が政府に資金を貸し出す意思と能力をもつ点に頼ることになりやすい。簡単に借り入れられると予想するので、金銀を蓄える義務を果たさなくてもいいと考えるようになる。

未開の社会には、巨額の資本をもつ商工業者はいない。金銀を蓄え、隠すのは、政府が正義を守るとは信頼しておらず、金銀を蓄えていることが知られ、どこに隠しているかが知られれば、すぐに強奪されると恐れているからである。こうした状況では、緊急事態が起こったときに政府に資金を貸し出す能力がある人はごく少ないし、貸し出す意思がある

人はまったくいない。主権者は緊急の場合に資金を借りるのが不可能だと予想するので、金銀を蓄えて備えておかなければならないと感じる。こう予想するので、貯蓄しようとする本来の姿勢が一層強まる。

ヨーロッパの大国はいずれも巨額の債務に苦しんでおり、長期的にみればおそらく破滅することになるだろうが、債務が蓄積していく過程は、どの国でもほぼ変わらない。政府も民間人と同様に、まずはいうならば信用で借り入れ、債務返済のために何らかの財源を担保として提供することはない。信用で借り入れることができなくなると、つぎに何らかの財源を担保として提供して借り入れるようになる。

イギリスで無担保債務と呼ばれているものは、この二つの方法のうち、信用借り入れの方法をとっている。そのうち一部は利子がつかないか、無利子とされているものであり、民間人の買掛金に似ている。残りは利子がつくものであり、民間人の為替手形や約束手形に似ている。特別の業務で生じた債務、予算を計上していなかった業務かその時点に支払われなかった業務で生じた債務、たとえば、陸海軍や軍需品調達部門が支出した臨時費の一部、外国の国王に対する補助金の未払い部分、船員給与の未払い部分が通常、利子がつかない債務になる。海軍証券と大蔵証券がときにはこれらの債務を支払うために、ときには他の目的のために発行され、利子がつく債務になる。大蔵証券は発行された日から、海

軍証券は発行後六か月たった日から利子がつく。イングランド銀行は、自主的にこれら証券を時価で割り引くこともあるが、政府との契約に基づいて、手数料を得て大蔵証券を流通させることもあり、この場合には、大蔵証券を額面で買い取り、発生している利子を支払い、その価値を維持して円滑に流通するようにし、政府がこの種の証券で巨額の借り入れができるようにすることが多い。フランスにはこのような銀行がなく、国債が六十パーセントから七十パーセント割り引いた価格で取引されることがある。ウィリアム三世の時代（一六八九〜一七〇二年）に銀貨の大改鋳が行われたとき、イングランド銀行は、通常の業務を一時停止するのが適切だと考えた。このとき、大蔵証券と政府債務証書の一種である割符が二十五パーセントから六十パーセント割り引いた価格で取引されたという。その一因は疑いもなく、名誉革命で生まれた新政府が不安定だとみられていたことにあるが、イングランド銀行の支援がなかったためでもある。

無担保での借り入れが限度に達して、それ以上の借り入れには財政収入のうちある部分を担保として提供し、債務返済だけにあてる義務を負うことが必要になると、政府は場合によって二つの方法を使ってきた。担保をときには短期間、たとえば一年か数年に限って提供する方法をとり、ときには無期限に提供する方法をとった。短期間の場合、担保として提供した財源は、借り入れた資金の元本と利子を期間内に十分に返済できる規模がある

と想定された。無期限の場合、その財源で支払えるのは利子だけ、あるいは永久年金型国債の毎年の支払いだけであり、元本をいつ返済するのかは、政府が自由に決められるようになっている。短期間の担保提供による借り入れは見込み債務と呼ばれ、無期限の担保提供による借り入れは永久有担保債務と呼ばれ、もっと簡単に永久債務と呼ばれる。

イギリスでは毎年の土地税と麦芽税はつねに見込み債務の担保にされており、これらの税を規定する法律にかならず借り入れ条項が設けられている。イングランド銀行が通常、法律で予定された税収総額を貸し出し、税収が入ってくるにつれて返済を受ける。同行はこの貸し出しで利子を得ており、金利は名誉革命直後の八パーセントから三パーセントまで低下してきた。税収が不足する場合には（毎年不足するのだが）、翌年の財政支出で返済される。こうして、財政収入の主要部分のうち唯一、担保提供されていない部分が、実際にはいつも、国庫に入る前に使われているのである。貯蓄をしない浪費家が必要に迫られて、定期収入が入ってくるのを待ちきれずに借金に頼るように、政府も自分の代理人からいつも資金を借り入れ、自分の資金を使うために、利子を支払い続けているのである。

ウィリアム三世の時代と、アン女王の時代（一七〇二〜一四年）の大部分の期間には、いまと違って永久債務がそれほど一般的ではなく、新税の大部分は四年、五年、六年、七年といった短期間だけのものであり、歳入予算の大部分はこれら新税の税収を担保とする見

込み債務であった。税収は限られた期限内に借り入れの元利を返済するには不十分なことが多かったので、赤字が生まれ、その穴埋めのために税の期間を延長することが必要になった。

ウィリアム三世治世の一六九七年の法律で、いくつかの税の赤字をまとめて、第一次一般担保または第一次一般基金と呼ばれたもので返済することになった。これは近く期限がくることになっていたいくつかの税の期間を一七〇六年八月一日まで延長し、それらの税収を一つの一般基金にまとめたものである。この期間延長にあたって一般基金で返済することになった赤字は、五一六万四五九ポンド一四シリング九・二五ペンスである。

一七〇一年にこれらの税とあといくつかの税の期間が、同じ目的で一七一〇年八月一日まで延長され、第二次一般担保または第二次一般基金と呼ばれた。この一般基金で返済することになった赤字は、二〇五万五九九九ポンド七シリング一一・五ペンスである。

一七〇七年にこれらの税の期間が、新たな借り入れの担保としてさらに一七一二年八月一日まで延長され、第三次一般担保または第三次一般基金と呼ばれた。この一般基金で借り入れた金額は、九八万三二五四ポンド一一シリング九・二五ペンスである。

一七〇八年にこれらの税の期間が、新たな借り入れの担保としてさらに一七一四年八月一日まで延長され、第四次一般担保または第四次一般基金と呼ばれた（ただし、旧臨時税

のトン税とポンド税は半分だけが基金の対象になり、スコットランドからの亜麻布の輸入関税は、一七〇七年のイングランドとスコットランドの合併条約で撤廃されたため、除外された）。この一般基金で借り入れた金額は、九二万五一七六ポンド九シリング二・二五ペンスである。

一七〇九年にこれらの税の期間が、同じ目的でさらに一七一六年八月一日まで延長され、第五次一般担保または第五次一般基金と呼ばれた（ただし、旧臨時税のトン税とポンド税はすべて除外された）。この一般基金で借り入れた金額は、九二万二〇二九ポンド六シリングである。

一七一〇年にこれらの税の期間が、さらに一七二〇年八月一日まで延長され、第六次一般担保または第六次一般基金と呼ばれた。この一般基金で借り入れた金額は、一二九万六五五二ポンド九シリング一一・七五ペンスである。

一七一一年に、この時点ですでに四つの見込み債務の担保になっていたこれらの税と、それ以外のいくつかの税が無期限になり、南海会社に利子を支払うための基金になった。南海会社はこの年、債務返済と赤字の穴埋めのための資金として、政府に九一七万七九六七ポンド一五シリング四ペンスを貸し出しており、その時点では過去最大の融資であった。

それ以前には知りえたかぎり、債務の利子を支払うために無期限に課されていた主要な税は、イングランド銀行と東インド会社が政府に貸し出した資金の利払いのためのものと、実現しなかったが土地銀行が貸し出すはずだった資金の利払いのためのものだけである。イングランド銀行の貸し出しは当時三三七万五〇二七ポンド一七シリング一〇・五ペンスであり、年に二〇万六五〇一ポンド一三シリング五ペンスの利子が支払われていた。東インド会社の貸し出しは三二〇万ポンドであり、年に一六万ポンドの利子が支払われていた。金利はイングランド銀行が六パーセント、東インド会社が五パーセントであった。

ジョージ一世治世の一七一五年の法律で、イングランド銀行が保有する年金型国債の担保になっていた税と、この法律で無期限になったその他いくつかの税が、総合基金と呼ぶ一つの基金にまとめられ、イングランド銀行が保有する年金型国債と、その他いくつかの年金型国債、他の種類の債務を返済するための資金になった。この基金はさらに、一七一六年の法律と一七一八年の法律で拡大され、このときに基金に加えられた税も無期限になった。

ジョージ一世治世の一七一七年の法律で、その他のいくつかの税が無期限になり、一般基金と呼ぶ基金にまとめられて、総額七二万四八四九ポンド六シリング一〇・五ペンスの年金型国債の支払いにあてられるようになった。

これらの法律の結果、それまで短期の見込み債務の担保になっていた税金の大部分が無期限になり、それまで何度かの見込み債務で借り入れた資金の元本ではなく、利子だけを支払うための財源になったのである。

政府の借り入れが見込み債務だけによるのであれば、数年たつと、担保提供されていた財政収入を自由に使えるようになる。そのために政府が注意すべき点は、担保提供する財源でかぎられた期間内に元利を返済できる金額を超えて借り入れないようにすること、当初の見込み債務の期間が終了するまで、つぎの見込み債務による借り入れを避けることだけである。だが、ヨーロッパ各国政府の大部分は、このように注意することができていない。当初の見込み債務ですら、担保提供した財源で返済できる限度を超える金額を借り入れることが少なくない。そうしなかった場合でも、当初の見込み債務の期間が終了する前に、第二、第三の見込み債務で資金を借り入れ、その財源で返済できる限度を超える金額を借り入れようとするのが通常である。このため、担保提供した財源では、借り入れの元本と利子を支払うことがまったくできなくなり、利子だけ、あるいは永久年金型国債の毎年の支払いだけにあてることが必要になった。こうして、見込み債務を乱発した結果、永久債務というもっと危うい方法が生まれた。この方法を使うと、財政収入を自由に使えるようになるまでの期間が数年ではなくなり、無期限に引き延ばされ、そんなときがくると

はまったく考えにくくなる。だが、借り入れられる金額が見込み債務を使った場合よりかならず多くなるので、新しい方法に抵抗がなくなると、どの国でも、緊急事態が起こったときに見込み債務よりも好まれるようになった。国政に関与するものにとって、目の前の緊急事態に対応することこそがいつも最優先の課題である。財政収入を債務の重荷から解放する課題は、後世に任せる。

アン女王の時代に、市場金利が六パーセントから五パーセントに下がり、一七一三年の法律で、民間の信用貸しの金利の上限が五パーセントに引き下げられた。イギリスの臨時税の大部分が無期限の税になり、総合基金、南海基金、一般基金の三つの基金に分配された直後に、民間人に対する債権者と同様に、国に対する債権者も金利を五パーセントに引き下げるよう求められた。この結果、これらの基金を担保にする永久債務の大部分で元本の一パーセントが、そしてこれら三つの基金から支払われる年金型国債の大部分で年間支払い額の六分の一が節減できることになった。このため、三つの基金に集められた各種の税による税収で、これら基金で負担するようになった年金型国債の支払いを行った後に、かなりの金額が余るようになり、減債基金と呼ばれる基金の基礎になった。一七一七年には減債基金は三二万三四三四ポンド七シリング七・五ペンスになった。一七二七年に、政府債務の大部分の金利がさらに四パーセントに引き下げられた。一七五〇年に三・五パー

セントに、一七五七年には三パーセントに引き下げられ、減債基金がさらに増加している。減債基金は既存の債務を返済するために作られたのだが、これによって新たな借り入れがはるかに容易にもなった。国の緊急事態に不確かな財源を担保に資金を借り入れようとするとき、補助的な担保としていつでも使えるからである。イギリスの減債基金がこの二つの目的のうち、どちらに使われることが多かったかは、以下の説明で明らかになるだろう。

見込み債務と永久債務という二つの方法以外にも、両者の中間ともいえる借り入れ方法が二つある。有期年金型国債と終身年金型国債である。

ウィリアム三世とアン女王の時代には、巨額の資金の借り入れに有期年金が何度も使われており、期間は長い場合も短い場合もあった。一六九三年の法律で、百万ポンドを年に十四パーセント、つまり年に十四万ポンドを期間十六年にわたって支払う年金型国債で借り入れることが決まった。一六九一年の法律では、いまの感覚で考えればきわめて有利な条件の一時払い終身年金で、百万ポンドを借り入れることが決まった。だが、このときの応募は予定額に満たなかった。不足分は翌年に、年間の支払い額が十四パーセントの終身年金型国債で借り入れている。七年分強の一時払いで生涯にわたる年金を販売したわけだ。一六九五年に、政府はこの国債を百ポンド当たり六十三ポンドの払い込みで、期間九

十六年の有期年金型国債に転換する機会を購入者に与えた。つまり、生涯にわたる十四パーセントの年金と、期間九十六年の十四パーセントの年金との差を、四・五年分にあたる六十三ポンドで販売したのである。当時は政府が不安定だとみられていたので、この条件ですら、買い手がほとんどいなかった。アン女王の時代には何度か、終身年金、三十二年、八十九年、九十八年、九十九年の有期年金で資金を借り入れている。一七一九年に、三十二年の有期年金型国債を、年金十一・五年分とその時点で延滞していた年金の合計額にあたる南海会社の株式と交換するよう保有者に提案された。一七二〇年にはこれ以外の短期と長期の有期年金型国債の大部分について、南海会社の株式との交換が提案された。当時、長期年金の支払い額は年に六六万六八二一ポンド八シリング三・五ペンスであった。一七七五年一月五日には残り部分、つまりこのときに交換されなかった年金は、わずか一三万六四五三ポンド一二シリング八ペンスになっていた。

　一七三九年にはじまったスペイン戦争とオーストリア継承戦争、一七五六年にはじまった七年戦争の時期には、有期年金型国債や終身年金型国債で借り入れた資金はごく少なかった。期間が九十八年や九十九年であれば、永久年金型国債とほとんど価値が変わらないので、ほぼ同じ程度の借り入れができるはずだと思えるかもしれない。しかし、家族に資産を残し、遠い将来に備えるために国債を買う人は、価値が低下しつづけるものを買おう

とはしない。こうした人が国債の保有者と買い手のかなりの部分を占めている。このため長期年金型国債は、永久年金型国債と本質的価値にほとんど違いがないのだが、同じだけの買い手は集まらない。新発国債の応募者は一般に、購入した国債をなるべく早く売却しようと考えており、同じ金額であれば、長期にわたって償還されない長期年金型国債よりも、議会の決議によってしか償還されない永久年金型国債をはるかに歓迎する。永久年金型国債であれば価値が変わらないか、ほぼ変わらないとみられている。このため、売買にあたって長期年金型国債より便利である。

　前述の二回の戦争の間、有期年金型、終身年金型のどちらの国債も、国債の本来の利子または償還可能な年金を超える割増として新発国債の応募者に提供されたものを除いて、ほとんど発行されていない。借り入れた資金に対する本来の元利を支払うものとしてではなく、貸し手に提供する奨励金として発行されたのである。

　終身年金型国債には二つの種類がある。一つは個人を対象に生涯にわたって支払われるものであり、もう一つは一群の人の生涯にわたって支払われるものであり、これは考案者の名前をとって、フランスでトンチン年金と呼ばれている。個人を対象とする終身年金の場合、年金受給者が死亡すれば、その個人への年金支払いにあてられていた部分だけ財政負担が軽くなる。トンチン年金の場合、それぞれの組の年金受給者が全員死亡するまで、

財政負担が軽くなることはない。各組には二十人か三十人が入っていることもあり、死亡した受給者の年金は生存者が引き継ぎ、最後まで生き残った受給者は、全員分の年金を引き継ぐ仕組みになっているからだ。同じ額の財政収入を担保にしても、個人終身年金よりもトンチン年金の方が借り入れられる金額がかならず多くなる。生存者取得権付きのトンチン年金は確かに同じ金額の個人終身年金よりも価値が高いうえ、誰もが自分の幸運を過信する自然な傾向をもっているので、富籤《とみくじ》がかならず成功するのと同じ原理が働き、本来の価値以上の金額で売れるのが一般的である。このため、年金型国債で資金を借り入れることが多い政府は、個人終身年金よりトンチン年金を好むのが一般的である。借り入れられる資金が多くなる方法が、ほとんどいつも、財政収入を自由に使えるようになるまでの期間がもっとも短いとみられる方法より好まれるのである。

　フランスではイギリスとくらべて、終身年金による借り入れの比率がはるかに高い。一七六四年にボルドー高等裁判所が国王に提出した報告では、フランスの政府債務残高は二十四億リーブル、このうち終身年金の元本が三億リーブルと、全体の八分の一を占めると推定されている。終身年金の支払い額は年に三千万リーブルであり、利払い全体の一億二千万リーブルのうち四分の一を占めると推定されている。これらの推定が正確ではないことはよく分かっているが、高等裁判所という権威ある機関が事実に近いものとして報告し

た数値なので、額面通りに受け取ってもいいだろう。イギリスとフランスで政府債務の形態に違いがあるのは、財政収入を自由に使えるようにすることを重視する程度に差があるからではない。この違いはすべて、貸し手の側の見方と利害の違いによるものである。

イギリスでは、首都は世界最大の商業都市であり、政府に資金を貸し出すのは主に商人である。商人はその際に商業資本を減らすつもりはない。逆に増やそうとしているのである。新発の国債を引き受けるのは、転売して利益を得られると予想するからであり、そう予想できない場合には引き受けようとしない。そして、永久年金型国債ではなく、終身年金型国債を引き受けた場合、終身年金が支払われる期間が自分の生涯にわたってであろうと、他人の生涯にわたってであろうと、転売して利益を得られるとはかぎらない。自分の生涯にわたる終身年金を転売すれば、かならず損失を被る。年齢と健康状態が自分とほぼ同じであっても、他人の生涯にわたる年金に、自分の生涯にわたる年金と同じ価格を支払おうとする人はいないからだ。第三者の生涯にわたる年金であれば、当然ながら買い手にとっても売り手にとっても価値は等しいが、発行された時点から真の価値が下がりはじめ、期間がたつほど下がっていく。このため、市場で売買する証券としては、真の価値がいつも変わらないか、ほぼ変わらないと想定できる永久年金型国債ほど便利なものにはなりえない。

フランスでは、首都が大商業都市ではないので、政府に資金を貸し出す人のうち、商人はそれほど高い比率を占めていない。財政関係者、徴税請負人、請負制ではない税の徴税官、宮廷銀行家が、緊急時に政府に資金を貸し出す人の大部分を占めている。こうした人は一般に下層の家に生まれて巨額の富を築いており、きわめて高慢なことが多い。同じ身分の女性と結婚しようなどとは思わないが、上流階級の女性には軽蔑されて結婚できない。このため、独身を通そうとすることが多く、子供がいないうえ、親戚の子供を気に掛けることはなく、親戚を認めたがらない場合も多いので、自分だけが生涯にわたって派手な生活を送れればいいと考えている。自分の代かぎりで財産がなくなっても気にしない。それに、結婚を嫌うか、結婚には不都合な生活を送っている金持ちの数も、イギリスよりフランスの方がはるかに多い。こうした金持ちは子孫を気に掛けることがまずないので、自分がもつ資本を投じて、自分が望む期間にわたって続き、それ以上は続かない収入を確保できるのであれば、これほど好都合なことはない。

近代の政府の大部分は、平時の経常支出が経常収入にほぼ等しくなっており、戦争が起こったとき、支出の増加に合わせて財政収入を増やす意思も能力ももっていない。意思がないのは、国民が突然の大幅な増税に反発し、戦争を嫌うようになるのを恐れるからである。能力がないのは、どのような税をかければ必要な財政収入を確保できるのか、よく分

かっていないからである。借り入れが容易なことから、こうした恐れと能力不足のために困惑する事態が避けられている。借り入れを使えば、税金を小幅引き上げるだけで、毎年、戦争を遂行するために必要な資金を確保でき、永久債務で借り入れれば、増税を最小限にとどめながら、毎年、最大限の資金を調達できる。大国であれば、首都に住む国民や、戦場から遠く離れた地域に住む国民の大部分は、戦争で不便を感じることはめったになく、自国の海軍と陸軍が活躍する様子を新聞で読んで気楽に楽しんでいる。戦争のために平時より税金が若干高くなっても、この楽しみで十分に償われている。戦争が終わると、国民が不満をもつのが普通だ。この楽しみがなくなり、戦争が続いて各地を征服し、国威を発揚する夢が消えるからである。

　戦争が終わっても、戦争中に課された税が撤廃されることはまずない。新たな税の大部分は、戦費として借り入れた資金の利払いのために、担保として提供されているからだ。以前からの財政収入に新税の税収を加えて、債務の利子と政府の経常経費を支払った後にある程度の余剰があれば、おそらく債務を償還するために減債基金に繰り入れられるだろう。だが第一に、減債基金は他の目的に流用されることがないと想定しても、平和が続くと十分に予想できる期間内に、戦時に積み上がった債務の全額を償還するにはまったく不足しているのが通常である。そして第二に、減債基金はほとんどつねに、他の目的に流用

されている。

新税は、それを担保に借り入れる資金の利子を支払うことだけを目的として課されている。利払いに必要な額を超える税収があった場合、それは通常、意図も予想もされていなかったものなので、巨額になることはめったにない。減債基金が作られたのは通常、当初にその税で負担することを意図していた利子か年金を支払った後に資金が余ったためというより、後に金利が引き下げられたためである。一六五五年にオランダで、一六八五年にローマ法王領でそれぞれ減債基金が作られたのはそのためであった。したがって、減債基金は通常、債務の償還には不十分である。

とくに平和な時期にも、さまざまな機会に臨時の経費が必要になり、政府はいつも、その経費を新税で賄うより、減債基金を流用する方が好都合だと考える。新税を課せば、国民は多かれ少なかれ、その影響をすぐに受ける。かならず不満のタネになり、ある程度の反対の声があがる。税の種類を増やすほど、各種の課税対象で税率を高くするほど、新税に対する国民の反対が強くなり、新しい課税対象を探し出すのは難しくなり、既存の税で税率を引き上げるのも難しくなる。これに対して、国債の償還を一時停止した場合には、国民にすぐに影響を与えることはなく、不満も反対もでてこない。減債基金からの借り入れは、目先の問題を解決するためにいつでもすぐに使える簡単な方法になっている。政府

債務が積み重なるほど、債務削減の方法を検討する必要が高まるほど、減債基金を一部でも流用するのが危険になり、破滅への道になるほど、実際には逆に、政府債務が大幅に削減される可能性が低くなり、平時に必要になった臨時経費を賄うために、減債基金が流用される可能性が高くなり、確実にすらなるのである。税金の負担がすでに重すぎる国では、新たな戦争が避けられなくならないかぎり、つまり、国民が他国への復讐心に燃えているか、国の安全が脅かされているのでないかぎり、新税の負担に耐えるよう国民を説得することはできない。このため、減債基金はつねに流用される。

　イギリスでは、永久債務という破滅的な方法に頼るようになってから、平和な時期の政府債務の削減が、戦争の時期の債務の増加に見合ったものになったことは一度もない。イギリスの政府債務が巨額になったのは、一六八八年にはじまり一六九七年のレイスウェイク条約で終結したアウクスブルク同盟戦争のときからであった。

　一六九七年十二月三十一日には、イギリスの政府債務は無担保、有担保を合計して、二一五一万五七四二ポンド一三シリング八・五ペンスであった。大部分は短期の見込み債務によるもので、一部が終身年金型国債によるものであった。このため、四年後の一七〇一年十二月三十一日までに返済された債務と国庫に返却された資金が、合計五一二万一〇四一ポンド一二シリング〇・七五ペンスになった。政府債務がこれほど短期間にこれほど大

幅に削減されたことは、これ以降になかった。政府債務残高は一六三九万四七〇一ポンド一シリング七・二五ペンスになった。

一七〇二年にはじまりユトレヒト条約で終結したスペイン継承戦争で、政府債務はさらに増加した。一七一四年十二月三十一日には、五三六八万一〇七六ポンド五シリング六・〇八ペンスであった。短期と長期の年金が南海基金に組み入れられたために、政府債務残高はさらに増加し、一七二二年十二月三十一日には五五二八万二九七八ポンド一シリング三・八三ペンスになった。一七二三年からの債務減少はペースがきわめて遅く、その後の十七年にわたる平和の時期に八三二万八三五四ポンド一七シリング一一・二五ペンスしか返済されず、一七三九年十二月三十一日には四六九五万四六二三ポンド三シリング四・五八ペンスの債務が残っていた。

一七三九年にはじまったスペイン戦争と翌年にはじまったオーストリア継承戦争によって政府債務はさらに増加し、アーヘン条約で終結した直後の一七四八年十二月三十一日には、七八二九万三三一三ポンド一シリング一〇・七五ペンスになっていた。それ以前に十七年続いた平和の時期に削減された債務は八三二万八三五四ポンド一七シリング一一・二五ペンスにすぎなかったが、九年弱の戦争の時期に、債務が三一三三万八六八九ポンド一八シリング六・一七ペンス増加している。

ヘンリー・ペラム首相の在任期間（一七四三〜五四年）に政府債務の金利が四パーセントから三パーセントに引き下げられるか、少なくともそのための手段がとられた。このため減債基金が増加し、政府債務の一部が償還された。七年戦争がはじまる直前の一七五五年には、永久債務は七二二八万九六七三ポンドであった。七年戦争が終わった直後の一七六三年一月五日には、有担保債務が一億二二六〇万三三三六ポンド八シリング二・二五ペンスになっていた。無担保債務は一三九二万七五八九ポンド二シリング二ペンスであった。戦争の経費は終戦の後にも発生するので、一七六四年一月五日には、新たな借り入れと無担保債務の永久債務への借り換えによって、有担保債務が一億二九五八万六七八九ポンド一〇シリング一・七五ペンスに増え、その年と翌年の無担保債務は九九七万五〇一七ポンド一二シリング二・三四ペンスにのぼった（『イギリスの貿易と財政に関する考察』の博識な著者による）。つまり、一七六四年にはイギリスの政府債務は有担保と無担保を合計して、一億三九五六万一八〇七ポンド二シリング四ペンスにのぼったことになる。さらに、一七五七年に新発国債の応募者に割増として提供された終身年金が、年金十四年分と評価して四七万二五〇〇ポンドあり、一七六一年と六二年に割増として提供された長期年金が、年金二十七・五年分と評価して六八二万六八七五ポンドある。七年にわたった平和の時期に、ペラム首相の賢明で愛国的な政策によっても、債務の削減額が六〇〇万ポンドに達し

なかった。ほぼ同じ年数続いた戦争の時期に、新規の債務が七五〇〇万ポンドを超えているのである。

一七七五年一月五日には、イギリスの有担保債務は一億二四九九万六〇八六ポンド一シリング六・二五ペンスであった。無担保債務は、王室の巨額の債務を除いて、四一五万二三六ポンド三シリング一一・八七五ペンスであった。両者の合計は一億二九一四万六三二二ポンド五シリング六ペンスである。したがって、十一年にわたる平和の時期に返済された債務は、一〇四一万五四七四ポンド一六シリング九・八七五ペンスにすぎなかったことになる。だが、このわずかな債務削減すら、経常的な財政収入によってすべて達成されたわけではない。経常収入とは性格が違う収入がいくつか重なり、債務削減に寄与している。たとえば、三年にわたって土地税に付加税を課し、東インド会社による領土獲得を承認する対価として二百万ポンドを受け取り、イングランド銀行の特許状更新にあたって十一万ポンドを受け取った。さらに、七年戦争によって得られた資金がいくつかあり、戦争の経費からこれを差し引くべきだろう。主なものには以下がある。

フランスからの戦利品の利益	六九万四四九ポンド一八シリング九ペンス
フランス人捕虜賠償金	六七万ポンド

割譲諸島の土地売却収入　九万五五〇〇ポンド
合計　一四五万五九四九ポンド一八シリング九ペンス

これにチャタム伯爵（大ピット）とジョン・カルクラフトがそれぞれ管理していた軍事予算の残額、その他の軍事予算の残額、イングランド銀行と東インド会社からの受け取り、土地税の付加税を合計すると、五百万ポンドをかなり超えているはずである。したがって、七年戦争が終わった後に経常的な財政収入から返済された債務は、年平均五十万ポンドに満たない。だが戦争が終わった後、債務の削減、四パーセントから三パーセントへの金利引き下げ、終身年金の満了によって、減債基金が大幅に増加したことは疑問の余地がなく、平和が続いていれば、いまでは（一七七六年には）おそらく、年に百万ポンドを債務削減にあてられるようになっていたともみられる。実際に、一七七五年には債務が百万ポンド削減されている。だが、王室の巨額の債務が返済されていないし、新たな戦争がはじまっており、最終的には過去の戦争と変わらないほど戦費がかかる可能性がある*。つぎの作戦が終わるまでに発行されるとみられる新規国債の総額がおそらく、これまでに経常収入によって返済された旧債務の総額とほぼ等しくなるだろう。以上から、経常収入が現状のままであれば、その範囲内で節減できるとみられる金額で政府債務を完済できる

と予想するのは、まったく現実離れしている。

＊　実際に過去のどの戦争よりも戦費がかかり、政府債務が一億ポンド以上増加した。十一年にわたる平和の時期に削減できた債務は一千万ポンド強であったが、七年の戦争の時期に、新規債務が一億ポンドを超えたのである。

ある著者がこう主張している。ヨーロッパ各国、とくにイギリスの国債は巨額の資本が蓄積したものであり、国内の資本がそれだけ増加していて、国債がなかった場合と比較して、資本の増加分だけ商業が拡大し、製造業が増加し、土地の改良と耕作が進んでいるというのだ。この著者は考慮していないが、当初の貸し手が政府に資本を貸したとき、年間の生産物のうちその部分は資本として使われなくなり、収入として使われるようになる。生産的労働者の維持には使われなくなり、非生産的労働者の維持に使われるようになる。そして、通常は一年以内に支出され、浪費されて、将来に回収できるとはまったく期待できないのである。当初の貸し手は確かに、貸し出した資金の対価として年金型国債を得ており、しかも、この国債はほとんどの場合、貸し出した資金よりも価値が高い。国債によってもちろん、資本を回収でき、それ以前と同じか、おそらくもっと大規模に商業と事業を行える。つまり、当初に政府に貸し出したのと同じかそれを上回る新規の資本を、国債

を担保に他人から借り入れるか、国債を売却して他人から入手することができる。しかしこのように他人から借り入れるか入手する新規資本は、国内に以前からあったものであり、資本がすべてそうであるように、生産的労働の維持に使われていたものである。この資本が、政府に資金を貸し出した人の手にわたったとき、その人にとってはある意味で新規の資本だが、国全体でみれば新規の資本ではない。ある用途から引き揚げられて、別の用途に振り向けられたにすぎない。政府に貸し出した人は資本をこれで回収できるが、国全体でみれば資本は回収されていない。この資本が政府に貸し出されていなければ、生産的労働の維持にあてられる資本、年間生産物のうち生産的労働の維持にあてられる部分が、二倍あったはずである。

　政府の支出を賄うために、担保として提供されていない税、税収を政府が自由に使える税によって、その年に財政収入を確保する方法がとられた場合、民間人の収入のうちある部分が、ある種の非生産的労働の維持から、別の種類の非生産的労働の維持に振り向けられるだけである。税金として支払われた収入のうち一部はもちろん、資本として蓄積されて生産的労働の維持にあてられた可能性があるが、大部分はおそらく、支出に使われて非生産的な労働の維持にあてられたはずである。財政支出がこの方法で賄われた場合、新しい資本の蓄積が多かれ少なかれ妨げられるのは確かだが、既存の資本を破壊するとはかぎ

らない。

政府の支出を賄うために永久国債を発行する方法がとられた場合、国内にそれ以前にあった資本の一部が破壊される。それまで生産的労働の維持にあてられていた年間の生産物の一部が、非生産的労働の維持に流用される。しかしこの場合、同じ額の経費を賄うためにその年に税収を確保したときとくらべて税が軽くなるので、民間人の収入に対する負担が軽くなり、収入の一部を貯蓄して資本として蓄積する動きをそれほど妨げなくなる。永久国債を発行する方法は、財政支出をその年の財政収入で賄う方法とくらべて、既存の資本を大量に破壊するが、同時に、新しい資本の蓄積と獲得をそれほど妨げない。永久国債の方法では、政府の浪費のために、社会全体の資本がときおり減少することになるが、民間人の倹約と勤労によって比較的容易にその穴を埋められる。

しかし、永久国債の方法が他の方法より有利だといえるのは、戦争が続いている間だけである。戦費がいつもその年に徴収された税金で賄われていれば、特別の財政収入を確保するために課された税は、戦争が終わった後に続くことはない。永久国債の方法を使った場合と比較して、民間人が蓄積できる資本は、戦争の時期には少なくなるが、平和になれば多くなる。戦争の際に既存の資本が破壊されるとはかぎらず、平和の時期に蓄積される新しい資本が多くなる。戦争は全般にもっと短期間に終わるようになるし、簡単に戦争を

起こすことも少なくなるだろう。戦争の間、国民は戦費を完全に負担することになるので、すぐに不満をもつようになり、政府は国民をなだめるために、戦争を必要以上に長引かせないように努力するだろう。国民は戦争になれば重い負担が避けられないと予想するので、ほんとうに戦うに値する利害がある場合を除いて、気まぐれに戦争を求めたりはしなくなるだろう。民間人による資本の蓄積がある程度妨げられる時期はもっと少なくなり、期間も短くなるだろう。逆に、民間人による資本の蓄積がとくに進む時期は、永久国債の方法が使われた場合より、はるかに長く続くようになるだろう。

また、永久国債による資金の借り入れがある程度まで進むと、それに伴って税が増えていき、平和の時期にすら、もう一つの方法で戦争の時期にそうなるのと変わらないほど、民間人による資本の蓄積が妨げられる結果になりうる。イギリスでは現在、平時の財政収入が一千万ポンドを超えている。この財政収入がまったく担保として提供されておらず、すべて政府が自由に使えるのであれば、戦費の管理が適切なら、新規の借り入れを行わなくても、とくに激しい戦争を十分に遂行できると思える。イギリスではいまや平時にすら、永久国債という有害な方法が使われなかった場合にとくに経費のかかる戦争の時期に匹敵するほど、民間人の税負担が重くなっており、資本の蓄積が妨げられているのである。

政府債務の利払いは、右手が左手に支払うようなものだという意見がある。金銀が外国

に流出するわけではなく、国民のうちある階層の収入の一部が他の階層に支払われるだけであり、国全体でみれば、わずかでも貧しくなることはないというのだ。これはまったく重商主義の詭弁に基づく空論であり、重商主義についてはすでに十分に検討してきたので、ここで何かを付け加える必要はないだろう。ただ、この意見は政府債務がすべて国内の居住者に対するものだと想定しているが、実際にはそうなっていない。オランダなどいくつかの国の国民が、イギリス国債のかなりの部分を保有している。だが、国債のすべてを国内の居住者が保有していたとしても、そのために永久国債の害が小さくなるわけではない。

土地と資本の二つこそが、民間人と政府のすべての収入の源泉である。資本によって生産的労働の賃金が支払われており、この点は農業、製造業、商業のいずれでも変わりはない。土地と資本という収入の源泉を管理しているのは、地主と資本の所有者か使用者という二種類の階層である。

地主は、自分の収入を確保するために、所有地をできるかぎり良い状況に維持しようとするものであり、そのために借地人の家屋、排水や囲い込みなど、資金がかかるので、地主が建設し維持するのが適切な改良を行っていく。だが、土地にかかる各種の税のために地主の収入が大幅に減少し、生活の必需品と贅沢品に対する各種の税のために、ただでさえ減少している収入の真の価値が大幅に低下すれば、地主は資金のかかる改良をまったく

行えなくなりかねない。地主が土地を改良しなくなったとき、借地人が土地を改良するのは不可能になる。地主の土地経営が圧迫されていけば、国内の農業はかならず衰退していく。

資本の所有者と使用者は、生活の必需品と贅沢品に対する各種の税のために、資本で得られる収入で購入できる必需品と贅沢品の量が、ほとんどの国で同じ収入で購入できる量より少なくなっていると判断したとき、他国に移りたいと考えるようになる。そして、これらの税の徴収のために、巨額の資本を使っている商工業者の全員か大部分が、たえず徴税人の訪問を受けて屈辱と苛立ちを感じるようになれば、他国に実際に移るようになるだろう。国内の産業を支えていた資本が他国に移れば、産業がかならず衰え、商業と製造業も農業に続いて衰退していく。

収入の主要な源泉である土地と資本の所有者から、つまり、所有地をすみずみまで良好な状態に維持することに直接の関心をもつ人や、資本をすべてうまく管理することに直接の関心をもつ人から、政府の債権者（国債の保有者であり、そのような細部に関心をもたない人）に、これら源泉から生まれる収入の大部分を移転した場合、長期的にみて、土地の管理はなおざりにされるはずであり、資本は浪費されるか外国に移されるはずである。政府の債権者はもちろん、その国の農業、製造業、商業の繁栄について全体的な関心をも

っているので、国内の土地が良好な状態にあり、資本が適切に管理されていることに関心をもっている。これらが全体的にみて破綻するか悪化すれば、各種の税による財政収入が減少し、債権者に国債の利子や年金を支払えなくなりかねない。だが政府の債権者は、債権者という立場だけで考えた場合、個々の土地を良好な状態に維持することや、資本のうち個々の部分をうまく管理することにはまったく関心をもっていない。政府の債権者という立場では、土地や資本の細部に関する知識をもっていない。調査することはない。監督することはできない。荒廃しても気づかない場合もあるだろうし、直接の影響を受けることもない。

　永久国債の方法を採用した国はいずれも、その結果として徐々に弱体化している。イタリアの共和国がまずそうなったようだ。そのなかでジェノバとベネツィアだけは、いまでも独立国家だと主張できる状態にあるが、両国とも永久国債のために弱体化している。スペインはイタリアの共和国から永久国債による借り入れの方法を学んだようだが、税制を賢明なものにするという点でおそらくはるかに劣っており、本来の国力とくらべて弱体化が一層進んでいる。スペイン政府の債務は歴史がきわめて長い。十六世紀末には、つまりイギリス政府が資金を借り入れるようになる時期より百年ほど前にはすでに、巨額の債務を抱えていた。フランスは資源に恵まれた国だが、やはり重い負担に苦しんでいる。オフ

ンダも、ジェノバとベネツィアと変わらないほど国力が衰えている。イギリスだけは、他のどの国でも弱体化か荒廃をもたらしたものと同じ方法を使っても、同じような打撃をまったく受けないと考えられるのだろうか。

これら各国で使われている税制は、イギリスの税制より劣っているという意見もあろう。確かにそういえるだろう。だが、政府が賢明であっても、適切な課税対象が尽きてしまえば、緊急の必要に迫られたときに不適切な課税対象を使わざるを得なくなることは覚えておくべきだ。オランダは賢明な国だが、スペインのたいていの税と変わらないほど不都合な税に頼らざるを得なくなったときが何度かあった。新たな戦争がはじまったときに、担保提供されていた財政収入のうちかなりの部分が自由に使えるようになっておらず、しかも戦争が七年戦争と同じように戦費のかかるものになった場合、イギリスも必要に迫られて、オランダに匹敵するほど、さらにはスペインにすら匹敵するほど、税制が抑圧的になる可能性がある。イギリスの現在の税制が優れていることを示す事実をあげるなら、これまで、税制のために産業活動が妨げられたことはほとんどなく、とくに戦費がかかった戦争の際すら、政府の浪費のために社会全体の資本が減少した穴を、民間人の倹約と賢明な行動による貯蓄で埋めることができたとみられる。イギリスにとってもっとも戦費がかかった七年戦争が終わったとき、それ以前と変わらないほど国内の農業は繁栄し、製造業は

数が多いうえに忙しく働いており、商業は活発であった。したがって、これらの産業を支える資本は減少していなかったはずである。七年戦争が終わった後、農業はさらに発達し、国内のすべての都市と農村で家賃が上昇していて、国民の富と所得が増えていることを示している。そして、以前からの税の大部分、とくに物品税と関税の主要部門で毎年の税収が増加しつづけており、消費が増えつづけ、したがって、消費を支える唯一の要因である生産が増えつづけていることをやはり明白に示している。イギリスはいまや、半世紀前には負担できるとは誰も考えなかったほどの重荷を、軽々と負担しているようである。だが、だからといって、一層の重荷を負担できると速断すべきではない。いまより少し重い負担ならたいした問題もなく耐えられるとすら考えるべきではない。

政府債務がある水準まで蓄積したとき、公正な手段で全額が返済された事例は一つもないと思われる。財政収入を債務返済にあてる義務から解放されることがあったとしても、すべて破産によってであった。そして、破産が宣言された場合もあるが、たいていは実質的な破産を覆い隠して、債務の返済を装う方法がとられている。

硬貨の額面を引き上げる方法は、政府が実質的に破産したときに債務の返済を装うために、もっとも普通に使われてきた。たとえていうなら、議会の法律か国王の勅令によって、六ペンス硬貨の額面を一シリングに引き上げ、六ペンス硬貨二十枚を一ポンドにするよう

なものだ。こうすれば、それ以前に二十シリング、つまり銀四オンス弱を借りていた人は、六ペンス硬貨二十枚、つまり銀二オンス弱を返済すればよくなる。イギリスの政府債務は永久債務と短期無担保債務を合計して約一億二八〇〇万ポンドだが、この方法を使えば、約六四〇〇万ポンドの現在の硬貨で返済できる。だがこれは、返済を装ったにすぎない。政府の債権者は実際には、貸した資金の五十パーセントを政府にだまし取られたのである。被害を被るのは政府の債権者だけではない。民間人に資金を貸した債権者も同じ比率で損失を被る。そしてこの点は、政府の債権者にとって有利にはならず、ほとんどの場合、一層の損失を被る。政府の債権者が他人から資金を借りているのであれば、政府から返済された硬貨をそのまま借金の返済にあてる方法で、損失をある程度まで軽減できる。しかしほとんどの国で、政府の債権者の大部分は裕福であり、他の民間人との関係でも、借りている金より貸している金が多い。このため、政府の債権者はほとんどの場合、このような見せ掛けの返済のために、損失を軽減できるどころか、逆に損失がさらに膨らむ。こうして、政府にとって何の利益ももたらさない部分で、罪のない多数の人に打撃が広がっていく。民間人の富が全体に、しかもきわめて有害な形で破壊される。ほとんどの場合に、倹約家で勤勉な債権者が犠牲になって、浪費家で怠惰な債務者が豊かになり、国内の資本のうちかなりの部分が、それを活用し増やすとみられる人から、それを浪費し破壊すると

みられる人に移されるからだ。政府が破産を余儀なくされた場合、民間人がそうなった場合と同様に、公正に公然と破産を宣言するのが、債務者にとっては名誉を守る最善の方法であり、債権者にとっては打撃を最小限に止められる方法である。破産という不名誉な現実を覆い隠すために、簡単に見透かされるほど無様だし、極端に有害なこの種の策に頼っていては、政府は名誉を守ることなどできない。

だが、古代にも近代にも、ほとんどの国は必要に迫られたとき、何度かこの無様な策に頼ってきている。古代ローマは第一次ポエニ戦争（紀元前二六四〜二四一年）が終わったとき、すべての硬貨の価値を決める基準になっていた一アス硬貨に含まれる銅の重量を、十二オンスから二オンスに減らしている。つまり、銅二オンスの額面を、それまで銅十二オンスに使われていた一アスに引き上げたのである。こうしてローマ共和国は巨額の債務を、本来の六分の一の金額で返済できた。いまの感覚で考えれば、これほど唐突で大規模な破産に対しては、国民が猛烈な抗議行動を起こしたはずだと思える。だが、抗議行動は起こらなかったようだ。硬貨に関する法律はすべてそうだが、これを決めた法律も護民官が提案し、市民集会で可決されており、おそらく人気の高い法律だった。古代の共和国の例にもれず、ローマでも、貧乏人はいつも金持ちや有力者に借金をしていた。金持ちの側は毎年の選挙で票を確保するために法外な高利で金を貸し、それが返済されないまますぐに、

金を借りた本人には返済できず、誰かが肩代わりすることもできないほどの金額に膨れ上がる。債務者は厳しい処罰を受けるのを恐れて、それ以外に何の報酬も受けなくても、債権者が推薦する候補者に投票するしかなかった。選挙の際の贈賄や買収はさまざまな法律で禁止されていたが、ローマ共和国の後期になると貧しい市民は、候補者が配る贈り物と元老院の命令でときおり配られる無料の穀物に頼って生活していた。貧しい市民はこのように債権者に縛られた状態から抜け出すために、債務の帳消しか、いわゆる新法をたえず求めていた。新法とは、累積した債務の一定比率を支払えば債務を全額返済したとみなされる権利を与える法律である。すべての硬貨の価値を六分の一に引き下げる法律は、実際の価値の六分の一を支払うだけで債務を返済できるようにするものなので、とくに有利な新法と同じ意味をもっている。金持ちと有力者は市民を満足させるために、債務を帳消しにする法律と新法に何度も同意せざるをえなかった。一アス硬貨に含まれる銅の重量を減らす法律に同意したのも、おそらく一つには同じ理由のためであり、同時に、財政収入を債務負担から解放して、自分たちが指導している政府の活力を取り戻すためでもあったのだろう。これと同じ方法を使えば、一億二八〇〇万ポンドの政府債務を一気に、二一三三万三三三三ポンド六シリング八ペンスに削減できる。第二次ポエニ戦争の時期（紀元前二一八～二〇一年）に、一アス硬貨に含まれる銅の重量がまずは二オンスから一オンスに、つい

で一オンスから〇・五オンスにさらに減らされ、当初の二十四分の一になった。この三回の操作をまとめれば、一億二八〇〇万ポンドの政府債務を一気に、五三三万三三三三ポンド六シリング八ペンスに削減できる。イギリスの巨額の政府債務すら、すぐに返済できるだろう。

この方法が使われてきたために、すべての国で硬貨の価値が本来のものから引き下げられてきており、額面が同じ硬貨に含まれる銀の重量が減少しつづけてきたと思われる。

政府が同じ目的で硬貨の品位を引き下げることもあった。つまり硬貨に含まれる混ぜ物の量を増やしてきたのである。たとえば、イギリスの銀貨は、現在の標準品位では重量一トロイ・ポンド（十二オンス）当たり十八ペニー・ウェイト（〇・九オンス）の卑金属を含んでいるが、これを八オンスに増やせば、額面一ポンド（二十シリング）の硬貨の価値が二分の一強に下がり、現在の六シリング八ペンスを少し上回るほどにしかあたらなくなる。現在の六シリング八ペンスの硬貨に含まれている銀でほぼ、額面一ポンドの硬貨が作られることになる。硬貨の標準品位を引き下げれば、硬貨の額面を直接に引き上げるのとまったく同じ結果になる。

硬貨の額面の引き上げは、公然と宣言して行われており、その性格上、それ以外の方法はとれない。政府がそう宣言することで、軽くて小さな硬貨が、それまでもっと重く大き

い硬貨に使われていたのと同じ名前で呼ばれるようになる。これに対して標準品位の引き下げは通常、内密に行われる。重量、大きさ、外見はそれまでのものにできるかぎり似せているが、価値が低い硬貨が、同じ額面で造幣局から発行される。フランスのジャン二世（治世一三五〇～六四年）が債務を返済するために硬貨の品位を引き下げたとき、造幣局の職員全員に秘密を守ると宣誓させている。どちらも不正な方法である。だが、単純な額面の引き上げが公然と暴力を振るうような不正であるのに対して、品位の引き下げは信頼を裏切る詐欺のような不正だ。硬貨の品位引き下げは長く隠せるものではなく、露顕したときにはかならず、額面の引き上げの際よりもはるかに強い憤激を招いている。額面が引き上げられた硬貨が後に、もとの重量に戻されることはめったにない。だが、硬貨の品位が大幅に引き下げられたとき、ほぼかならずもとの品位に戻されている。そうしなければ国民の怒りを鎮めることがまずできないからだ。

ヘンリー八世の治世（一五〇九～四七年）の終わりからエドワード六世の治世（一五四七～五三年）の初めにかけて、イングランドの硬貨は、額面が引き上げられると同時に品位が引き下げられた。同様の詐欺行為がスコットランドでも、ジェームズ六世（治世一五六七～一六二五年）が未成年だった時期に行われている。ほとんどの国で、これらの方法がときおり使われてきた。

イギリスの財政収入がすべて債務の担保から解放されるようになるとか、少なくともそれに向けて大きな進展があるとか予想するのは、財政収入の余裕、つまり平時の経常経費を支払った後に残る部分がきわめて少ない現状では、まったく現実離れしていると思える。財政収入を大幅に増やすか、財政支出を大幅に減らすかしないかぎり、政府債務の全額返済がまったくできないことははっきりしている。

土地税をもっと公平にし、家賃に対する税をもっと公平にし、本書第五編第二章で論じたように関税と物品税の制度を改正すれば、おそらくは、国民の大部分の税負担を重くすることなく、国民全体が公平に負担するようにするだけで、税収を大幅に増やせるだろう。だがどれほど楽観的な人でも、この種の税収増によって財政収入がすべて債務の担保から解放されるようになるか、少なくとも平和の時期にそれに向けて大きな進展があって、次の戦争のときに政府債務残高がさらに膨らむのを防げるか相殺できると予想することはできない。

イギリスの税制を大英帝国の海外領のうち、イギリス系かヨーロッパ系が居住している地域にも適用すれば、財政収入が大幅に増えると予想できる。だが、これをイギリスの国家制度の原則と矛盾しない形で実施するには、イギリス議会に、あるいは大英帝国議会とも呼ぶべきものを新たに設立して、各地域の議員を公平に平等に受け入れる必要があるだ

ろう。つまりイギリス国内の税収に対する国内選出議員数の比率にしたがって、各地域の税収に見合った数の議員を受け入れる必要があるだろう。多数の有力者の利害があり、国民の大多数の偏見があるので、現時点ではここまで抜本的な改革には反対が強く、この障害を克服するのはきわめて困難だし、おそらくは不可能だと思える。しかし、本書は理論的な著作なので、このような合併が現実的かどうかを議論することなく、イギリスの税制を帝国内の各地域にどこまで適用できるのか、適用した場合にどれだけの税収が期待できるのか、このように帝国を統合したときに、そこに組み込まれる各地域の福利と繁栄にどのような影響が及ぶのかを考えていくのもおそらく、不適切ではないだろう。以下の議論は最悪の場合にも、新ユートピアとして、もちろんトマス・モアの『ユートピア』ほど楽しくはないが、あそこまで役に立たないわけでも現実離れしているわけでもないものとして読んでもらうことはできるだろう。

土地税、印紙税、関税、物品税がイギリスの税制で四つの柱になっている。

土地税についていうなら、アイルランドはイギリス国内と同様に、アメリカと西インド諸島の植民地はイギリス国内以上にこの税を負担できる。十分の一税も救貧のための教会区税もない地域では、この二つの税を支払っている地域より、地主は土地税を負担する能力が高いはずである。十分の一税が金納ではなく現物で徴収されている場合には、土地税

が地代の二十五パーセントにもなっている場合より、土地の地代を減少させている。現物で徴収される十分の一税はほとんどの場合、土地の実質地代、つまり農業経営者が資本を回収し、適正な利益を確保した後に残る部分の四分の一を超えている。十分の一税の金納がなく、俗人が所有していて十分の一税を徴収していない旧教会所有地もないと想定すれば、イギリスとアイルランドの合計で十分の一税の総額が六百万ポンドから七百万ポンドを下回ると推定することはできない。イギリスにもアイルランドにも十分の一税がなければ、土地税を現在より六百万ポンドから七百万ポンド多く支払っても、大部分の地主は負担が重くならないだろう。アメリカの植民地には十分の一税がないので、土地税を十分に支払える。アメリカと西インド諸島では、土地を小作人や農業経営者に貸す方法は一般にとられていない。このため、地代登記簿によって土地税をかける方法は使えない。だがイギリスでも、ウィリアム三世とメアリ二世の時代の一六九二年の法律で土地税をかけたとき、地代登記簿に基づいて評価したわけではなく、きわめて大雑把で不正確な推定に基づいて評価している。アメリカの土地も同様の方法で評価できるし、また、ミラノ公国やオーストリア、プロイセン、サルディニアの領内で最近に行われたような正確な測量に基づいて公正に評価することもできる。

印紙税は明らかに、訴訟手続きと、動産、不動産の譲渡に使われる証書が同じかほぼ同

じ地域であれば、変更を加えることなく適用できる。

　関税法についていうなら、イギリスの関税法をアイルランドと植民地にも適用した場合、正義の観点から当然、貿易の自由をこれら地域にも拡大するべきであり、そうするのであれば、双方にとってきわめて有利になるだろう。アイルランドの貿易を圧迫している差別的な制限と、アメリカの商品に規定されている列挙品目と非列挙品目の区別がすべてなくなる。ヨーロッパのうちフィニステレ岬の北のある国との間でも、同岬の南にある国との間でアメリカ商品の一部に認められているのと同じ貿易の自由が、すべての商品で認められるようになる。帝国の各地域間の貿易は、関税法が統一されれば、現在のイギリス国内の沿海商業と同じように自由に行えるようになる。帝国の全体が、各地域のすべての商品にとって、巨大な国内市場になる。市場がここまで拡大すれば、アイルランドもアメリカと西インド諸島の植民地も、関税率の上昇による打撃をすぐに相殺できるだろう。

　イギリスの税のうち物品税だけは、帝国の他地域に適用する際に、何らかの点で変更が必要になる。アイルランドには変更なく適用できるだろう。そこで生産され消費される商品は、イギリスの場合とまったく同じだからである。アメリカと西インド諸島の植民地に適用する場合には、生産され消費される商品がイギリスの場合と大きく違うので、イギリス国内でりんご酒とビールの生産が多い州で行っているのと同様の調整が必要になるとも

みられる。

たとえばビールと呼ばれているが、実際には糖蜜を原料としていて、イギリスのビールとはまったく似ていない醸造酒が、アメリカでは日常の飲料のうちかなりの部分を占めている。これは数日しかもたないので、ビールと違って、大規模な醸造所で生産し、販売用に貯蔵しておくことはできない。家庭で食事を作るのと同じように、自家用に醸造するしかない。だが、居酒屋や市販用の醸造所の場合と同様に、徴税人が個々の家庭を訪問し、不愉快な検査を行うのは、自由という観点からまったく容認しがたいだろう。課税の公平のために糖蜜酒に税をかける必要があるのであれば、原料の糖蜜に課税する方法がある。製造段階で課税する方法があるし、取引の状況からそれが不適切であれば、消費する植民地に輸入する段階で関税をかける方法がとれる。すでに、イギリスの法律によってアメリカへの糖蜜の輸入に対して、一ガロン当たり一ペニーの関税がかかっており、それ以外に、マサチューセッツ植民地に他の植民地の船を使って糖蜜を輸入すると、一大樽当たり八ペンスの地方税がかかり、北部の植民地からサウスカロライナ植民地に輸入した場合にも、一ガロン当たり五ペンスの地方税がかかる。これらの方法がいずれも不都合であれば、家庭ごとに物品税に代わる税をかける方法がある。この際には、イギリスで自家消費用の麦芽にかける税と同様に、家族の人数で税額を決めることもできるし、オランダの各種の

税で使われているように、年齢と性別で税額をきめることもできる。あるいは、消費財に対するイギリスのすべての税について、サー・マシュー・デッカーが提案したのとほぼ同じ方法で課税することもできる。この課税方法は前述のように、すぐに消費される商品を対象にした場合、便利だとはいいがたいものである。だが、他に良い方法がないのであれば、この課税方法を使うこともできるだろう。

砂糖、ラム酒、タバコはどの地域でも生活必需品ではないうえ、ほぼどの地域でも消費されるようになっているので、課税対象としてきわめて適切である。植民地との合併が実行に移されるのであれば、これらの商品には生産者の段階で課税することもできる。この方法が生産者の状況に適さないのであれば、製造の地点とその後に輸送される帝国内の各港で公設の倉庫に預け、所有者と徴税人が共同で管理し、消費者か国内消費用の小売り商人か輸出商人かに引き渡すまでそこに保管して、その時点まで税金を支払う必要がない仕組みを作ればいい。輸出用に引き渡す場合には、実際に帝国外に輸出するという保証があれば、非課税にする。これらがおそらく、植民地と合併する場合にイギリスの現在の税制に大きな変更を加える必要がある主要な部分だろう。

イギリスの税制の適用地域を大英帝国の全域に拡大した場合、税収がどの程度になるのかをある程度まで正確に予想するのは、いうまでもなく不可能である。この税制によって、

イギリスでは八百万人以下の人口で年に一千万ポンドを超える税収を確保している。アイルランドは人口が二百万人を超えており、植民地議会に提出された報告によれば、アメリカの十三の植民地には三百万人を超える人口がある。だがこの報告は、アメリカの住民を勇気づけるためか、イギリス国民を威嚇するために誇張されているとみられ、したがって北アメリカと西インド諸島の植民地の全体で人口が三百万人以下、大英帝国のヨーロッパとアメリカの領土を合計して、人口が一千三百万人以下だと想定すべきだろう。イギリスの税制では、八百万人以下の人口で年に一千万ポンドを超える税収を確保しているのだから、一千三百万人の人口では一千六百二十五万ポンド以上の税収を確保できるはずである。これだけの税収が確保できると想定した場合、アイルランドと植民地でそれぞれの行政費を賄うために通常、確保されている財政収入を差し引かなければならない。アイルランドの行政組織と軍の経費と、政府債務の利子を合計すると、一七七五年三月まで二年間の平均で、年に七十五万ポンド以下である。アメリカと西インド諸島の主要な植民地の財政収入に関する正確な報告によれば、アメリカの動乱がはじまる前には、年に十四万一千八百万ポンドであった。しかしこの報告では、メリーランド、ノースカロライナ、アメリカ大陸と西インド諸島で最近獲得した植民地が含まれておらず、これらの財政収入はおそらく、合計三万ポンドから四万ポンドあったとみられる。そこで切りのいい数値を選んで、

アイルランドと植民地の行政費を賄う財政収入が合計百万ポンドだとしよう。この場合、帝国の一般経費の支払いと政府債務の元利返済にあてられる財政収入は一千五百二十五万ポンドになる。現在、イギリスの財政収入のうち、平和の時期に百万ポンドを債務の削減にあてられるとすると、財政収入がここまで増加すれば、六百二十五万ポンドを債務の削減にあてられるはずだ。国債償還にあてる資金が巨額になるうえ、前年に償還された債務の利子にあたる部分だけ毎年、増えていくとみられるので、年々急速に増加し、数年たてば政府債務をすべて返済できるほどになり、弱体化し衰えてきた帝国が活力を完全に回復すると考えられる。同時に、国民は生活必需品か製造業の原材料に対する税など、とくに負担が重い税から解放される。このため、下層労働者はこれまでより生活が楽になり、安い賃金で働けるようになり、商品を安い価格で市場にだせるようになる。商品が安くなって需要が増え、その結果、商品を作る労働の需要が増える。労働の需要が増えれば、下層労働者は数が増え、生活水準が向上し、消費が増える。物品税を維持できる商品の消費も増えるので、税収が増加する。

だが、このようにイギリスの税制の対象地域を拡大しても、対象となる人口の増加に比例してただちに税収が増えるとはかぎらない。これまで税金を十分に負担してこなかった地域に税負担を求める際には、しばらくの間、かなりの猶予を与えることになるだろうし、

すべての地域にできるかぎり同じ税制を適用するようになっても、どの地域でも人口に比例して税収が確保できるわけではない。貧しい国では、関税と物品税がかかる主要商品の消費量はごく少ないし、人口密度が低い国では、密輸と密売の機会がきわめて多い。スコットランドでは、下層階級が麦芽酒をわずかしか消費せず、麦芽に対する物品税の場合、品質が違うとみられているために税率が違っているのだが、この点と人口の違いとを考慮しても、麦芽とビールにかかる物品税の税収がイングランドより少ない。物品税のうちこの部分では、スコットランドとイングランドで密売の比率にとくに違いはないとみられる。蒸留酒に対する物品税と関税の大部分では、スコットランドはイングランドと比較して人口の割に税収が少なく、これは課税対象商品の消費量が少ないうえ、密輸と密売がはるかに容易なためである。アイルランドでは、スコットランドと比較して、下層階級がさらに貧しく、ほぼ同じ程度に人口密度が低い地域も多い。このためアイルランドでは、課税対象商品の消費量が人口の割にスコットランドよりさらに少なく、密売の容易さは変わらないとみられる。アメリカと西インド諸島では、白人は最下層であっても、イングランドの最下層よりはるかに生活水準が高く、通常消費している贅沢品の量はおそらくはるかに多い。黒人は、北アメリカ南部の植民地でも西インド諸島の植民地でも、居住者の過半数を占めているが、奴隷なのだから、スコットランドやアイルランドの最下層より地位が低い

ことは疑う余地がない。だがだからといって、満足な食料が与えられていないとか、低率の税の対象になりうる商品の消費量が少ないとか考えるのは間違いであり、イングランドの下層と比較してすらそういえる。主人は自分の利害を考えて、奴隷に十分な食料を与えて体力をつけさせようとするものであり、農業経営者が自分の利害を考えて役畜に十分な餌を与えて太らせようとするのと同じである。このため黒人奴隷はほとんどどこでも、白人の使用人と同じようにラム酒や糖蜜酒、黒ビールなどを支給されており、これらの商品に低率の税をかけても、おそらく支給されなくなることはないだろう。したがって、アメリカと西インドの植民地では、課税対象商品の消費量が居住者一人当たりでみて、帝国のどの地域とくらべても、おそらく劣ることはないだろう。もっとも、密売の機会ははるかに多い。アメリカはスコットランド、アイルランドと比較して、面積の割に人口がはるかに少ない。しかし、現在のイギリスで、麦芽と麦芽酒に対してかけられている各種の物品税を麦芽税に一本化すれば、物品税のうちもっとも重要な部分で密売と脱税の機会をほぼ完全になくせるだろう。さらに関税についても、ほぼすべての商品の輸入を対象にする方法から、とくに一般的に使われ、消費されている商品だけを対象にする方法に変更し、関税の徴収方法を物品税のものに変更すれば、密輸の機会は完全になくならないまでも、大幅に減少するだろう。きわめて単純で容易なこの二つの制度変更を行えば、関税と物品税

の税収がおそらく、消費量と比較したときに、とくに人口密度が低い地域でも、人口密度が高い地域と変わらないほど多くなるとみられる。

アメリカ植民地の居住者は金貨も銀貨ももっていないといわれている。植民地内の商業には紙幣が使われているし、金銀をときおり入手しても、イギリスから購入する商品の代金として、すべてイギリスに送っているからだという。そして、金銀をもっていないのだから、税金を支払うことができないとも主張されている。アメリカ植民地の金銀はすべて、イギリスが得ている。金銀をもたないのだから、税金を金銀で徴収することがどうしてできるのかというわけだ。

だが、アメリカに現在、金貨や銀貨がほとんどないのは、貧しいからではないし、金銀を買えないからでもない。イギリスとくらべて労働の賃金がかなり高く、食料品の価格がかなり低いのだから、金銀が必要か便利であれば、これらを大量に買う手段を大部分の人が間違いなくもっているはずである。したがって、金銀が少ないのは選択の結果であって、金銀を買えないからではない。

金銀が必要になるか便利になるのは、国内の商業か外国との貿易の際である。国内の取引では本書第二編で示したように、少なくとも平和の時期であれば、紙幣は金貨や銀貨とほぼ変わらないほど便利な手段である。アメリカ人はいつでも、無理をしてで

も資本を入手して土地の改良に使えば利益を得られる状態にあるので、金銀のように高価なものを商業の手段にしようとは考えない。余った生産物のうち金銀の購入にあてる部分をできるかぎり少なくし、仕事に使う設備や機器、衣料の原料、各種の家具、入植地の建設と拡大に必要な鉄製品の購入にあてる方が好都合である。遊休資本にするのではなく、生産的に使われる資本にする方が好都合なのだ。植民地政府は居住者が国内の取引に必要とする紙幣、通常は必要とする以上の紙幣を供給すれば政府の利益になることを理解している。いくつかの植民地政府、とくにペンシルベニア植民地政府は、居住者に紙幣を貸し出し、利子をとって財政収入を得ている。マサチューセッツ植民地政府は、緊急の際に財政支出を紙幣発行で賄い、紙幣の価値が徐々に下がっていった後に、機をみて買い戻している。一七四七年にはこの方法を使って、発行価格の十分の一で政府債務の大部分を償還している。植民地の居住者にとって、国内取引の手段として金貨や銀貨を使うときの経費を節約するのが好都合である。植民地政府にとっては紙幣という取引の手段を供給するのが好都合であり、紙幣には確かにかなり不利な点があるが、これがあれば金銀を使う経費を節減できる。紙幣が余っていれば、金銀は植民地内の取引には使われなくなる。これは、スコットランドで国内取引の大部分に金銀が使われなくなったのと同じ理由によるものである。どちらの場合にも、金銀が使われなくなったのは貧困のためではない。事業意欲と

起業意欲が強く、入手できる資本をすべて生産的な資本として活用したいと望んでいるからである。

各植民地がイギリスとの間で行っている貿易には、金銀が多かれ少なかれ使われており、それもその必要に正確に応じて使われている。金銀を使う必要がない場合には、まず使われていない。必要がある場合には、通常、金銀を入手して使っている。

イギリスとタバコ植民地の間の貿易では、イギリスの商品がかなり長期の信用で植民地に販売され、その代金が後に、ある価格で評価したタバコで支払われている。植民地の居住者にとって、金銀で支払うより、タバコで支払う方が好都合である。どの商人にとっても、取引先から仕入れた商品の支払いを金銀で行うより、自分が扱っている他の商品で行う方が好都合なのだ。この方法を使えば、ときおり必要になる支払いのために、資本の一部を現金の形で遊ばせておく必要がなくなる。いつでも、その分を店か倉庫に在庫する商品の量を増やすのに使って、事業を拡大できる。だが、商人のすべての取引先にとって、販売した商品の支払いをその商人が扱っている他の商品で受け取るのが好都合だということはめったにない。バージニアやメリーランドの植民地との貿易を行っているイギリスの商人は、販売した商品の支払いを金銀で受け取るより、タバコで受け取る方が好都合である点で、植民地の商人にとって特殊な取引先である。受け取ったタバコの販売で利益を得

られると予想しているのである。金銀を受け取った場合には、それを売っても利益は確保できない。このため、イギリスとタバコ植民地との間の貿易では、金貨や銀貨はめったに使わない。メリーランドとバージニアでは、貿易でも植民地内の商業でも、金銀はめったに使わない。このため、この二つの植民地には、アメリカのどの植民地とくらべても金貨や銀貨が少ないといわれている。しかし、メリーランドとバージニアは他の植民地と変わらないほど繁栄しており、したがって豊かだといわれている。

ペンシルベニア、ニューヨーク、ニュージャージー、さらにニューイングランドの四植民地などの北部の植民地では、イギリスに輸出する域内生産物の価値が、域内で使うために、そして中継貿易で他の植民地に販売するためにイギリスから輸入する製品の価値に達しない。このため、差額を金銀で本国に支払う必要があり、それに必要な金銀を通常、入手できている。

砂糖植民地では、イギリスへの年間の輸出額が、イギリスからの輸入額を大きく上回っている。本国に輸出する砂糖とラム酒の代金が金銀で支払われていれば、西インド諸島との貿易は極端に不利だと、ある種の政治家は考えるはずだ。だが、砂糖植民地の主要な農園の所有者はイギリスに住んでいる。所有地の地代として、農園の生産物である砂糖とラム酒がイギリスに送られてくる。西インド諸島の商人が自己勘定で仕入れる砂糖とラム酒

の総額は、植民地内で商人が売る商品の総額に達しない。その差額は金銀で商人に支払われており、それに必要な金銀も通常、入手できている。

　それぞれの植民地からイギリスへの支払いがどこまで困難で不規則なのかは、それぞれの植民地からイギリスに支払われる差額の大小にはまったく比例していない。北部の植民地の方がタバコ植民地より一般に支払いが早いが、北部の植民地がかなりの差額を金銀で支払っているのに対して、タバコ植民地は差額の支払いがないか、あっても少額にすぎない。砂糖植民地の場合には、支払いを受けるのが困難かどうかは、植民地からイギリスに支払われる差額の大小ではなく、植民地内にある未耕作の土地の量に比例している。言い換えれば、入植者にとって、事業を無理に拡大したくなる誘惑がどこまで強いか、つまり、各自の資本で適切なもの以上の荒れ地に入植地と農園を作りたくなる誘惑がどこまで強いかに比例している。面積の広いジャマイカは未耕作の土地がまだかなり多く、そのため、面積の狭いバルバドス、アンティグア、セントクリストファのように、すでにかなり以前から土地がすべて耕作され、入植者が無理してでも事業を拡大する余地があまりない植民地にくらべて、支払いが不規則で不確実になっている。グレナダ、トバゴ、セントビンセント、ドミニカは新たな植民地なので、この種の事業拡大の新たな対象になっている。これらの島からの支払いは最近、面積の広いジャマイカからの支払いと変わらないほど不規

則で不確実になっている。

したがって、植民地の大部分で現在、金貨と銀貨が不足しているのは、これらの植民地が貧しいからではない。生産的に使われる資本の需要が大きいために、遊休資本をできるかぎり少なくするのが便利なのであり、その結果、金銀より不便だが、安価な商業の手段で満足しているのである。この方法で、金銀に費やすはずの価値を、仕事に使う設備や機器、衣料の原料、各種の家具、入植地の建設と拡大に必要な鉄製品にあてることができる。金貨や銀貨がなければ取引ができない事業では、必要な量の金銀をいつでも入手できるようだ。そして、入手できない場合が頻繁にあるとすると、植民地が貧しいからではなく、事業を不必要なまでに拡大しているためである。要するに、支払いが不規則で不確実なのは、貧しいからではない。もっともっと金持ちになろうと熱心になりすぎているからである。植民地に本国と同じ税金をかけたとき、税収のうち植民地の行政組織と軍事組織に必要な経費を支出した後に余る部分はすべて、金銀でイギリスに送金されることになるが、植民地はそれに必要な金銀を購入する手段を十分にもっている。その際に植民地は、余った生産物のうち、現在は生産的に使われる資材の購入にあてている部分の一部を、遊休資本の購入にあてざるを得なくなる。域内取引のために、安価な商業の手段に代えて、高価な商業の手段を使わなければならなくなる。この高価な手段を買う経費を負担するた

めに、土地開発に向けられている行き過ぎた活力と熱意が、ある程度まで抑えられるだろう。だが、アメリカでの税収の一部を金銀で送金する必要はないかもしれない。イギリスの商人か企業を支払人とする手形を振り出し、同時にアメリカの余った生産物の一部の販売を委託し、商人か企業が支払い額に見合った商品を受け取った後に、国庫に税金を支払う方法もあるからだ。この方法をとれば、アメリカから金銀を送る必要はまったくないかもしれない。

アイルランドとアメリカがイギリスの政府債務の返済に協力するのは、正義に反することではない。政府債務は、名誉革命によって確立した政府を支えるために借り入れてきたものである。この政府のために、アイルランドのプロテスタントは自国内での現在の権威を確立できたのであり、さらに、自由と財産と宗教を保証されているのである。この政府のために、アメリカのいくつかの植民地は現在の特許状を認められ、現在の政治体制を確立できたのであり、すべての植民地が自由と安全と財産を保証され、享受してきたのである。イギリスの政府債務は、本国だけでなく、帝国のすべての地域を防衛するために借り入れてきたものだ。七年戦争の戦費を賄うために借り入れた巨額の債務の全額と、その前のオーストリア継承戦争の戦費を賄うために借り入れた債務の大部分は、実際にはアメリカの防衛のためのものである。

イギリスと合併した場合、アイルランドは貿易の自由を確保できるだけでなく、はるかに重要な利点が得られ、合併に伴って税金が増加しても、それを補って余りあるほどになるだろう。イングランドと合併したとき、スコットランドの中流階級と下層階級は、それまで自分たちを抑圧してきた貴族階級の権力から完全に解放された。イギリスと合併すれば、アイルランドでも、すべての階級の大部分の住民が、はるかに抑圧的な貴族階級の抑圧から完全に解放されるだろう。アイルランドではスコットランドと違って、貴族は生まれと財産という自然に尊重される違いに基づくのではなく、宗教と政治の違いという最悪の偏見に基づいている。このような差別と偏見があれば、抑圧している側は傲慢になるし、抑圧されている側は憎悪と憤激をつのらせるようになり、外国との関係でもみられないほど、国内での敵意が強くなるのが一般的である。イギリスと合併しないかぎり、アイルランド人は今後も長期にわたって、一つの国民としてまとまることはないだろう。

　植民地では、抑圧的な貴族階級による支配が確立したことはない。それでも幸福と安定の点で、イギリスとの合併で得られるものは大きいだろう。少なくとも、憎しみと恨みに満ちた党派対立から解放されるだろう。こうした党派対立は小規模な民主主義国につきものであり、ほぼ民主的な植民地でも、これまで頻繁に住民の分裂をまねき、政府の平安を乱してきたのである。この種の合併によって防がないかぎり、植民地はイギリスから完全

に独立するとみられ、その場合、党派対立がこれまでより十倍も激しくなるだろう。現在のアメリカの動乱がはじまる前には、母国の強制力がはたらいて、こうした党派対立が野蛮な侮辱の応酬を超えるほど悪化するのが防がれてきた。この強制力がまったくなくなれば、すぐに公然たる暴力と流血に発展するだろう。一つの政府のもとで統一された大国ではどこでも、党派対立は遠隔の地方より中心部で激しくなる。党派対立と野心の中心になる首都から遠く離れた地方の国民は、対立する党派のいずれかの見方に共鳴するよりも、各党派の行動を中立的で公平な観察者の立場から眺めるようになる。スコットランドでは、イングランドより党派心が弱い。イギリスと合併した場合、アイルランドはおそらくスコットランドより党派心が弱くなり、アメリカと西インド諸島の植民地では、大英帝国のどの地域でも現在みられないほど、居住者の意見が一致するようになるだろう。アイルランドと植民地は、現在よりもはるかに重い税を負担することになる。しかし、財政収入を政府債務の返済にあてる政策が誠心誠意とられていくのであれば、税の大部分は長く続くわけではなく、イギリスの財政収入はすぐに、平和の時期の小規模な政府組織を支えるのに必要な水準まで減少するだろう。

東インド会社が獲得した領土は、疑いもなくイギリス国王の権利、つまりイギリスの国と国民の権利であり、おそらく、これまでに述べてきたものの全体より豊かな財政収入源

になると思える。これらの国は、イギリスより肥沃だし広大なうえ、面積の割にはるかに豊かで人口も多い。これらの国ではすでに十分に課税されていて、税が重すぎる状況にすらなっているのだから、巨額の財政収入を得るために新しい税制を導入する必要はないだろう。おそらく、これらの不幸な国の税負担を重くするのではなく、軽くするのが適切であり、新しい税によってではなく、すでに課されている税の横領と着服を防ぐことによって、税収を増やすべきである。

以上に取り上げたどの源泉でもイギリスの財政収入を大幅に増やすことができないのであれば、唯一残された方法は財政支出の削減である。税を徴収する段階でも、財政経費を支出する段階でも、改善の余地はまだあるように思えるが、それでもイギリスは、どの近隣諸国にも劣らないほど経費を節減している。平時に自国の防衛のために維持している軍隊組織は、経済力か軍事力でイギリスに対抗すると主張しうるヨーロッパのどの国よりも小さい。したがって、これらの項目では経費を大幅に削減する余地はないようだ。平時の植民地の行政組織に支出している経費は、現在のアメリカの動乱がはじまる以前にはかなりの金額に達していて、削減できるはずであり、植民地から財政収入を引き出せないのであれば、確かにすべて削減すべきである。平時の経常経費は確かに巨額だが、戦争の時期に植民地の防衛にかかる経費とくらべれば、問題にならないほど少ない。七年戦争はまっ

たく植民地のために戦われたものだが、前述のように九千万ポンド以上の戦費がかかっている。一七三九年にはじまったスペインとの戦争も、主に植民地のために戦われたものであり、その結果はじまったオーストリア継承戦争とともに、四千万ポンドを超える戦費がかかっていて、その大部分は植民地に負担を求めるべきである。植民地のために戦った二つの戦争で、イギリスの政府債務はそれ以前の二倍以上に膨らんだ。これらの戦争がなければ、政府債務がすべて返済されていた可能性があるし、おそらく完済されていただろう。そして植民地がなければ、一七三九年にはじまった戦争はおそらくなかっただろうし、七年戦争がなかったのは確実である。植民地は帝国の領土だと考えているからこそ、この経費をかけているのである。だが、財政収入でも軍事力でも帝国を支援しないのであれば、植民地を帝国の一部だと考えることはできない。イギリスにとって一種の従者、馬車に随伴する華やかで派手な供回りのようなものだと考えることはできるかもしれない。しかし帝国がもはや供回りを維持する経費を負担できないのであれば、それを廃止すべきだ。そして、経費に見合った収入を確保できないのであれば、少なくとも経費を収入に合わせるべきだ。植民地はイギリス本国と同じ税金を負担するのを拒否していても、大英帝国の領土だと考えるべきだというのであれば、今後の戦争の際には、植民地の防衛のためにこれまでの戦争の際と変わらないほどの戦費をイギリス本国が負担することになるだろう。イ

ギリスの支配者は一世紀以上にわたって、大西洋の対岸にある偉大な帝国を所有しているとの夢を国民に与えてきた。だがこの帝国はこれまで、想像のなかにしかないものであった。これまで、帝国ではなく、帝国を築く計画にすぎなかった。金鉱ではなく、金鉱をみつける計画にすぎなかった。この計画のために巨額の経費がかかってきたし、これまでと同じ方法で計画を進めていけば、今後も巨額の経費がかかる一方、どのような利益も得られないことになるだろう。植民地貿易の独占の効果についていうなら、第四編第七章で示したように、国民の大部分にとっては利益になるどころか、損失になるだけである。イギリスの支配者は、この黄金の夢、自分たちも酔い、国民を酔わせてもきた黄金の夢を実現してみせるか、そうでなければ、まずは自分たちが夢から覚め、国民にも覚めるよう促すべきである。計画が達成できないのであれば、あきらめるべきだ。帝国全体を支えるために貢献するのを拒否する植民地があるのであれば、戦争の時期にそれらの植民地を防衛する経費、平和の時期に行政と軍事の組織を一部であれ支える経費を負担するのを止めて、イギリスがおかれている地味な状況に合わせて、将来の展望と計画を調整するようにすべきである。

解説　『国富論』と現代経済学

根岸　隆

1　アダム・スミスと『国富論』

アダム・スミスの『国富論』を現代経済学の観点から考察しよう。「天文学の歴史」はスミス自身の初期の論稿のひとつであるが、天文学の場合などに較べれば経済学の歴史はたいへん短い。たかだか二百年余である。その前半の百年は『国富論』（一七七六年）にはじまるいわゆる古典派経済学が中心の時代である。そして天文学の天動説から地動説へのコペルニクス革命には比すべくもないが、経済学もやはり一種の科学革命であった一八七〇年代の限界革命を経て、現代経済学にいたっている。

『グラスゴー版アダム・スミス著作・書簡集』（*The Glasgow edition of the works and correspondence of Adam Smith, 1976-83*）の刊行もあって、スミスを単なる経済学者では

なく、伝統的なスコットランドの道徳哲学の体系的思想家として研究するのが、国際的にも最近のスミス研究の主流である。それはそれで結構であるが、しかし、ブラウグ（M. Blaug）も強調しているように、『国富論』はスミスが最も円熟した時期の著作である。過ぎて行く十八世紀の伝統に染まっている大思想家としてのスミスではなく、来るべき新しい商業社会、すなわち資本主義社会の先駆的な研究者としてのスミス、その主著である『国富論』を現代経済学の観点から研究することもまた重要であろう。

その前にまず、スミスの生涯をスケッチしておく。一七二三年にスコットランドのカーコーディに生まれ、グラスゴー大学、オックスフォード大学で学んだ。一七四八年にエディンバラで文法と法学の講義をはじめ、一七五一年にグラスゴー大学教授となり、論理学、道徳哲学を講じた。一七五九年には『道徳感情論』が出版され、またグラスゴー大学における講義を後に学生のノートから編集されたものとしては『法学講義』がある。一七六四年に大学を辞してフランスにわたり、そこで重農主義者たちと交流した。帰国後は『国富論』の執筆に専念し、一七七六年にこれを出版した。没したのは一七九〇年である。

さて、スミスの主著である『国富論』であるが、その「序論」における有名な冒頭の一句、富とは当時の重商主義者が追求していた金銀財宝ではなくて労働生産物であるという宣言にはじまる。したがって、国民一人当たりの必需品と利便品の供給が豊富かどうか

は、二つの異なる事情、すなわち第一に労働の生産性、また第二に、役に立つ生産的な労働に従事する人の数とそうでない人の数の比率によって規定せざるを得ない。そして、経済学にたいする『国富論』の最大の貢献のひとつである分業という視点は、この第一の事情、すなわち労働の生産性にかかわることである。また、第二の事情は、有用な労働と生産的な労働の区別を通じて、資本蓄積の問題にかかわっていくのである。

『国富論』は全体で五編からなる。まず、第一編「労働の生産性の向上をもたらす要因と、各階層への生産物の分配にみられる自然の秩序」は、現代経済学的に言えばスミスの「ミクロ経済学」である。そして、続く第二編「資本の性格、蓄積、利用」は、いわば「マクロ経済学」ないし「経済発展論」であろう。第一編、第二編がいわばスミスの経済理論であるのにたいして、第三編「国による豊かさへの道筋の違い」はスミスによる諸国民の「経済史」である。続く第四編「経済政策の考え方」は、ある意味ではスミスの経済学からみたスミス以前の「経済学説史ないし経済思想史」であり、またスミス自身の「経済政策論」でもある。そして、最後の第五編「主権者または国の収入」はいわばスミスの「財政学」にほかならない。

分業と市場

『国富論』の第一編は、労働の生産性の向上は分業の結果であるとして、有名なピンの生産における分業の説明にはじまる。そして分業は「市場の大きさによって制約される」ことが主張され、さらに分業が確立されると人々は生産物を交換せざるを得ないが、物々交換は困難であるので、ある商品が通貨として選ばれることが説明される。

分業が交換を前提とするならば、交換の比率、すなわち価格を決定するものはなにかという問題が重要になる。まず資本の蓄積と土地の占有とが存在しない初期未開の社会状態のもとでは、生産に要した労働量が交換比率を決定し、投下労働価値説が成立することが有名な〝ビーバーと鹿〟の例により主張される。しかし、スミスが投下労働価値説を主張するのはこのような特殊な場合だけである。

初期未開の社会ではなく、生産に資本が使用されるようになり、また土地がすべて私有財産になると、自分の資本を投じる事業の企業家に利益を与え、地主に地代を支払わなければならなくなる。商品の価格は賃金、地代、利益の三部分から構成されることになる。このように賃金、地代、利益の三部分から構成される価格について、スミスは自然価格とよばれる長期的な均衡価格の決定を論じるのである。

なお、分業の発展による生産性の増大は、収穫逓増、費用逓減、つまり規模の経済を可

能にするから、大規模生産により競争が排除され、産業が独占により支配されることになるのではとの心配もあろう。しかし、分業の発展は市場の広さによって制限されるという のが、『国富論』におけるスミスの基本的な考え方である。すなわち、さらに分業が促進されることによる規模の経済の実現は市場の狭さ、つまり需要の不足によりたえず妨げられているので、競争がなくなるわけではない。逆にいえば、以下の第4節において詳論するように、需要が増加すれば、競争が激化し、分業が進み、費用、価格は低下するのである。

分業と資本蓄積

第一編がいわば価格と配分の理論であるのにたいして、第二編は資本と経済発展の理論である。第二編の「はじめに」においては、分業の発展が資財の蓄積を必要とすることが述べられている。分業社会では個人の欲望の大部分は、彼が自分自身の生産物と交換に入手する他の人々の労働の生産物によって充足される。けれども、この交換は彼自身の労働の生産物が完成するまでは行うことができないのである。したがって、そのときまで彼を扶養し、また彼にその仕事の材料や道具類を供給するに足るさまざまの種類の財貨の蓄積が存在していなければならない。

第二編の最初の問題は生産的労働という概念である。それは資本、すなわち、利潤の獲

得を目的として蓄積された資財によって養われる、したがってその成果が実現するまでに時間がかかる労働である。生産的労働という概念は、資本が生産的であるということを意味する。

一方、非生産的労働とは、召使の労務のように、地代や利潤などの収入により養われ、利潤を生まず、瞬間的に消滅してしまうものである。非生産的労働も有用なのであり、その国民がある年に消費するいっさいの生活必需品および便益品を本源的に供給するその年の労働に準ずるものである。しかし、生産的な人手を扶養するために使用される生産物の割合が大であれば、翌年の生産物もそれに応じて大となる。すなわち、経済発展のためには資本の蓄積が必要なのである。

第二編における次の問題は、スミスが主張する資本投下の自然な順序のそれであろう。すなわち、農業、工業、国内商業、国際貿易という順序である。しかし、この順番で投下される資本の生産性が低くなるというスミスの説明は、生産的労働の量の大小、地代のあるなし、代金回収の速度の大小などに基づくばらばらなものであり、相互に矛盾していて、まったく混乱しており、ぜんぜん説得的ではない。農業、工業、国内商業、国際貿易というスミスのいわゆるものごとの自然な順序の説明は、むしろ、第二編の基本的な原理、すなわち「分業は資財の蓄積の進展に応じてしか深化しない」という観点から統一的になさ

れるべきであろう。資本蓄積が不十分であれば、農業と工業の分業は不可能であり、後者は前者の中で片手間的に行われる。資本蓄積が進んではじめて農業と工業の分業が可能になる。地域的な分業、国際的な分業には、さらに大きな資本蓄積が必要になるということである。

『国富論』の第一編、第二編がいわばスミスの経済理論であるのにたいして、第三編はスミスによる諸国民の経済史論である。その基本的な視点は、農業、工業、貿易という自然な順序であるが、皮肉なことにヨーロッパの近代諸国家のすべてにおいては、この順序は多くの点においてまったく転倒されてきたというのがその結論である。

見えざる手

続く第四編「経済政策の考え方」はスミスの経済政策論であるが、またスミスの経済学からみたスミス以前の経済学史でもある。第一編から第三編までの議論に基づき市場の見えざる手にまかせる自由放任主義が主張され、スミス以前の重商主義と重農主義の経済学、ことに前者の干渉主義にたいする徹底的な批判がなされる。スミスの「見えざる手(invisible hand)」はあまりにも有名であるが、『国富論』では、『道徳感情論』の場合とは異なり「神(Providence)の見えざる手」という表現はない。

第四編の結論として、スミスが、重商主義においては消費者の利益はまったく無視され、生産者の利益には非常に慎重な注意が払われていると述べている点には注目しなければならない。消費者の利益を無視した生産者のための重商主義的な政策の横行は、スミスの時代から二百年以上たった現在においても、けっしてなくなっていないからである。

第四編のはじめにおいて、スミスは経済政策を扱う政治経済学の目的を第一に国民各自を富ませること、第二に国が必要な収入を確保できるようにすることの二つであるとしている。そして第五編はこの第二の目的にかかわるスミスの財政学である。国の経費、財政収入、政府債務が論じられるが、経費論におけるスミスの主張はいうまでもなく安価な政府のそれであり、国家の役割は国防、司法および道路などの公共事業、そして教育に限られるべきであるといういわゆる夜警国家論である。市場が解決できる問題はすべてその見えざる手にまかせ、政府は市場を通じては供給することができない公共財の供給にのみ専念すべきであるというわけである。

2　自然価格の体系

『国富論』の第一編第七章、「商品の自然価格と市場価格」は、シュンペーター（J.

Schumpeter）によって、セイ（J. B. Say）を通じてワルラス（Leon Walras）の均衡理論につながるものとして高く評価されている。労働の賃金、土地の地代、資本の利潤〈利益〉にはその社会の一般的事情によって規定されている通常率または平均率があるが、これを自然率とよぶ。また、ある商品の価格が、それを市場にもたらすために使用された土地の地代と、労働の賃金と、資本の利潤とを、それらの自然率にしたがって支払うのに十分で過不足がない場合には、これをその商品の自然価格とよぶ。自然価格を喜んで支払う人々の需要は有効需要である。

　スミスの自然価格の体系は長期的均衡価格体系であるが、それは必ずしも静態均衡ではなく、むしろ一般には成長均衡が構想されている。これは、商品の自然価格を構成する賃金の自然率、利潤の自然率などを規定する社会の一般的事情のなかでも、スミスがその社会が進歩、停滞、または衰退のいずれの状態にあるかを重視していることからも明らかである。

　長期的均衡である自然価格体系における賃金、つまり自然賃金ないし賃金の自然率について、スミスは次のような興味深い見解を示している。すなわち、成長しない静態経済においては自然賃金は生存費賃金、やっと労働人口を維持できる水準であるが、成長する経済においては賃金の自然率はそれをはるかに超える。

「労働賃金の上昇をもたらすのは、国富の大きさではなく、国富の増加が続くことである。このため、労働賃金がとくに高いのは、とくに豊かな国ではなく、とくに勢いのよい国、とくに急速に成長している国である。イングランドは現在、北アメリカのどの地域よりも間違いなくはるかに豊かだ。しかし労働の賃金をみると、北アメリカの方がイングランドのどの地域よりもはるかに高い」（第一編第八章、上巻一二〇ページ）。

　成長経済における長期的な均衡においては、生産物と労働人口とがバランスよく成長しなければならないから、高成長、高賃金は当然である。スミスの自然価格の体系においては、賃金の自然率は必ずしも生存費水準に等しくはなく、労働市場における需要と供給の均衡条件から決定されることは強調されなければならない。実は、国際的に著名な経済学史研究者でもこの点の理解が不十分な例が多いが、さいわいわが国では富塚良三教授、羽鳥卓也教授などの研究により正しい理解が徹底している。

　一方、利潤の自然率については、話はやや複雑になる。スミスは、新植民地の場合などについては、高成長、高利潤率、したがって高賃金、高利潤率の共存を認めるが、一般的には資本の蓄積の増大は利潤率を低下させるとして、高成長、低利潤率という関連を説く。ここで注意すべきは、高成長の原因は二つあるということであって、労働生産性が高いので成長率が高い場合は賃金だけでなく利潤率も高くなるが、貯蓄率ないし蓄積率が高

くて成長率が高いときは賃金は高くなるが利潤率は低いのである。

「資本の利益率の上昇と下落は、労働の賃金の上昇と下落と同じ原因によって起こる。つまり、社会の富が増加傾向にあるか減少傾向にあるかによって起こる。しかし、同じ原因が与える影響は、資本の利益率と労働の賃金とでまったく違う。資本の増加は、賃金の上昇をもたらす一方、利益率の低下をもたらす要因になる」（第一編第九章、上巻一四六ページ）。

このように、スミスは利潤の自然率についても、それが資本の需要と供給の均衡によって決定されることを強調している。しかし、土地が豊かで労働生産性が高い新植民地の場合には利潤率が高いことを認めているのだから、逆に収穫逓減の作用により労働生産性が低下して利潤率が低下する可能性も暗黙のうちに認めているわけである。

スミスが構想していた自然価格体系は生産物と労働人口の増大のバランスがとれている成長経済である。これは、現代経済学における多部門成長理論の基本的モデルであるフォン・ノイマン・モデル（von Neuman model）の均衡成長経路に対応する。この種のモデルにおいては、所与の係数である労働生産性の増大は均衡成長率、賃金、利潤率の上昇を結果すること、また同じく所与の係数である貯蓄率の上昇は均衡成長率および賃金の上昇と利潤率の低下とを意味することは容易に確認できる。スミスは、いわば、このような数

学的な現代経済理論の意味あいを事実の観察にもとづき直観的に把握していたといえよう。

しかし、資本や労働が増加して経済が成長しても、土地はあまり増えないことから、収穫逓減の作用により労働生産性が低下する、つまり労働生産性は所与の係数ではありえなくなるおそれがある。これはスミスを継承して古典派経済学を発展させたリカードウ（D. Ricardo）が強調した点である。スミスがこの問題をあまり強調しなかった理由の一つは、経済成長による市場の拡大が分業をいっそう促進させて、労働生産性を上昇させることと相殺されると考えたのかもしれない。

リカードウがスミスの理論を批判することから自己の理論を展開したのに比べれば、人口論で有名なマルサス（T. R. Malthus）はスミスの理論のより忠実な継承者であったといえる。最近はホランダー（S. Hollander）も同意しているように、ケインズ（J. M. Keynes）の主張にもかかわらず、実はマルサスは必ずしも過少消費論者ではなかったのである。

そのマルサスは上述のスミスの利潤率決定に関する議論を整理して、利潤に関する二つの原理を抽出している。その一つは、彼が利潤の規制的原理（regulating principle）とよぶものであり、利潤率は資本の需要供給の関係で決まるものであるから、貯蓄率が上昇して資本蓄積が増大すると利潤率は低下するという議論である。もう一つは、マルサスが利

潤の制限的原理（limiting principle）と名づけたものであり、収穫逓減、労働生産性の低下による利潤率低下の問題である。マルサスはスミスが前者のみを強調して、後者をあまり重視しなかったことを指摘し、しかしそれはそれほど不当なことではなかったと結論している。

利潤の規制的原理のもとでのスミスの成長理論を簡単なモデルにより考察しよう。時点 t において、資本家が所有する生産物の総量を $X(t)$ で、また総労働人口を $L(t)$ で表示する。資本家は所有する生産物のストックのうち e だけを労働を雇用するために使用し、残りの $(1-e)$ だけを自己の家計において使用するものとする $(0<e<1)$。また、生産物1単位を生産するためには一期前に a 単位の労働が投入されねばならず、そして労働1単位が供給されるためには一期前に生産物1単位が消費されなければならないとしよう。したがって、

（1）　$eX(t)=L(t+1)$

（2）　$L(t)=aX(t+1)$

が成立する。成長率 g で $X(t)$ と $L(t)$ が成長する、すなわち $X(t+1)=(1+g)X(t)$, $L(t+1)=(1+g)L(t)$ となる均衡成長を考えると、

（3）　$a(1+g)^2=e$

が成立する。すなわち、貯蓄率eと労働の生産性a分の一が高ければ高いほど成長率は高くなる。

つぎに、生産物の自然価格をp、自然賃金をwとして、rを利潤の自然率、sを自然賃金と生存費〈生産物1単位〉との差とすると、

（4）　$p=(1+r)aw$

（5）　$w=(1+s)p$

が成立する。この両者から

（6）　$1=(1+s)(1+r)a$

が得られる。ここで、eの定義から

（7）　$wL(t)=epX(t)$

となるので、$L(t+1)=(1+g)L(t)$を（7）と（1）とに代入すれば、

（8）　$w=(1+g)p$

が成立する。つまり、（5）と（8）から$g=s$であり、成長経済においては賃金は生存費より高い。

さて、規制的原理の下では収穫逓減は仮定されないから、aは一定であり、貯蓄率eの増加は（3）にみるように成長率gを高める。そして、$g=s$であるから、（6）からrが低下

する。このように、スミスの資本蓄積による利潤率低下の理論は、リカードウのように収穫逓減を仮定しなくても、利潤の規制的原理の成長モデルにより成立することが確認される。

マルサスは貯蓄率の上昇が経済の成長率を高めるというスミスの主張を認めたうえで、ただあまりにも高すぎる貯蓄率はかえって成長率を低める可能性があることを付け加える。それは、高い貯蓄率のために利潤率が低下して、資本家の生産の動機を弱める、経営が弛緩して労働生産性が低下するからである。低すぎもせず、高すぎもせず、その中間のちょうどよい貯蓄率、成長率を最大にする貯蓄率を求めることがマルサスのいわゆる最適貯蓄率の問題であった。つまり、彼は決して過少消費論者ではなく、言うならば、需要の問題ではなく供給の問題を重視したサプライサイダーだったのである。

スミスにはじまる古典派経済学の経済理論は、その後、リカードウやマルクス（K. Marx）などによって、批判的に展開されていく。しかし、ある意味では現代経済学の代表的理論家であるといえるサミュエルソン（P. A. Samuelson）は、この三人の理論を数理的なモデルに再構成して検討をくわえた。その結果、リカードウとマルクスの所論の多くがはげしく論難されるとともに、スミスの理論はもっとも高く評価され、リカードウやマルクスの批判から弁護されることになった。換言すれば、現代経済学が古典派経済学から学ぶことがあるとするならば、それはリカードウやマルクスからではなく、スミスから、その『国

富論』からであるといえよう。

3　投資の自然な順序

『国富論』の第二編第五章、「資本のさまざまな用途」について述べられている農業、製造業、国内商業、外国貿易という投資の自然な順序に関するスミスの理論は、第三編、第四編における歴史、政策にかかわる議論の理論的基礎として重要であるにもかかわらず、その論証は混乱しており驚くことが多い。小林昇教授により「ほとんど全面的に破産している」と宣告されているのである。

「資本のうち農業に使われる部分の比率が高いほど、国内で雇われる生産的労働の量が多くなり、社会の土地と労働による年間生産物に付け加える価値が多くなる。農業のつぎに製造業に使われる資本が、国内で雇われる生産的労働の量が多く、年間の生産物に付け加える価値が多い。輸出に使われる卸売り業の資本は、この三つのなかでは効果がもっとも少ない」（第二編第五章、上巻五三七ページ）。この議論でまず気になることは、資本の使用が年々の生産物に付加する価値の大小が投資の順序を決めるわけであるが、それと活動させる生産的労働の大小は、労働生産性が等しくないかぎり、一致しないということであ

る。第一編の分業論であれほど重視された労働生産性の視点が、ここではまったく欠落している。

もっともスミスの生産的労働の概念はたぶんに伸縮的であり、家畜もそれに含められたりするから、生産的労働の量にはたんに労働者数だけでなく労働生産性も反映しているのだともいえる。「農業労働者だけでなく、農耕に使われる家畜も、生産的な労働者である。そして農業では人間とともに自然も働く。（中略）地代にあてられるのは、（中略）自然の仕事の部分である。（中略）農業資本は製造業とくらべて、同じ量の資本で雇用する生産的労働の量が多いだけでなく、同じ量の生産的労働を雇用したときに、その国の土地と労働による年間生産物、つまり住民の真の富と収入に付け加える価値がはるかに高い」（同、上巻五三三―五三四ページ）。しかし、農業においては家畜もまた生産的労働者というなら、工業においては機械もまた生産的労働者であるとも言えそうである。

農業のみに地代が発生するから農業は工業よりも生産的であるというスミスの議論は、地代が存在するのは土地の量が有限であるからにすぎないとリカードウやミル（J. S. Mill）によって批判されている。例えば、「自然の労働が支払いを受けるのは、自然が多くをなすからではなくて、わずかしかなさないからである。自然がその贈物についてけちになるに比例して、その仕事にたいしてより大きい価格を強要する。自然は、それが気前よく恵み

を与えるところでは、つねに無償で仕事をする」（リカードウ『経済学および課税の原理』堀経夫訳）、また「自然は工業におけるよりも農業においてより多く人間の努力を助けるという考え――この考えは、かつてフランスの重農学派の経済学者たちがいだいていたものであり、スミスもまたこれの影響をまぬかれなかったものであるが、これは地代の性質に関する誤解から起こったものである。――土地の使用が価格を持つ理由は、単にその量に制限があるということだけであ（る）」（ミル『経済学原理』末永茂喜訳）などである。

「国内産業の生産物を国内のある地域で買い、別の地域で売るのに資本が使われると、一般に、一回の取引ごとに国内で農業か製造業に使われた二つの資本が回収され、事業に使いつづけられるようになる」（同、上巻五四〇ページ）。したがって、国内商業は農業および工業にくらべてより生産的であることはない。一方、国際貿易に使用される資本は、「やはり一回ごとに二つの資本が回収される。しかし、国内産業を支えるのに使われるのは、二つの資本のうち片方だけである」から、「貿易に使われた資本は、国内取引に使われた資本と比較して、国内の産業と生産的労働を刺激する力が半分しかない」（同、上巻五四一ページ）とされる。しかし短期の雇用効果はそうであっても、もし外国の産業がその国のそれよりも高利潤を得ているならば、外国貿易の利潤も国内産業のそれより高く、雇用に対する長期的効果は国内商業より大であるといえよう。

スミスはさらに、「貿易では、国内取引ほど速く資本を回収できることはめったにない」（同、上巻五四一ページ）から、外国貿易に使用される資本にくらべて国内商業に使用される資本はその国の産業により多くの刺激と支持とを与えると論ずる。しかし、キャナン（E. Cannan）が指摘しているように、もし代金回収が急速に行われることが有利であるとするならば、農業においてそれは急速とはいえないから、スミスの農業の優位についての議論は台なしになるのである。

このようにスミスのさまざまな議論は相互に矛盾しており、混乱している。しかし、それにもかかわらず、投資の自然的順序に関する結論は、論証されていないとはいえ、奇妙に説得的である。それがわれわれの直観になにか訴えるものがあるということは、スミスがすでに『国富論』のどこかでそれを正当化する別の議論をわれわれに提示しているからではなかろうか。そこで不思議に思われるのは、第二編の「はじめに」に述べられていて、第二編の議論の基調をなすと考えられる「分業は資財の蓄積の進展に応じてしか深化していかない」（上巻四〇四ページ）という定理が、この第二編第五章ではぜんぜん言及されていないということである。

すなわち、分業が進むとお互いにますます他人の生産物への依存が増大するから、それらを入手できるまでの期間を支え得るだけの資本の蓄積が必要になるということである。

したがって、「資本のさまざまな用途」における投資の自然的順序に関する議論も、スミスのように生産的労働の量、地代、資本の回転などさまざまな事情によりばらばらに説明するのではなく、この第二編の分業に関する指導的原理に基づいて統一的に展開されなければならないと思われる。

　分業と資本の蓄積に関するスミスの見解に基づいて、両者の関係を考えるために次のような簡単な経済モデルを考えよう。一定の労働供給のもとで、原料として二種類の財と労働とを使用して同じ二種類の財を生産する静態経済を考える。二つの異なった情況における必要な資本量を比較しよう。第一の場合においては分業が存在せず、したがって各生産単位は二財の両方を生産する。つまり単一の産業が存在し、そこでは企業間の分業はない。第二の場合においては分業があり、したがって各生産単位はただ一財のみを生産する。すなわち、企業は分業し、それぞれ別の財を生産する二つの産業が存在する。第二の場合においては、分業により労働の生産性が増大していることはもちろんである。

　いま、第二財の生産における資本の回転は、第一財の生産におけるよりも$n(>1)$倍だけ速いと仮定しよう。つまり、第一財の生産期間は所与の単位期間であるが、第二財の生産期間はそれのn分の一に過ぎないものとする。分業の存在しない場合でも、各期間の最初において、各生産者の手中には二財のストックがなければならないが、第二財のストッ

クは比較的に少しですむ。新しく生産される第一財は一期間後でなければ入手できないが、新しい第二財はそのn分の一期間後に入手できるからである。しかし、生産者間の分業が存在すると、第一財生産者の手中になければならない第二財のストックは相対的に大きくなる。第一財を生産する第一産業はその新生産物が産出されるまで、第二財の新生産物を購入できないからである。したがって、もし二つの場合において投入係数と二財の生産における労働の配分があまり変わらなければ、分業することは、期間の初めにおいて、生産における資本の回転が遅い第一財の生産者の手中に、資本の回転速度が速い第二財のより大きなストックを要するようになる。

さらに、二財の間で生産期間の違いがなくても（n＝1）、期間の初めにおいて必要な資本の量は、分業がない場合に比べて、分業がある場合には大きくなるであろう。それは、スミスが強調したように、分業の結果としての作業速度の増大により、原料として使用される財の量が増大するからである。もっとも、分業により可能になるより注意深い作業により、原料の無駄使いが減るということも考えられる。

最後に、たとえ二財の生産期間に差がなく、また分業の結果による原料の節約がなかったとしても、分業が存在する場合には、存在しない場合に比べて、資本の回転がより遅いと考えることもできる。それは、分業の存在する場合には、ある財の生産者が他の財の生

産者の製品を購入することができるのは、財の生産期間だけでなく流通期間も経過した後のことであるからである。もし、分業が存在しない場合の生産期間が単位期間のk分の一であり、分業が存在する場合の生産期間と流通期間の和が単位期間であれば、分業の存在しない場合の資本の回転は分業が存在する場合のそれよりもk（>1）倍だけ速く、分業の存在は、所与の労働の配分のもとで、k倍だけ大きい資本蓄積を必要とすることになる。

まず、「ものごとの自然な順序に従（い）」（第三編第一章、中巻二一ページ）その社会のすべての資本が農業にふりむけられている状態と、農業についで製造業にもふりむけられている状態とを比較してみよう。第一の状態はいわば産業が未分化の状態であり、製造業は農業の内部でいわば片手間的に行われている状態である。この場合、投資はすべて農業内部で行われ、農業の生産力が発展していく。やがて資本の蓄積が十分に大きくなると、製造業が農業から分離独立して第二の状態になり産業が細分化の過程を一歩踏み出すことになる。それぞれの産業が他産業の生産物を資本として蓄積することができるようになり、製造業においても投資がすすんでいく。第一の状態から第二の状態への移行は、社会全体の資本蓄積によりはじめて可能になる。

農業なり製造業なりが地域的に分化し、特定の種類の生産物に特化するようになる、つまり国内商業が重要になる次の段階に進むためには、資本の蓄積がさらに進められなけれ

ばならない。資本蓄積が進むと、国内の地域間の分業が可能になり、国内商業に資本が投下されていく。各地域が自給自足の状態を脱して遠くの市場でその生産物を販売するということは、代金回収の速度が遅くなり、それだけ多くの資本が必要になるのである。

分業の最高段階は、国際的分業に支えられた国際貿易が重要になる状態である。スミスが主張したように、「貿易では、国内取引ほど速く資本を回収できることはめったにない」から、各国はそれだけ多くの資本を蓄積していなければならない。ここで問題になる分業は企業の特化、産業の細分化の意味であるから、国際分業も各国が異なる産業に特化するという産業間（inter-industry）の分業ではなく、各国が同一産業の異なる部分に特化するという産業内（intra-industry）の分業である。異質国間の貿易はともかく、実際に国際貿易の大部分を占めている同質国間の貿易は、この産業内分業に基づくものであると考えられる。

このように、農業、製造業、国内商業、外国貿易という投資の自然的順序は、「分業は資財の蓄積の進展に応じてしか深化していかない」というスミス自身が提示した分業に関する原理により統一的に説明することが可能である。なぜスミスがそうしなかったのかは、まさに『国富論』における謎である。

ところで『国富論』におけるスミスは、いわば彼の経済理論を述べた第一編、第二編に

続いて、彼の経済史研究とも言うべきものを第三編で展開する。その第一章の「豊かさへの自然な道筋」においても、まず「ものごとの自然な順序に従うなら、発展を続けている社会では、資本の大部分がまず農業に向けられ、つぎに製造業に向けられ、最後に貿易に向けられる」（同、中巻二一ページ）と、第二編第五章の結論を確認した。「土地の耕作がある程度まで進んでからでなければ、規模の大きな都市はできないし、こうした都市で素朴な製造業がある程度まで確立されていなければ、みずから貿易に乗り出そうと考えることはできない」（同）。

しかしまた、実際には「近代ヨーロッパのどの国でも、さまざまな面でこの順序が逆転している」（同）ということをスミスは認めざるを得なかった。いわば、経済発展に関する理論と事実の間のギャップである。今その理由を考えてみるならば、さしあたり理論では想定されていなかった二つの問題が考えられよう。まず第一に、外国貿易を振興させるために製造業を発展させることに努めた諸国の経済政策を挙げなければならないであろう。つぎに、スミスの所論は分業するには資本が必要であるというもっぱら産業における財の生産、供給の問題にのみかかわるものであり、どのような財が需要され消費されるかという問題が捨象されていることも無関係ではないであろう。

4　規模の経済と不均衡分析

第五編で面白いのは、その主要内容からは離れるが、需要の増加と価格の変化に関する次のような議論である。

「需要が増えれば、当初は商品の価格が上昇することもあるが、長期的にはかならず価格が下がる。需要の増加で生産が刺激され、生産者は競争が激しくなるので、競争相手より安く売れるようにするために、需要が増加しなければ考えられなかったような新たな分業と新たな技術を取り入れる」（第五編第一章、下巻九四ページ）。

これはもともと「主権者または国の経費」、「公共施設と公共機関の経費」を論ずる際の、需要が増えたので商品価格が上昇するのはやむをえないという東インド会社の弁解にたいするスミスの反論である。しかし、ホランダー、シロス・ラビニー（P. Sylos-Labini）、リチャードソン（G. B. Richardson）など多くの研究者は、これを「分業の程度（は、）（中略）市場の大きさによって制約される」という『国富論』のスローガン（第一編第三章、上巻四五ページ）からのひとつの展開であると考えている。

シロス・ラビニーが強調するように、スミスや古典派経済学者にとって競争とは参入の

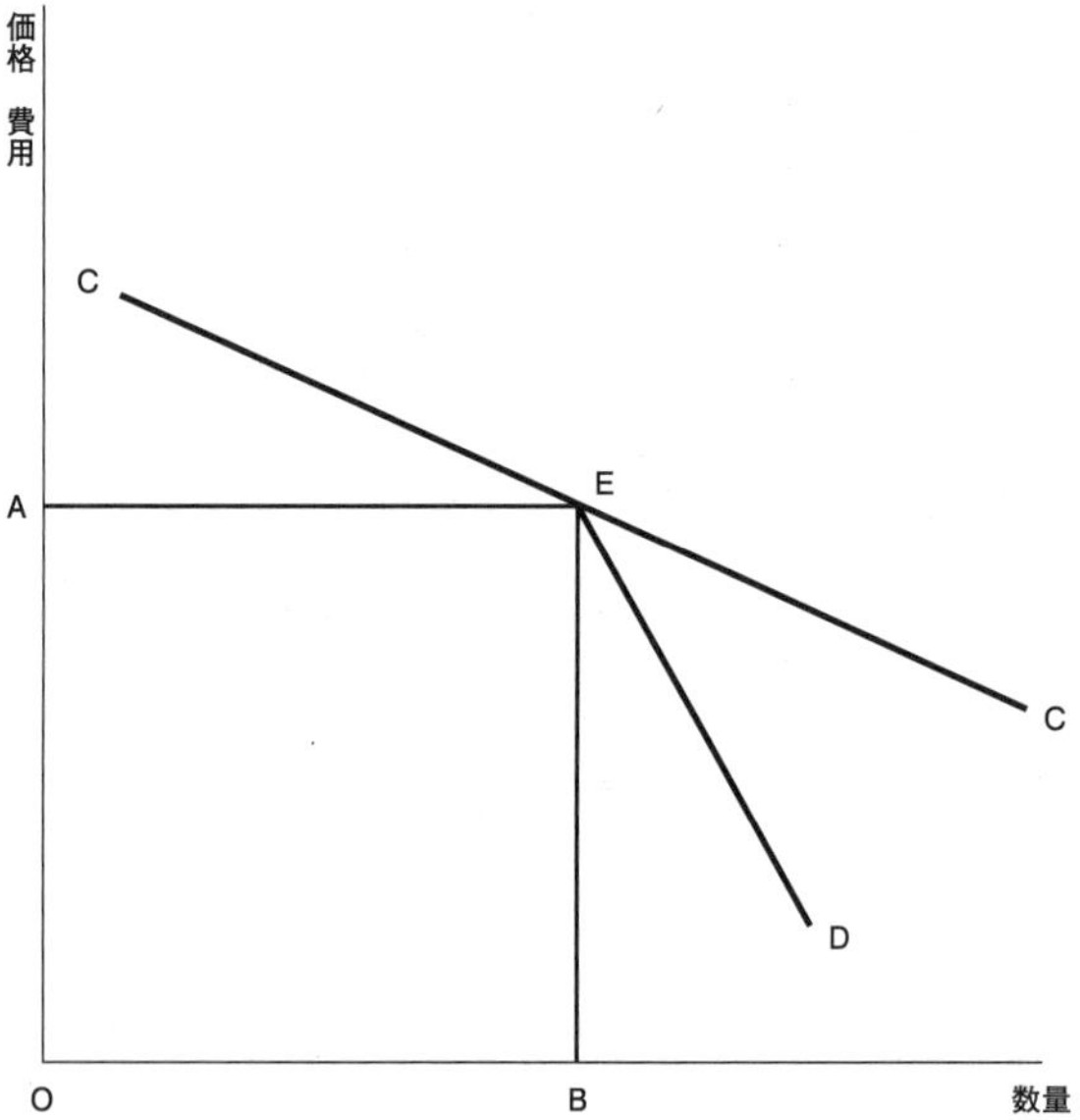

自由を意味する。参入が自由であれば、個々の企業は市場を独占することはできない。企業が想定できる需要曲線は、有効需要以下の量については、自然価格でいくらでも売れるから無限に弾力的で、水平である。しかし、有効需要以上の量については、価格を自然価格以下に下げなければ売れないから、需要曲線は右下がりになる。つまり、需要曲線は図のように屈折するのである。

　図においては、価格、費用が垂直に、数量が水平に示される。右下がりの曲線ＣＣは企業の平均費用曲線であり、企業が想定しえる

需要曲線は点Ｅで屈折するＡＥＤのようないわゆる屈折需要曲線になる。自然価格はＯＡで、この企業に対する有効需要はＯＢである。企業の平均費用曲線ＣＣは、生産規模拡大に伴う企業内の分業の効果を反映して右下がりであるが、企業が点Ｅにおいて想定する右下がりの需要曲線ＥＤよりも傾斜が緩やかである。つまり、点Ｅ（点Ｂ）において、この企業は生産量をさらに増加させても利潤の増加は期待できない。したがって、費用逓減のもとでの競争的企業の均衡が成立する。

この均衡はいわば需要不足のもとでの均衡である。もし現行価格が不変であれば企業は供給量を増加させようとする。供給の増加を阻むものは費用の増加ではなく、スラッファ（P. Sraffa）も指摘しているように「価格を下げないではより多くを販売することが不可能」だからである。企業の内部でのいっそうの分業を妨げるものは「市場の大きさ」であるから、需要が増加すれば分業のいっそうの進展により生産費は下落し、東インド会社の主張にもかかわらず、自然価格は右下がりの曲線ＣＣにそって下落する。需要の増大は価格の上昇を結果するというのは、費用逓減を考慮しないワルラス流の経済学の常識であるが、これにたいして、ホイテイカー（J. K. Whitaker）がそのマーシャル（A. Marshall）についての所論において、われわれのこのスミス経済学解釈を援用していることは興味深い。

しかし、さらに考えれば、上述の所論は、あまりにも静学的に過ぎるようにも思われる。実は、問題は需要の増加が生産の増加をまねき、いわゆる規模の経済により生産費が右下がりの費用曲線に沿って低下して生産物価格が下落するという均衡理論的な話ではないのである。たしかに「需要の増加で生産が刺激され」るけれども、ひいては「生産者は競争が激しくなるので、競争相手より安く売れるようにするために、需要が増加しなければ考えられなかったような新たな分業と新たな技術を取り入れる」。需要の増加は一時的な価格上昇をまねくが、それが既存企業の生産を増加させるだけでなく、新しい企業の参入を招き、市場は供給が需要を超過する不均衡状態に陥る。総《すべ》ての企業は他企業より安い価格で供給しなければ売れないから、いわば火事場の馬鹿力で、いままでは考えられもしなかったような新しい分業や新技術を導入する。

つまり、これは需要の増加により供給が増加して、規模の経済の作用により生産費、価格が低下するという均衡分析的な比較静学の話、与件の変化に対応する均衡のスムースな移動の話ではないのである。需要の増加により右下がりの供給曲線上を均衡が移動するという問題ではない。需要増加によりひきおこされた超過供給状態における企業間の血みどろの争いのなかから、犠牲者（破産者）を踏みつけて生き残った企業の供給する価格を問題にする不均衡分析なのである。したがって、需要の増加というのも市場に与えられる外

生的なショックのひとつにすぎず、それははじめから需要の減少でもよいのである。とにかく市場が不均衡になり、誘発される企業間の競争の結果として、予想外に分業が促進されるという議論である。

分業を促進し、価格を引き下げるものは、実は需要の増加そのものではなく、新企業の参入、競争の激化に伴い競争相手より安く売ろうとする供給者間の競争がもたらす超過供給なのである。この意味で、より直接に分業を促進するのは、需要の増加ではなく、超過供給である。市場規模の拡大による企業数の増加が均衡自然価格を引き下げるのは、より大きな市場がより競争的で、より超過供給を引き起こしやすいからである。最終的に成立する均衡は、このように不均衡であった期間に発生した超過供給に左右される。この意味で、スミスの理論は静学的理論ではなく、動学的な不均衡理論である。

需給の不均衡といえば、スミスの国際貿易に関する議論もそうである。すなわち、「産業のある部門の生産物がその国の需要を満たすために必要な量を超えたとき、余った部分は外国に送られて、国内に需要があるものと交換されなければならない。こうした輸出がない場合、その国の生産的労働の一部は止めるしかなくなり、年間の生産物の価値がその分減少する」（第二編第五章、上巻五四六―五四七ページ）と論じられている。これにたいして、リカードウが「かなりの期間にわたって、なんらかの商品の余剰が存在することはけ

つしてありえない、というのは、仮にそれが存在するとすれば、それはその自然価格以下に下落し、そして資本はなにかより有利な用途に移されるだろうからである」（『経済学および課税の原理』、堀経夫訳）と反論したのは当然である。

ミント（H. Myint）は国際貿易に関するスミスのこのような理論を余剰のはけ口理論（vent for surplus theory）とよび、市場機構がまだ完備していない諸国にのみ適用されるという解釈を示した。しかし、スミス自身は、「どの時代にもどの社会でも、土地生産物と製造業製品のうち余った部分、つまり国内に需要がない部分は、海外に送って、国内に需要がある商品と交換しなければならない」（第三編第一章、中巻二〇ページ）と、主張しているのである。したがって、われわれもスミスの言う余剰部分は市場機構が十分に発達した経済において発生するものと解さなければならない。

なるほどリカードウが主張するように、長期的には超過供給状態の部門からは資本が撤退して余剰は解消されるかもしれない。しかし、それ以前に、そのような部門では超過供給の存在により「生産者は競争が激しくなるので、競争相手より安く売れるようにするために、（中略）新たな分業と新たな技術を取り入れる」（第五編第一章、下巻九四ページ）のである。つまり、余剰の発生という不均衡状態が、企業間の競争を通じて新技術の開発をうながし、外国に対してこの部門での比較優位を生み出すものと考えられる。

経済にとって外生的な与件の相違により比較優位が存在するという伝統的な異質国間の国際貿易の均衡理論に対して、スミスの所論がわれわれに示唆するものは、不均衡状態における企業間の競争から内生的に発生する比較優位による同質国間の国際貿易論である。

参考文献

（A）

『国富論』の日本語訳はいままでに十指に余るが、山岡洋一訳はその最新のものであり[注]、翻訳の専門家によるものとしてははじめてである。翻訳を含めて、『国富論』が中国、フランス、ドイツ、イタリア、ロシアなど各国にどのように受け入れられてきたかに関しては、

Lai, Cheng-chung, ed., *Adam Smith Across Nations*, Oxford: Oxford University Press, 2000.

に詳しい。同書には日本の場合についての研究として、

Okochi, K.,（大河内一男）, A Short History of Japanese Translations of *The Wealth of Nations*, 1976.

Sugihara, S.,（杉原四郎）, Adam Smith in Japan, 1982.

Ikeo, A., and M. Wakatabe,（池尾愛子, 若田部昌澄）, Adam Smith in Japan: Reconsidered from a Non-Marxisan Perspective, 1995.
が収められていて、わが国における『国富論』研究史を概観することができる。

（B）

本論考の第1節に関しては、

岡田純一、『アダム・スミス』（経済学者と現代）1、日本経済新聞社、一九七七年

根岸隆、『改訂版・経済学史入門』、放送大学教育振興会、二〇〇一年

などを参照されたい。

第2節から第4節までの所論については、さしあたり、

小林昇、『国富論体系の成立』、未来社、一九七七年

羽鳥卓也、『国富論研究』、未来社、一九九〇年

冨塚良三、「スミス蓄積論の基本構成」（内田義彦編、『古典経済学研究上巻』、未来社、一九五七年、所収）

Baranzini, M. and R. Scazzieri, eds., *The Economic Theory of Structure and Change*, Cambridge: Cambridge University Press, 1990.

Hollander, S., *The Economics of Thomas Robert Malthus*, Toronto: University of Toronto

Press, 1997.

Negishi, T., *History of Economic Theory*, Amsterdam: North Holland, 1989.

Negishi, T., *Economic Thought from Smith to Keynes, The Collected Essays of Takashi Negishi*, vol. 3, Cheltenham: Edward Elgar, 2000.

Negishi, T., Adam Smith and disequilibrium economic theory, *Adam Smith Review*, 2004.

Salvadori, N., ed., *The Theory of Economic Growth, A 'Classical' Perspective*, Cheltenham: Edward Elgar, 2003.

R. M. Tullberg, ed., *Alfred Marshall in Retrospect*, Hants: Edward Elgar, 1990.

などを挙げておく。

（ねぎし・たかし　東京大学名誉教授）

（注）単行本刊行当時（二〇〇七年）。

〈ラ・ワ　行〉

〈ハ　行〉

〈ナ　行〉

〈タ　行〉

〈サ　行〉

事項索引

〈ア　行〉

〈カ　行〉

〈ヤ　行〉

〈ラ　行〉

〈マ　行〉

〈ナ　行〉

〈ハ　行〉

〈サ　行〉

〈カ　行〉

人名・地名・国名索引

〈ア　行〉